딥스

버지니아 M. 액슬린 지음
주정일 · 이원영 옮김

딥스

세상에 마음을 닫았던 한 아이가
자아를 찾아 떠나는 여행

샘터

나는요,

모든 아이들이 자기만 오를 수 있는 동산을,

하늘 위에 별 하나를,

나무 하나를 자기 것으로 가지고 있어야 한다고 생각해요.

이것이 내가 '그래야 한다'고 생각하는 거예요.

── 본문 중에서

어린이의 행복을 위하여

어른이 노이로제에 걸리면 치료 방법의 하나로 정신과 의사를 찾는다. 의사 앞에서 자기 괴로움을 털어놓으면 의사는 비평 없이 인내심을 가지고 이야기를 들어줌으로써 치료에 도움을 준다.

어린이도 노이로제에 걸릴 수 있다. 그러나 어린이는 어휘력이 부족하기 때문에 언어만으로는 자신의 모든 감정을 표현해낼 수 없다. 그러므로 놀이를 통해 표현하게 하고, 치료자가 아무런 비평 없이 끝까지 들어줌으로써 치료에 도움을 주어야 하는데, 이 방법을 '놀이치료'라고 한다.

액슬린 박사는 놀이치료의 권위자로 널리 알려져 있다. 이 책에는 다섯 살 된 남자아이가 굳게 닫아두었던 자신의 마음을 활짝 열기까지, 액슬린 박사가 어떻게 도와주었는가가 생생하게 기록되어 있다. 주인공 딥스는 바보로 취급받다 못해 정신병 환자로까지 몰릴 뻔했는데, 액슬린 박사의 사려 깊은 도움으로 마침내 천재의 본질을 유감없이 드러낼 만큼 변화한다.

독자는 이 책을 읽으면서 이 어린이에 대한 일종의 존경심과 애정마저 느끼게 될 것이다. 또한 딥스와 공감하는 동안에 독자들의 문제도 함께 해결되어 다시 태어나는 듯한 기쁨을 맛보게 될 것이다.

《딥스》를 처음 번역하고 출판해줄 곳을 찾던 때였다. 출판인 한 분이 "딥스라는 이름이 어설프고 유치한데 제목을 바꿉시다"라고 제안했다. "아니요. 언젠가 딥스라는 이름이 테스만큼이나 널리 알려지는 날이 올 거예요. 바꾸지 않겠습니다"라고 답했는데, 정말로 이제 딥스를 아는 사람이 많아졌다. 오랜 세월이 흐른 지금 《딥스》는 중·고등학생부터 일반인까지 아는 친밀한 이름이 된 것이다. 버스나 지하철에서 《딥스》를 탐독하는 승객을 보며 벅찬 감동을 느낀 적도 있었다.

이 책을 읽는 모든 분이 앞으로는 주변의 어린이를 좀 더 행복하게 해줄 수 있기를 바라며…….

주정일·이원영

어린이를 이해하는 최고의 책

이 책은 마음에 깊은 상처를 안고 있던 어린아이가 자신 속에 있는 강인하고 건강한 성품을 발견해가는 과정을 그리고 있다.

이야기는 딥스가 초등학교 병설 유치원에 다니기 시작해 이 년쯤의 시간이 흐른 뒤부터 시작된다. 벙어리처럼 말없이 앉아서 오전 내내 움직이지 않을 때도 있고, 교실 안을 기어 다니거나 갑자기 버럭 화를 내기도 하는 아이. 선생님들은 물론 심리상담교사나 소아과 의사들도 모두 당혹스러워했다. 지적장애아일까? 아니면 중증정신장애인가? 태어날 때 뇌를 다친 것일까? 알 수 없었다.

마음에 병이 들었던 이 가여운 어린아이는 저자가 '자아의 발견'이라고 부르는 치료 과정을 거치면서 놀랍게도, 총명하고 유능하며 사람들을 이끌어갈 수 있는 아이로 변화했다. 놀이치료의 결과였다. 액슬린 박사는 이미 '놀이치료' 분야에서 공적을 널리 인정받는 인물로, 그의 저서 《놀이치료: 어린 시절의 내적 역동성Play Therapy: The Inner Dynamics of Child-hood》은 폭넓은 지지와 갈채를 받았다.

《딥스》는 일반 독자에게도 흥미로울 것이다. 자녀의 정신 발달을 경이롭게 지켜보는 부모들은 물론, 아이들의 정신 건강에 대해 공부하는 학생들은 꼭 한번 읽어야 할 책이다.

딥스는 사실 처음에는 굉장히 비정상적인 아이였다. 하지만 심리학자나 정신분석학자들은 특출 나게 다른 행동을 보이는 문제아들을 연구함으로써 정상적으로 건강한 인성 발달에 대한 지식을 쌓아왔다. 프로이트Sigmund Freud나 프린스Morton Prince처럼.

복잡하고 기계적인 현시대에는 인간의 성격과 행동을 변화시키는 근본 원인을 먼저 연구함으로써 기술적인 방법을 찾아내는 것이 시급한 과제이다. 딥스의 심리 구조와 행동 변화를 유아기부터 아동기까지 연구한 이 책은 그런 의미에서 중요하다. 인간의 발달과 성취가 과도한 반복이나 강요로 이루어지는 것이 아님을 확실히 보여주기 때문이다.

정신장애가 있는 아이를 치료하면 곧 그 부모의 정신도 건강하게 치료된다고 말해주는 내용 또한 눈에 띈다. 정신장애를 가진 아이의 치료는 그 부모를 성공적으로 치료한 뒤에라야 가능하다는 기존의 사고방식에 반대되기 때문이다.

그러나 무엇보다도 《딥스》는 재미있다. 내게는 최고의 탐정소설
만큼이나 흥미진진한 책이었다.

워싱턴에서

레너드 카마이클Leonard Carmichael

차례

일러두기

본문 안에 자주 등장하는 '놀잇감(Toy)'은 보통 '장난감'이라고 해석합니다. 그러나 1980년대부터 유아교육 전문학자들이 놀이의 의미를 강조하기 위해 '놀잇감'이라고 통일해 부르기 시작했기에 '놀잇감'으로 표기했습니다.

상처받은 아이

　낮 12시경 집으로 돌아갈 시간이 되자, 유치원 아이들은 왁자지껄 떠들면서 자기 옷과 모자를 찾으려고 법석이었다. 하지만 딥스는 달랐다.

　딥스는 교실 한쪽 구석에 웅크리고 앉더니 고개를 폭 숙이고선 팔짱을 단단히 꼈다. 집으로 돌아갈 시간이라는 사실을 모르는 척하듯이 딥스는 집에 갈 시간만 되면 항상 이랬다. 제인 선생님과 헤다 선생님은 다른 아이들의 귀가 준비를 도와주면서 몰래몰래 딥스를 살펴보았다.

　다른 아이들은 데리러 온 어머니를 따라 유치원을 떠났다. 딥스만 홀로 남았다. 선생님들은 여전히 꼼짝하지 않고 있는 딥스를 바라보

며 서로 눈짓을 했다. 그러다가 제인 선생님이 "당신 차례예요"라고 말하고는 조용히 교실을 나가버렸다. 헤다 선생님이 차분한 목소리로 딥스에게 말했다.

— 딥스야, 이젠 집에 갈 시간이야. 점심시간이잖니?

딥스는 쳐다보지 않았다. 그러나 팽팽한 저항감이 느껴졌다.

— 자, 외투 입는 것을 도와줄게.

헤다 선생님이 외투를 들고 천천히 다가갔다. 아이는 벽에 몸을 더 바짝 붙이고 얼굴을 두 팔 안에 묻었다.

— 딥스야, 어서 입자. 엄마가 곧 데리러 오실 거야.

딥스의 어머니는 언제나 늦게 왔다. 자신이 도착했을 때는 외투와 모자를 입히는 싸움이 끝나서 딥스를 조용히 데려갈 수 있기를 바라서 그런지도 몰랐다.

— 딥스야, 어서 집에 가야지?

헤다 선생님이 아이의 등을 부드럽게 쓰다듬었다. 그러자 딥스가 갑자기 작은 맹수처럼 주먹을 휘두르고, 할퀴고, 물려고 덤비고, 소리를 질렀다.

— 집에 안 가! 집에 안 가! 나, 집에 안 가!

딥스는 매일 이렇게 울부짖었다.

— 나도 알아. 하지만 집에 가서 점심을 먹어야 무럭무럭 자라지. 커서 아주 힘센 사람이 되고 싶지 않니?

그 말에 딥스는 체념한 듯 더 이상 대들지 않았다. 선생님이 외투를 입혀주고 단추를 채우는 것을 그냥 내버려두었다.

── 내일 또 만나자.

헤다 선생님이 딥스에게 작별 인사를 했다. 어머니가 도착하자 딥스는 눈물로 얼룩진 무표정한 얼굴로 어머니를 따라갔다.

가끔은 실랑이가 길어져서 어머니가 왔을 때까지 계속되기도 했다. 그러면 딥스 어머니는 되돌아 나가서 운전기사를 들여보냈다. 운전기사는 꽤 크고 힘센 사람으로, 아무 말도 없이 쑥 들어와서 그저 딥스를 옆구리에 끼고 자동차로 데려갔다. 차까지 가는 동안 딥스가 계속 소리치며 주먹으로 그를 때릴 때도 있었지만, 대개는 갑자기 조용해지며 축 늘어졌다. 그럴 때의 딥스는 무척 무기력하고 지쳐 보였다. 그는 딥스에게 말을 거는 적이 없었다. 아이가 저항을 하든지 고분고분 따라오든지 아무 관심이 없었다.

딥스가 이 사립 유치원에 다닌 지도 벌써 이 년이 되었다. 선생님들은 딥스와 원만한 관계를 맺어보려고 애썼지만 아무 소용이 없었다. 딥스는 누구와도 말을 않기로 결심한 듯했다. 적어도 헤다 선생님은 그렇게 여겼다.

그동안 약간의 진전이 있기는 했다. 딥스가 처음 유치원에 왔을 때는 정말이지 말도 안 했고, 의자에 앉아 꼼짝도 안 했다. 오전 내내 벙어리처럼 앉아만 있었다. 몇 주일 후에야 비로소 의자에서 일어났고, 온 방 안을 기어 다니며 자기와 관련된 주변 물건들을 보는 것 같았다. 누군가가 다가오면 마루 위에 놓인 공처럼 웅크리고 움직이지 않았다. 다른 사람의 눈을 똑바로 쳐다보는 적이 없었고, 묻는 말에 대답하는 법도 없었다.

그렇지만 결석은 안 했다. 매일 아침 어머니가 차로 데려왔다. 마음에 내키지 않는 표정으로 그녀가 직접 데리고 들어올 때도 있었고, 운전기사가 번쩍 들고 와 그냥 현관문 안에 털썩 내려놓고 가기도 했다. 유치원에 들어올 때는 소리를 지르거나 울고불고하는 일이 없었다. 일단 문 안에 들어오면 그 자리에 서서 낮은 목소리로 혼자 투덜거리면서, 누군가 자신을 교실로 데려갈 때까지 기다렸다. 외투를 입고 올 때면 그 외투를 스스로 벗지도 않았다. 선생님 한 분이 딥스를 반기고 외투를 벗겨준 다음에 하고 싶은 대로 하게 내버려두었다. 다른 아이들은 하고 싶은 일을 금방 찾아내 바쁘게 움직였지만, 딥스는 교실 구석을 기어 다니거나 책상 밑이나 피아노 뒤에 숨어서 몇 시간이고 책을 들여다보며 시간을 보냈다.

딥스의 행동은 선생님도 뭐라고 꼬집어 말할 수 없게 고르지 못했다. 어떤 때는 지적장애아처럼 보였고, 또 어떤 때는 일을 조용하고 신속하게 처리해서 지능이 꽤 높아 보였다. 누가 자신을 쳐다본다고 느끼면 자신의 껍질 속으로 재빨리 숨어버렸다. 교실의 가장자리를 따라 기어 다니고, 책상 밑에 숨고, 몸을 앞뒤로 격렬하게 흔들고, 엄지손가락을 빨았다. 선생님이나 친구들이 무언가 함께 하자고 권하기라도 하면, 마루에 납작 엎드려 꼼짝도 하지 않았다. 딥스는 외로운 아이였다. 그 아이에게 이 세계는 차디차고 불친절한 것으로 느껴짐이 틀림없었다.

귀가 시간이 되거나 하고 싶지 않은 일을 누군가가 강제로 시킬 때면, 딥스는 짜증을 냈다. 선생님들은 '딥스가 활동에 참여하도록 빠짐없이 권하기는 하되, 불가피한 경우가 아니면 강요는 말자'고 합의했다. 그들은 딥스가 흥미로워할 만한 책, 놀잇감, 그림 맞추기 등의 물건들을 주었다. 딥스는 그것을 직접 받지 않았다. 근처 책상 위나 마루에 살짝 놓아두면, 나중에 조심스럽게 집어서 살펴보곤 했다. 딥스가 책을 거절한 적은 없었다. 헤다 선생님이 늘 이야기하듯, '마치 읽을 줄 아는 것처럼' 인쇄된 글자들을 응시하곤 했다.

어떤 때는 제인 선생님이 곁에 앉아서 이야기책을 읽어주거나 재미있는 얘기를 해주었다. 그러면 딥스는 엎드려서 얼굴을 바닥에 댄채 꼼짝 않고 있었다. 고개를 든다거나 하는 정도의 아주 작은 관심도 보이지 않았다. 그렇다고 한눈을 팔거나 다른 것에 흥미를 갖는 것도 아니었다.

제인 선생님은 딥스와 종종 이런 식으로 시간을 보냈다. 그녀는 설명을 쉽게 하려고 손에 직접 물건을 쥐고 이야기하기도 했다. 자석과 자력의 원리도 이야기해주고, 재미있는 돌에 대해서도 이야기해주었다. 무엇이든 딥스가 흥미를 보여주길 기대하며 많은 이야기를 했다. 제인 선생님은 가끔 자신이 혼자서 떠들어대는 바보처럼 느꼈지만, 딥스의 엎드린 자세 어딘가에서 '아이가 듣고 있다'는 인상을 받았다. 손해 볼 것도 없다고 스스로 위로하며 이런 일들을 반복했다.

하지만 대부분의 선생님은 딥스 때문에 몹시 당황하고 있었다. 유치원의 담당 심리상담교사가 딥스를 관찰하고 몇 차례 검사를 시도했지만, 딥스는 검사받을 준비가 되어 있지 않았다. 소아과 의사도 여러 번 시도했지만 절망적인 심정으로 손을 떼고 말았다. 딥스는 하얀 옷을 입은 의사만 보면 질겁하며 가까이 오지도 못하게 했다. 벽에 등을 딱 붙이고 서서 양손을 위로 올려 할퀼 준비를 단단히 하고는 누구든지 가까이 오기만 하면 싸우려는 태세였다.

── 딥스는 이상한 아이입니다. 지적장애아인지, 정신적으로 타격을 입은 아이인지, 뇌가 손상된 아이인지 알 수가 없어요. 대체 왜 그렇게 되었는지 원인이라도 알아낼 수 있으면 좋으련만.

소아과 의사는 이렇게 의견을 말한 적이 있었다.

딥스가 다니는 유치원은 본래 지적장애아나 정서장애를 가진 아이들이 다니는 곳이 아니었다. 3세부터 7세까지의 아이들이 다니는 일류 사립 유치원으로 뉴욕 맨해튼 서북쪽에 있었다. 이 유치원은 전통적으로 명석하고 사고력이 높은 아이들만 받는다고 알려진 곳이었다.

딥스의 어머니는 딥스를 이 유치원에 입학시키려고 갖은 애를 다 썼다. 결국은 유치원의 재단이사장에게 압력을 넣어서 교장이 입학 허가를 하도록 만들었다. 딥스의 고모할머니가 이 유치원에 꽤 많은 돈을 기부하고 있었기 때문이다. 선생님들은 딥스의 어머니에게 '딥스는 전문가의 도움이 필요하다'고 제안했지만, 어머니의 대답은 항상 같았다.

— 그 애에게 시간을 좀 더 주세요.

그렇게 이 년이 훌쩍 흘렀다. 딥스가 약간의 진전을 보이긴 했지만, 선생님들은 그것으로 만족할 수 없었다. 그들은 딥스를 이런 상태에 내버려두고 시간만 질질 끄는 것은 옳지 않다고 생각했다. 그들의 바람은 오직 딥스가 자기 껍질을 벗어버리고 밖으로 나오는 것뿐이었다. 매일 딥스 문제가 토론되었지만 속 시원한 결론은 나지 않았다.

딥스가 다섯 살밖에 안 된 어린아이라는 점 때문이었다. 다섯 살의 어린아이가 세상 돌아가는 걸 다 알면서도 그것들을 마음속에만 숨겨둘 수 있을까? 딥스가 책을 들여다보며 읽는 것처럼 보이는 것도 말이 안 됐다. 말로 자신을 표현하지 못하는 아이가 글을 읽을 수 있을까? 그렇다면 그렇게 복잡한 모습을 지닌 아이가 지적장애아일 수 있을까? 딥스의 행동은 지적장애아의 것은 아니었다. 그렇다면 자기만의 세계 속에 살고 있는 것일까? 자폐일까? 현실과의 연결을 끊은? 도저히 이해할 수 없는 딥스의 그 세계는 매우 불행한 명투성이 세계인 것 같았다.

딥스의 아버지는 유명한 과학자였다. 굉장히 명석한 사람이라고들 모두가 입을 모았지만 정작 그를 만나본 사람은 유치원에 아무도 없었다. 딥스에게는 도로시라는 여동생이 있었다. 도로시는 이 유치원에 다니지 않았다. 딥스의 어머니는 도로시를 굉장히 똑똑하고 완벽한 아이라고 강조했지만, 엄마와 함께 산책하는 도로시를 센트럴 공원에서 만난 혜다 선생님은 '아주 버르장머리 없는 여자아이'라고 표현했다.

그 이후로 혜다 선생님은 딥스에게 동정심을 가지게 되었고, 딥스에게 더 잘해주려고 노력했다. 어머니가 너무 도로시만 편애한다고 생각했기 때문이다. 혜다 선생님은 언젠간 딥스가 공포와 분노로 꽉 찬 자신 안의 감옥에서 뛰쳐나올 것이라 믿었다.

마침내 선생님들은 딥스를 위해 무슨 일이든 하자고 결단을 내렸다. 몇몇 학부모, 특히 딥스가 할퀴거나 때렸던 아이들의 부모들이 딥스가 유치원에 남아 있는 것에 불평하기 시작할 때였다.

내가 딥스의 문제를 해결하기 위한 개별 심의회에 초청받은 것도 이즈음이었다. 나는 어린이와 부모의 관계를 전문적으로 치료하는 임상심리학자였다. 나는 이 회의에서 딥스에 대해 처음 들었다. 지금까지 쓴 내용은 교사들과 유치원 심리상담교사, 소아과 의사가 말해준 것이었다. 그들은 내게 딥스와 딥스의 어머니를 만나줄 수 있는지 물었다. 내 의견을 들은 뒤에 딥스의 제명 처분 및 퇴학 여부를 결정하겠다고 했다.

회의는 유치원에서 열렸다. 나는 모든 이야기를 흥미 있게 들었고, 딥스의 고르지 못한 행동 때문에 그들이 대단히 좌절하고 있다고 느꼈다. 딥스의 행동은 가까이 다가오려는 사람들에게 적대감을 표시한다는 점만 일관되었다. 딥스의 불행이 너무나 명백히 보여서 그 아이를 도와주려는 모든 사람은 참담해했다.

— 지난주에 딥스 어머니와 면담을 했어요. 딥스를 퇴학시킬 가능성이 높다고 알려드렸죠. 저희가 딥스를 위해 최선을 다했지만 별소용이 없었다고요. 그분은 무척 속이 상한 것 같았지만 겉으로 드러내지는 않았어요. 그러고는 전문상담가를 불러서 한 번 더 딥스를 평가해보자는 제안에 찬성했어요. 제가 액슬린 박사님을 추천했더니, 박사님과 딥스가 상담하는 것과 박사님이 딥스를 관찰하는 것에 찬성했어요. 그런 뒤에 '딥스를 이 유치원에 그대로 다니게 할 수 없다는 결론이 나온다면, 지적장애아를 위한 사립 기숙 유치원을 추천해달라'고 부탁했어요. 자신과 남편은 딥스가 지적장애아이거나 뇌가 손상된 아이일 수도 있음을 받아들인다고 하더군요.

제인 선생님의 말에 헤다 선생님이 벌컥 화를 냈다.

— 딥스가 정서적으로 상처를 받았고 그 책임이 자기에게 있다고 생각하느니, 차라리 아이가 지적장애라고 믿고 싶겠죠!

제인 선생님이 이어서 이야기했다.

— 저희는 딥스 문제를 객관적으로 바라볼 수 없을 것 같아요. 딥스가 유치원을 오래 다니고도 별 진전이 없는 것이 그 때문이 아닌가 싶어서 걱정이 돼요. 저희는 딥스를 외면할 수 없었고, 다른 사람 손에 맡길 수는 더더욱 없었던 거예요. 딥스에 대해 토론할 때면 늘 그 부모의 태도가 생각나 감정적이 되어버린답니다. 심지어 저희가

그 부모를 대하는 태도가 정당한지조차 모를 정도로 아이에 대한 동정심으로 꽉 차 있어요.

　— 저는 딥스가 점점 나아지는 중이라고 확신하고 있어요. 지금 같이 벽을 둘러친 생활을 더 이상 견디는 건 딥스도 힘들 거예요.

　이 아이에겐 선생님들의 관심을 붙잡는 무언가가 있음이 분명했다. 나는 딥스에 대한 그들의 연민을 느낄 수 있었다. 이들의 감정이 아이의 성격에 영향을 미쳤을 것임은 확실했지만, 아이의 복잡다단한 성격을 명확하고 간명하게 이해하는 데는 실패하고 있음을 느꼈다. 그러나 선생님들이 딥스를 인간적으로 존중해주는 것에는 매우 감동했다.

　그 자리에서 나는 딥스의 놀이치료를 맡기로 결심했다. 물론 딥스의 부모가 내 생각에 동의한다면……

　놀이치료가 딥스에게 도움을 줄 수 있을지는 미지수였다.

잠긴 문은 싫어요

회의가 끝났을 때는 캄캄한 밤이었다. 밖으로 나오자 흐릿한 불빛에 모든 사물이 하나같이 희미하고 모호하게 보였다. 흑과 백이 명확하게 구분되지 않았다.

딥스 문제 역시 그러한 것이었다. 사물을 있는 그대로 보고 '이것이다'라고 명백한 해답을 알려줄 만큼 밝은 빛이 없기 때문이었다. 하늘이 어둑어둑해지면 판단도, 결정도, 분노도 좀 더 관대하고 여유로워진다. 말하자면 정확하게 결정되어 있는 것들이 모호해질 가능성이 아주 높아지는 것이다. 이러한 점들은 오히려 인간에게 내재된 역량과 한계를 평가해볼 수 있는 기회가 되기도 한다.

한 인간이 내면에 지닌 성장 가능성의 지평은 다른 사람이 섣불리 판단할 수 없다. 삶에 대한 이해는 각자 개인적인 경험들을 통해 커지는데, 너무나 다양하고 변화무쌍한 의미들을 보면서 결국은 스스로의 자기 인식이 가장 중요한 요소임을 깨닫게 된다. 그림자처럼 모호한 세계의 실체는 결국 개개인의 생각, 태도, 감정, 필요 등이 투영된 것이라고 설명하면 훨씬 수긍하기 쉬울 것이다. 때문에 어떤 사람이 왜 그런 행동을 하는지 그 이유를 낱낱이 알아차리기는 힘들지만, 누구든 어려서부터 닦아온 성격과 자신만의 의미 있는 세계를 갖고 있음을 이해하는 건 어렵지 않다.

이번 회의에서 딥스를 처음 알게 된 나는, 딥스에 대한 모두의 애정을 알게 되자 그를 빨리 만나고 싶어졌다. 그러나 이런 성급한 욕구는 참아야 한다. 성급함은 문제를 정확하게 해결하는 데 커다란 장애가 될 뿐 아니라, 자칫 일을 시작도 못 하게 만들 수 있기 때문이다.

특히 정신 건강에 관련된 문제들은 너무나 미묘하기 때문에 신중을 기해야 한다. '인상'이란 얼마나 바뀌기 쉬운 것인지 우리는 잘 알고 있다. 그래서 보다 객관적으로 차분하게 체계적인 연구를 해야 한다. 이런 연구는 육감, 사색, 회의, 상상, 희망, 꿈 등의 주관적 요인들이 절묘하게 결합되어야 한다. 수리통계학적으로 산출된 객관적 자료들과 치료자의 느낌과 판단이 함께 연구될 때에만 치료의 방향이 순조롭게 진행될 수 있다.

그래도 나는 딥스를 빨리 만나보고 싶었다. 그래서 유치원에 가서 딥스가 다른 아이들과 어떻게 지내는지 살펴보기로 했다. 가능하다면 딥스를 따로 만나볼 생각도 했다. 그런 후 딥스의 어머니를 찾아가 이야기를 나누고 아동상담소에 있는 놀이방에서 딥스와 만날 시간도 정하기로 마음먹었다.

우리 모두는 딥스의 문제를 해결하려고 애쓰면서, 아동상담소에서의 치료가 딥스에게 작은 빛이라도 던져줄지 모른다는 데 희망을 걸고 있었다. 하지만 딥스에게 정말로 도움이 될지 어떨지는 알 수 없었다. 단지 마구 헝클어져서 이해할 수 없는 문제를 해결하는 데 있어서 해결의 실마리를 잡을 또 한 번의 기회일 뿐이었다.

차를 타고 이스트강 옆 강변도로를 달리면서 나는 지금까지 만났던 불행한 아이들을 떠올렸다. 자신의 존엄성을 찾고 싶어 했지만 좌절했던 아이들.

그들은 이해받지 못했지만 스스로의 권리를 위해 치열하게 싸우고 또 싸웠다. 아이들 각자의 느낌과 생각, 환상, 꿈, 희망 등이 밖으로 표출되면서 그들의 가능성의 지평은 넓어졌다. 아이들은 공포와 걱정에 사로잡혀서 견뎌내기 힘든 세상에 대해 자신을 적극적으로 방어하고 주장하려 했다. 다행히 건설적으로 세상에 적응할 수 있는 힘과 능력을 새롭게 찾은 아이들도 있었고, 견뎌내지 못하고 실패하는 아이들도 있었다.

거기에 어떤 공식이 있는지 정확히 설명할 순 없다. 하지만 "부모의 사랑과 귀여움을 못 받았기 때문이구나!"라는 식으로 설명하는 것은 아이의 내적 세계를 이해하는 데 아무런 도움이 안 된다. 그것은 무관심을 인정하는 말일 뿐이다. 그렇게 상투적으로 생각 없이 내뱉는 설명은 피해야 한다. 진실에 가까이 다가가려 한다면, 우리의 행동을 더 깊이 들여다보아야만 한다.

나는 그다음 날 유치원을 방문하기로 마음먹었다. 그리고 딥스 어머니와 전화통화를 해서 되도록 빠른 시일 안에 딥스에 관한 이야기를 나누어야겠다고 생각했다. 모든 일이 잘 진행된다면 다음 목요일쯤이면 딥스를 아동상담소에서 만날 수 있을 것이다.

치료는 언제쯤이면 끝날 수 있을까? 어떤 방법으로 해야 할까? 딥스가 지금까지 쌓아온 단단한 벽을 무너뜨리지 않는다면 어떻게 해야 할까? 미리 여러 가지 방법을 생각해두어야 했다. 왜냐하면 한 아이에게 적합한 방법이 다른 아이에겐 적합하지 않을 수도 있으니까.

아동상담자들은 쉽게 포기해선 안 된다. 여러 방법을 써보고 최선을 다해보기 전까지는 "에이, 이 아인 희망 없어"라고 집어치워선 안 된다. 희망이 전혀 없는데도 매달리는 것이 나쁘다고 생각하는 사람들도 있다. 그러나 우린 기적을 바라는 것이 아니다. 우리는 이해하려고 애쓰는 것이며, 그런 이해가 아이의 능력을 건설적으로 발전시켜줄 효과적인 방법을 찾게 해줄 것이라고 믿는 것이다. 때문에 우리가 무지라는 황무지에서 길을 찾을 수 있을 때까지 연구는 끊임없이 계속될 것이다.

다음 날 아침 나는 아이들이 등교하기 전에 유치원에 갔다. 교실은 밝고 쾌적했고, 아이들이 흥미로워할 만한 놀잇감과 시설들을 갖추고 있었다.

— 곧 아이들이 올 거예요.

제인 선생님이 말을 꺼냈다.

— 전 선생님께서 딥스를 어떻게 생각하실지 무척 궁금해요. 선생님께서 그 애를 도와주실 수 있다면 얼마나 좋을까요? 전 딥스가 너무나 걱정이 되거든요. 아시다시피 지적장애아라면 흥미를 느끼는 부분이나 행동 유형이 일정해야 하잖아요? 하지만 딥스의 경우 도통 웃질 않는다는 것 외엔, 기분의 변화를 도무지 판단할 수가 없어요. 딥스가 웃는 걸 본 사람이 없어요. 아니면 아주 조금이라도 행복해하는 거라도요. 우리가 딥스를 지적장애가 아니라고 보는 이유 중의 하나가 이거예요. 딥스는 지나치게 감성적이거든요. 아, 저기 아이들이 오기 시작하는군요.

아이들이 들어오기 시작했다. 다들 기대에 찬 행복한 얼굴이었다. 유치원을 편안하고 즐겁게 느끼는 것이 확실했다. 친구들, 선생님들과 즐겁게 인사했고, 내게 와서 말을 붙이거나 내가 왜 여기에 왔는지 묻는 아이도 있었다. 아이들은 모자와 외투를 벗어서 자기 옷장에 걸었다. 첫 번째는 자유활동 시간이었다. 각자 원하는 놀잇감을 선택해서 좋아하는 놀이를 하며 재잘거렸다.

그때 딥스가 들어왔다. 어머니가 데려왔는데, 제인 선생님에게 무슨 말인가를 하고는 곧 떠나버려서 자세히 볼 수 없었다. 회색 모직 외투와 모자를 쓴 딥스는 혼자 덩그러니 한쪽에 서서 꼼짝도 하지 않았다. 제인 선생님이 외투와 모자를 벗어서 거는 것이 어떠냐고 물었지만 들은 체도 안 했다.

딥스는 나이에 비해 큰 편이었다. 얼굴은 매우 창백했고 제인 선생님이 모자를 벗길 때 보니 까만 곱슬머리였다. 제인 선생님이 외투도 벗겨주었는데 아이는 전혀 협조하지 않았다. 제인 선생님이 딥스의 옷장에 외투와 모자를 걸어주고는 조용히 다가왔다.

— 보세요, 딥스가 저래요. 자기 외투와 모자를 스스로 벗는 적이 없어서, 이젠 으레 우리가 해준답니다. 가끔 딥스를 다른 아이들과 어울리게 하려고 놀이에 끼워주기도 하고, 어떤 때는 딥스 혼자 할 일을 마련해주기도 하지만, 늘 모르는 척해버려요. 오늘은 딥스가 하는 대로 그냥 놔둘 테니까 잘 살펴보세요. 아마 저기에 그대로 오래오래 서 있을 거예요. 아니면 돌아다니며 이것저것 만질 수도 있고요. 전혀 흥미 없다는 듯이 이것저것 휙휙 쳐다보며 다니기도 하지만, 그러다가는 한 물건을 한 시간 동안이나 들여다보기도 해요. 모든 것이 딥스의 기분에 달려 있어요.

제인 선생님이 다른 아이들에게로 가자, 난 딥스가 눈치 채지 못하도록 조심스럽게 관찰하기 시작했다.

딥스는 제자리에 한참을 서 있었다. 그러다가 아주 천천히 그리고 조심스럽게 몸을 돌렸다. 아주 절망스럽다는 듯이 무의미하게 두 손을 들었다가 떨어뜨렸다. 그러다가 다시 돌아섰다. 이제 딥스는 완전히 내 시야 안에 들어와 있어서, 원한다면 딥스도 나를 쳐다볼 수 있었다. 아이는 한숨을 푹 내쉬더니 입술을 잘근잘근 깨물었다. 그때 한 남자아이가 달려왔다.

— 딥스야, 같이 놀자.

딥스가 할퀼 것처럼 달려들었는데 아이는 재빨리 뒤로 물러섰다.

— 야옹! 야옹! 고양이구나, 넌!

아이가 딥스를 놀렸다. 제인 선생님이 달려와서 그 아이에게 저쪽에 가서 놀라고 말했다.

딥스가 벽 쪽으로 다가갔다. 거기에는 돌, 조개껍질, 석탄 조각 및 다른 광물들이 놓인 과학 영역 자료들이 있었다. 딥스는 진열대 옆에 서더니 아주 느린 동작으로 하나씩 들어 올리기 시작했다. 손가락으로 어루만지고, 뺨에 대보고, 냄새를 맡더니, 맛을 보았다. 다음에는 아주 조심스럽게 제자리에 다시 가져다 두었다. 딥스가 내 쪽을 힐끗 쳐다보았다. 아주 순식간에 쳐다보곤 시선을 돌렸다. 그러고는 가만히 꿇어앉더니 책상 밑으로 기어들어가 다른 사람들이 볼 수 없는 그 속에 쪼그리고 앉았다.

그때 다른 아이들은 의자를 가지고 와 선생님 주위에 반원으로 둘러앉기 시작했다. 서로 집에서 가지고 온 것을 친구들에게 보여주면서 그 물건에 얽힌 이야기를 하는 시간이었다. 선생님도 이야기를 해주었고, 그들은 함께 노래를 몇 곡 불렀다.

딥스가 있는 곳은 아이들이 앉아 있는 곳에서 그리 멀지 않았기 때문에, 딥스가 원하기만 한다면 무슨 이야기를 하고 또 무슨 물건을 보여주는지 다 보고 들을 수 있는 거리였다. 그렇다면 딥스는 이 시간에 무엇을 하는지 미리 알고 있었기 때문에 책상 밑으로 들어가버린 걸까? 알 수 없었다. 딥스는 아이들이 다른 활동을 시작할 때까지 그렇게 숨어 있었다. 아이들이 흩어지자 그제야 다른 곳으로 움직이기 시작했다.

딥스는 벽 가까이에 바싹 붙어서 교실 안을 기어 다니다가, 마주치는 많은 것을 자세히 들여다보기 위해 멈췄다. 그런 뒤 수족관과 온실 상자가 있는 창턱으로 가더니 일어서서 그 크고 네모난 유리 상자 안을 들여다보았다. 가끔은 상자 속에 손을 집어넣고 무엇인가를 만졌다. 재치 있고 부드러운 손길이었다. 거의 30분 동안이나 그곳에 머물러 있는 것이, 자연 관찰에 몰두한 듯 보였다.

그러고선 방 안을 슬슬 기어 다니면서 물건들을 빠르고 조심스럽게 만지며 돌아다녔다. 책들이 있는 곳에 이르자, 딥스는 책상 위 책들을 손가락으로 하나씩 짚었다. 그러다가 한 권을 집어 들더니 의자를 끌고 구석으로 가서 벽을 보고 앉아 한 장씩 넘기면서 열심히 보고 있었다. 정말 글자를 읽고 있을까? 그림만 보고 있는 것일까?

그때 선생님 한 분이 딥스 곁으로 다가가 부드럽게 말을 걸었다.

— 새에 대한 책을 읽고 있구나. 딥스야, 선생님한테 이야기 좀 해줄래?

딥스가 책을 내동댕이치더니 바닥에 납작 엎드려버렸다.

— 딥스야, 미안해. 너를 방해하려고 한 건 아니었어.

선생님은 책을 집어서 책상 위에 올려놓고 내게 다가왔다.

— 지금 보셨죠? 아주 일상적인 일이에요. 딥스를 그냥 내버려두는 것이 좋다는 것을 알지만, 오늘은 선생님이 보시라고 일부러 말을 걸었답니다.

딥스가 엎드린 자세에서 고개를 번쩍 들더니 선생님을 쳐다보았다. 우리는 그를 보고 있지 않은 척했다. 그러자 아이는 일어나서 방 가장자리로 살금살금 걸어갔다. 딥스는 그림이며 크레용, 찰흙, 못, 망치, 나뭇조각, 북, 심벌즈를 들었다 놓았다 했다. 다른 아이들은 자기 일에 열중해서 딥스가 뭘 하는지 신경 쓰지 않았다. 딥스는 아이들과 몸이 닿지 않도록 피해 다녔고 아이들도 딥스를 내버려두었다.

밖에 나가 놀 시간이 되었다. 선생님 한 분이 내게 말했다.

— 딥스는 나갈지도 몰라요. 아님 안 나갈 수도 있어요. 어떻게 할지 전혀 알 수가 없지요.

선생님은 아이들에게 나가 놀라고 말하고는 딥스에게 밖으로 나가 놀 것인지 물어보았다.

— 싫어, 밖은.

딥스가 딱딱하고 굵은 목소리로 대답했다.

내가 "날씨가 너무 좋아 보여 나가야겠다"고 말하며 외투를 입었다.

— 딥스 나가!

딥스가 갑자기 외쳤다. 선생님이 외투를 입혀주었더니 비실비실

운동장으로 걸어 나갔다. 걷는 모습이 무척 어색해서 정서적으로는 물론 육체적으로도 꽁꽁 묶여 있는 것처럼 보였다.

다른 아이들은 모래 놀이를 하고, 그네를 타고, 정글짐도 오르내리고, 자전거도 탔다. 공놀이, 술래잡기, 숨바꼭질도 했다. 모두들 달리고 깡충깡충 뛰고 오르내리며 재미있게 놀고 있었다. 하지만 딥스는 달랐다. 저만큼 구석에 가 쪼그리고 앉아서 조그만 나뭇가지로 땅을 긁고 있었다. 가늘고 긴, 작은 홈이 생기도록 계속해서 파냈다. 아무도 쳐다보지 않은 채 소나무 조각과 땅만 바라보면서 외로운 작업에 몰두하고 있었다.

아이들이 교실로 돌아와 쉬고 난 후에 유치원 복도 끝의 놀이방으로 딥스를 데려가보자고 선생님들과 이야기해두었다. 물론 딥스가 날 따라온다면 말이다.

종이 울리자 아이들이 모두 교실로 돌아왔다. 딥스가 들어오자 제인 선생님이 외투를 벗겨주었다. 그랬더니 이번에는 딥스가 모자를 벗어 선생님에게 주었다. 부드럽고 조용한 음악을 틀자 아이들은 담요를 꺼내다 마루에 깔고 편하게 쉴 준비를 하고 있었다. 딥스도 자기 담요를 꺼내다가 아이들에게서 멀리 떨어진 책 읽기 영역에 있는 책상 밑에 폈다. 딥스는 담요 위에 엎드려 손가락을 빨면서 쉬고 있었다. 딥스는 무엇을 생각하고 있을까? 무엇을 느끼고 있을까? 왜 저렇게 행동할까? 무엇 때문에 이 어린아이가 사람들을 무서워하며 피하게 되었을까? 우리가 딥스를 도울 수 있을까?

쉬는 시간이 끝나자 아이들은 자기 담요를 갰다. 딥스도 담요를 걷어서 자기 자리에 제대로 올려놓았다. 아이들은 조를 나누어 목공 일을 하거나, 그림을 그리거나, 찰흙을 가지고 놀기 시작했다. 하지만 딥스는 문 옆에 서 있었다.

내가 다가가서 저 끝에 있는 놀이방에서 나와 놀겠느냐고 물으며 손을 내밀었다. 아이는 잠깐 머뭇거리다가 말없이 내 손을 잡고 따라나섰다. 다른 교실 문을 지날 때 딥스가 뭔가 중얼거렸지만 알아들을 수는 없었다. 그렇다고 무슨 말을 했느냐고 묻지는 않았다. 그저 저 끝에 놀이방이 있다고만 알려주었다.

나는 딥스의 첫 반응이 무척 흥미로웠다. 처음 보는 사람과 함께 방을 나와 뒤도 돌아보지 않았다. 딥스는 내 손을 꽉 잡았다. 긴장한 것이다. 그러나 놀라운 점은 딥스가 스스로 나섰다는 것이다.

복도 끝 계단 밑에는 놀이치료용으로 만들어진 조그만 방이 있었다. 색도 바래고 장식도 없는 단조롭고 흐릿한 방이었다. 햇빛이 들어오는 작은 창문이 있었지만 전체적으로 음산했고 전깃불을 켜도 어두웠다. 황갈색 벽에는 낙서를 지운 자국들이 얼룩져 있었고, 울퉁불퉁한 표면에는 페인트를 덧칠한 자국도 있었다. 진갈색 리놀륨이 깔린 바닥에는 깨끗하지 않은 걸레로 대충 닦은 듯한 자국이 남아 있었다. 축축한 진흙, 젖은 모래, 말라붙은 물감 냄새들이 강하게 났다.

놀잇감들이 책상, 마루, 선반 등 여기저기에 널려 있었다. 바닥에는 소꿉놀이 인형집이 있었는데, 각 방에는 단단한 나무로 만든 조그만 가구들이 드문드문 놓여 있었다. 인형 식구들은 집 앞에 포개져 있었다. 엄마 인형, 아빠 인형, 남자아이, 여자아이, 아기 인형이었다. 그 옆의 열린 상자에는 말, 사자, 개, 고양이, 코끼리, 토끼 등 다른 고무 인형들이 들어 있었다. 놀잇감 자동차와 비행기도 있었다. 집짓기 블록도 바닥에 놓여 있었다. 모래 상자에는 프라이팬과 숟가락 같은 소꿉놀이 도구가, 책상에는 진흙이 든 항아리가, 화판에는 물감과 그림종이가, 선반에는 물이 든 젖병이, 의자 위에는 너덜너덜해진 인형이 있었다. 한쪽 구석에는 잔뜩 부풀어 오른 큰 고무 인형이 있었는데, 마치 한 대 맞아서 쓰러졌다가 일어난 것 같았다. 놀잇감들은 퍽 튼튼하게 만들어진 것이었지만 함부로 다뤄서 매우 낡아 보였다.

방 안에는 아이들의 활동을 방해할 만한, 또는 부수면 야단맞거나 건드리면 찌그러질 만한 물건은 보이지 않았다. 이 방의 공간과 물건들은 아이가 자기 자신을 드러내 보일 수 있도록 마련된 것이다. 이 방에서 하는 경험의 내용이 아이마다 자신만의 독특한 의미를 찾게 할 것이다. 내면의 소리를 찾아 침묵에 잠길 수도 있고 잠시나마 자아를 찾음으로써 불만, 근심, 걱정, 공포에서 벗어날 수도 있다. 아이들은 지금까지 경험한 모든 소리와 모양, 색깔과 움직임을 바탕으로 이곳에서 자기만의 세계를 만들어낸다.

── 우리는 여기서 한 시간쯤 같이 놀 거야. 저기 놀잇감들이나 여러 가지 물건이 보이지? 네가 하고 싶은 것을 마음대로 하렴.

방 안에 들어서며 내가 말했다. 그러곤 문 바로 안쪽에 놓인 작은 의자에 앉았다. 딥스는 내게 등을 돌리고 방 한가운데에 서서, 손을 꼬고 있었다. 나는 기다렸다. 서두를 이유는 없었다. 딥스가 놀든지 말든지, 말을 하든지 안 하든지, 이 방에선 전혀 상관이 없었다. 방이 작기 때문에 딥스가 멀리 갈 수는 없었다. 대신 숨고 싶을 때 숨을 수 있는 탁자와 앉고 싶을 때 앉을 수 있는 작은 의자가 있었다. 가지고 놀 놀잇감도 있었다.

그러나 딥스는 방 한가운데에 서 있을 뿐이었다. 아이가 한숨을 내쉬더니 천천히 몸을 돌려 멈칫거리며 방을 가로질러 가서 벽을 따라 돌기 시작했다. 놀잇감에 다가가 하나씩 조심스럽게 만져보았다. 나를 똑바로 쳐다보지는 않았지만 가끔 내 쪽을 슬금슬금 곁눈질했다. 그러나 눈이 마주치기만 하면 얼른 시선을 돌렸다. 마치 지루한 여행 같았다. 딥스의 발걸음은 무거웠고, 이 아이에겐 웃음도 행복도 없는 것 같았다. 이 아이에게 삶이란 우울하고 두려운 것이었다.

인형집 앞으로 가더니, 손으로 지붕을 쓸어보며 무릎을 꿇고 앉아 유심히 들여다보았다. 그러더니 가구들을 아주 천천히 집어 들면서, 낮고 둔탁한 목소리로 묻는 듯 나무라는 듯 물건 하나하나에 대고 중얼거렸다.

── 침대? 의자? 책상? 아기 침대? 옷장? 라디오? 목욕탕? 화장실?

딥스는 집어 든 물건들의 이름을 하나씩 말하고는 조심스럽게 제

자리에 놓았다. 그리고 인형이 포개져 있는 곳으로 눈을 돌리더니 그것들을 천천히 분류하기 시작했다. 이번엔 중얼거림으로 미루어 이 인형들을 '엄마, 아빠, 누이동생, 아가'라고 생각하는 것 같았다. 작은 동물들은 따로 골라냈다. "개? 고양이? 토끼?" 하다가 깊은 한숨을 여러 번 내쉬었다. 자신을 가족 속에 포함시키는 것이 꽤 힘들고 고통스러운 일인 것 같았다.

이름을 말할 때마다 내가 알아들었다는 것을 알려주기 위해 "그래, 그건 침대야", "그것은 옷장 같구나", "정말 토끼같이 생겼네"라고 대꾸해주었다. 간단하게, 대신 단조로움을 피해 다양한 변화를 주며 반응을 보여줬다. 가령 딥스가 아빠 인형을 집어 들고 "아빠?" 하면 "아빠일 수 있지." 하는 식이었다. 이것이 우리의 대화 방식이었다. 딥스가 말문을 여는 방식이기도 했다. 물건의 이름을 대는 것은 안전하고도 좋은 시작인 것 같았다.

딥스가 주저앉더니 인형집을 뚫어지게 쳐다보았다. 꽤 오랜 시간 아무 말도 않고 응시만 했다. 난 방해하지 않았다. 딥스가 조용히 앉아 있고 싶어 한다면 함께 침묵할 것이다. 다 그럴 만한 이유가 있어서 그럴 테니까.

나는 딥스가 먼저 내게 다가와주기를 원했다. 어른들은 언제든 자기가 먼저 아이에게 다가가려고 하는데 바로 그것이 문제다.

딥스는 팔짱을 끼고 "싫어, 잠긴 문 싫어, 잠긴 문 싫어, 잠긴 문!" 하고 소리를 질렀다. 아주 절박한 목소리였다. "딥스 잠긴 문 싫어."

하는 목소리가 울먹였다.

내가 "딥스는 문 잠그는 걸 싫어하는구나"라고 말하자, 딥스는 쉰 듯한 목소리로 속삭이며 "딥스는 싫어 닫힌 문, 싫어 잠긴 문과 닫힌 문, 딥스 싫어 벽." 했다.

문을 닫는 것이나 잠그는 것에 대해 불행한 경험을 한 것이 틀림 없었다. 나는 딥스가 표현하는 것을 알 수 있었다. 딥스는 자기가 넣어두었던 아빠 인형, 엄마 인형을 꺼내더니 소리를 질렀다.

— 가게 가! 가게 가! 가게로 가버려, 가버리란 말이야.

— 아, 엄마가 가게로 가셨구나. 아빠도? 동생도?

딥스는 재빨리 인형들을 꺼내서 던져버렸다. 잠시 뒤에 딥스는 인형집 벽이 분리된다는 것을 발견했다. 그러자 벽을 하나씩 뜯으면서 소리쳤다.

— 싫어 벽, 딥스는 벽이 싫어. 벽을 없애, 딥스야!

이 놀이방에서 딥스는 자기 주위에 쌓았던 벽을 조금 허문 것이다.

딥스는 이런 방식으로 아주 천천히, 그리고 고통스럽게 놀았다. 한 시간이 거의 다 되었을 때 나는 아이에게 이 방에서 놀 수 있는 시간이 끝나서 교실로 돌아가야 한다고 이야기했다.

— 한 5분쯤 더 놀다가 나가야 된단다.

딥스는 인형집 앞 바닥에 앉아 있었다. 움직이지도, 말하지도 않았다. 나 역시 그렇게 했다. 5분 뒤면 우리는 교실로 돌아갈 것이었다.

나는 딥스에게 교실로 가겠냐고 묻지 않았다. 딥스에게는 선택권이 없기 때문이다. 여기에 다시 오고 싶냐고도 묻지 않았다. 딥스가 원치 않을지도 모르는데다, 그 또한 딥스가 결정할 문제가 아니니까. 딥스의 어머니와 의논해보지 않았기 때문에 다음 주에 다시 만날 거라고 말하지도 않았다. 이 아이는 실제로 지켜지지 않은 수없이 많은 약속으로 상처를 입을 만큼 입어왔을 것이다. 재미있는 시간을 보냈느냐고도 묻지 않았다. 무엇 때문에 방금 경험한 일을 평가하도록 강요한단 말인가? 만일 어린아이에게 놀이가 자신을 표현하는 자연스러운 방법이라면, 어른들은 왜 구태여 틀에 박힌 반응을 요구하는 것일까? 이미 답이 정해진 질문은 아이를 오히려 혼란스럽게 만든다.

5분이 다 지나가자 나는 일어서서 말했다.

── 딥스야, 이제 가야 할 시간이다.

딥스는 천천히 일어서더니 내 손을 잡았고, 우리는 방을 나와 복도를 걷기 시작했다. 복도를 반쯤 걸어와 교실 문이 보일 때, 여기서부터 교실까지 혼자 갈 수 있느냐고 물어보았다. 딥스는 "네." 하고 대답하더니 내 손을 놓고 혼자서 교실 문까지 걸어갔다.

딥스를 혼자 가게 한 것은 딥스가 점점 자신감과 책임감을 가지게 되길 바랐기 때문이었다. 또한 내가 딥스의 능력을 믿고 또 기대하고 있음을 전달하려는 뜻도 있었다.

그리고 나는 딥스가 혼자 갈 수 있을 거라고 확신했다. 만일 딥스가 주저하거나 첫날부터 너무 무리한 요구를 한다는 표정을 보였으면 좀 더 교실 가까이 간 뒤에 물었을 것이다. 아이가 그것도 힘들어했다면 교실 문까지 함께 걸어갔을 것이다. 그러나 딥스는 혼자 갔다.

나는 "딥스야, 안녕." 하고 인사했다. 딥스가 "네." 하고 대답했다. 부드럽고 다정한 목소리였다. 아이는 복도 끝까지 걸어가서 교실 문을 열더니 뒤를 돌아보았다. 내가 손을 흔들며 인사하자 딥스의 얼굴 표정은 미묘했다. 놀란 듯했지만 기뻐하는 것 같았다. 딥스는 곧 교실 안으로 들어가 문을 닫았다. 딥스가 어딘가를 혼자 다녀온 것은 이번이 처음일 것이다.

내가 딥스와의 관계에서 이루려는 목표 중의 하나는 딥스가 정서적 독립성을 가지는 것이다. 지나치게 보살펴줘서 딥스의 문제를 더 복잡하게 만들고 싶지 않았다. 딥스가 나를 너무 의존하면 자기 자신을 찾아내 마음의 안정을 찾는 것이 늦어질 수 있다. 딥스가 정서적으로 박탈감에 빠진 아이라면—여러 가지 사실이 그렇다는 것을 보여주듯이—이 시점에서 감정적인 친밀감을 키우는 것이 아이의 가슴속 깊이 묻혀 있는 욕구를 만족시켜줄지도 모르지만, 그 또한 결국엔 딥스 스스로 풀어야만 하는 새로운 문제를 만들 뿐이다.

딥스와 놀이방에서 첫 시간을 보내고 나니, 왜 선생님들이 딥스에 대한 희망을 버리지 않았는지 알 수 있었다. 나는 딥스의 내적 힘과 가능성을 깊이 신뢰하게 되었다.

딥스는 대단한 용기를 가진 아이였다.

회색빛 여인

나는 딥스 어머니에게 전화를 걸어서 가능한 한 빠른 시일 안에 만났으면 한다고 말했다. 그녀는 내 전화를 기다리고 있었다면서, 자신의 집에서 차를 마시며 이야기했으면 좋겠다고 했다. "내일 4시쯤이 어떨까요?" 하기에 동의했다.

딥스네는 뉴욕 동북쪽에 있는 오래된 갈색 벽돌집이었다. 외관은 매우 세심하게 손질되어 있었고, 놋쇠 테를 두른 대문은 반짝반짝 닦여 있었다. 아름답고 고풍스러운 거리에 자리 잡은 이 집은 처음 세워졌을 때의 아름다운 풍경을 그대로 지니고 있었다. 세심하게 세공된 대문을 열고 계단을 올라가 초인종을 눌렀다. 닫힌 문 사이로 울부짖는 소리가 들렸다.

── 문 잠그지 마! 잠그지 마, 안 돼, 안 돼, 안 돼!

소리는 곧 침묵 속으로 사라졌다. 딥스가 우리의 대화에 함께하지 못할 것이 분명했다. 제복을 입은 하녀가 문을 열어주었다. 딥스 어머니와 약속했다고 하자 응접실로 안내했다.

그 하녀는 오랫동안 딥스네 가족과 지낸 것처럼 보였고 매우 단정하면서 심각해 보였다. 행동이 냉정하고 정확하며 형식적이었다. 저 여자가 웃을 때도 있을까? 세상에는 재미있고 기쁜 일이 있다는 것을 알고 있을까? 만일 그런 것을 알고도 저렇게 행동할 수 있다면 훈련을 잘 받은 것이 분명했다. 그렇지 않고서야 자기감정을 억누르고 저런 행동을 할 수는 없을 테니까.

딥스의 어머니는 우아하지만 심각한 모습으로 나를 맞았다. 누구나 처음 만나면 으레 그렇듯이 날씨에 대한 이야기를 나눈 뒤 만나게 되어서 기쁘다는 인사를 나누었다. 집 안은 아름다웠고 가구들은 정교했다. 응접실은 아이들이 단 5분도 논 적이 없는 듯이 정돈되어 있었다. 솔직히 말해서 누군가 실제로 살고 있다고 느껴지는 점이 하나도 없었다.

차가 나왔다. 대접은 훌륭했다. 딥스 어머니는 시간 낭비 없이 바로 본론으로 들어갔다.

── 선생님께서 딥스를 연구할 전문상담자로 청탁받으신 것으로 아는데요. 이런 일을 맡아주신 걸 매우 감사하게 생각하고 있어요. 하지만 저희가 기적을 바라지 않는다는 것을 알아주세요. 저희는 딥

스 문제를 이미 어쩔 수 없는 일로 받아들였거든요. 선생님의 학문적 명성은 들어서 알고 있어요. 전 인간행동에 대한 과학을 포함해서 모든 종류의 과학적 연구를 존중한답니다. 딥스가 나아지리라 기대하진 않지만, 선생님께서 딥스를 통해서 인간행동에 대한 연구를 더 진전시키실 수 있다면 저희는 기쁜 마음으로 협조해드릴 생각이 있어요.

믿을 수 없었다. 딥스의 어머니는 매우 과학적인 태도로 내게 연구 자료를 제공하고 있는 것이다. 어려움에 처한 자기 아들이 아니라, 그저 연구 자료를 소개하고 있는 것이다. 때문에 자료에 변화를 기대하지 않는다는 것을 분명히 밝혔다. 적어도 더 좋아지는 변화는 없을 것이라고.

나는 그녀가 간략하게 이야기해주는 딥스에 관한 기본 정보들을 들었다. 생일, 느린 발달, 분명한 지적장애 현상, 신체 기관의 장애 가능성…….

말하는 동안 그녀는 의자에 앉아 꼼짝도 하지 않았다. 숨 막히는 긴장감, 무서운 자제력으로 태연한 척하는 자세, 창백한 얼굴, 뒤로 묶은 회색 머리카락, 옅은 파란색 눈, 꼭 다문 얇은 입술. 가끔 신경질적으로 입술을 잘근잘근 깨물었다. 옷은 금속 느낌의 회색빛이었고, 고상하고 깔끔했다. 냉정하게 보였지만 아주 잘생긴 얼굴이었다. 외모로는 나이를 판단하기가 어려웠다. 어떻게 보면 쉰 살이 넘은 것처럼 보이지만, 그보다는 젊은 게 틀림없었다. 정확하고 이지적으로 말했고 힘든 이야기도 잘했다. 그러나 그녀 역시 딥스처럼 깊고 비극적인 슬픔에 빠져 있음이 확실해 보였다.

그녀가 연구를 2층 딥스 놀이방에서 하겠느냐고 제의했다.

— 딥스 방은 집 뒤쪽 2층에 있어요. 선생님이 그곳에 계시는 동안 아무도 방해하거나 번거롭게 하지 않을 거예요. 그 방에는 놀잇감도 많아요. 더 필요한 게 있으면 갖춰놓을게요.

— 고맙습니다만 아동상담소에 있는 놀이방에서 만나는 게 더 좋을 것 같아요. 일주일에 한 시간 정도로요.

내 제안이 마음에 들지 않았는지 그녀는 다시 제안했다.

— 딥스는 좋은 놀잇감들이 아주 많아요. 선생님께서 이곳에 오실 수만 있다면 사례는 후하게 하겠습니다.

— 죄송하지만 그럴 수 없습니다. 그리고 상담료는 없습니다. 그 점은 걱정하지 마세요.

그녀는 내 말이 끝나기가 무섭게 말했다.

— 하지만 저희는 상담료를 드릴 수 있을 정도로 넉넉합니다. 이 연구를 위해서 선생님께 꼭 보수를 드려야 한다고 생각해요.

— 그렇게까지 생각해주시니 감사합니다. 하지만 상담료 같은 건 받지 않습니다. 제가 말씀드리고 싶은 것은 시간에 맞춰 일주일에 한 번 딥스를 아동상담소로 데려와주셨으면 하는 거예요. 물론 아플 때는 안 보내셔도 돼요. 또 연구를 위해서 딥스와의 대화를 전부 녹음할 수 있게 허락해주셨으면 합니다. 저희 쪽에서는 딥스를 연구한

자료를 교육용이나 보고용, 출판용 등으로 사용하게 될 경우엔 신원 정보를 철저히 감춰서 아무도 딥스라는 걸 알지 못하게 한다는 서명서를 보내드리겠습니다.

나는 가지고 온 서명서를 보여주었다. 딥스 어머니는 그것을 자세히 읽어보더니 마침내 입을 열었다.

── 좋습니다. 이건 제가 보관해도 될까요?

── 그러세요. 그럼 녹음에 동의한다는 서명을 해주시겠어요?

그녀가 두 번째 서류를 꼼꼼히 들여다보았다.

── 아이 아빠와 이야기를 나눠보고 결정하겠어요. 괜찮겠지요?

── 그럼요. 좋도록 하세요. 딥스를 보내셔도 좋고, 안 보내셔도 좋아요. 결정하시는 대로 빠른 시일 안에 알려주시면 고맙겠습니다.

딥스 어머니는 허가서를 들고서 마른 입술에 침을 적셨다.

다른 아이들의 어머니와 통상적으로 하는 첫 대면과는 많이 달랐다. 그녀도 그랬겠지만 나 역시 놀이방 문제부터 의견 차이가 생겨 마음이 불편했다. 그러나 그렇게 해야만 했다. 딥스를 상담하지 못할 수도 있기 때문이었다.

── 결정하는 대로 곧 알려드릴게요.

가슴이 약간 내려앉는 듯했다. 이것은 딥스 어머니가 거절하는 방법일지도 모른다. 그러나 동의한다면 끝까지 해보기로 마음먹었다. 난 그들이 일단 동의하기만 하면 그들의 몫을 다하리라 확신했다. 이 책임을 거부한다면 딥스의 정기적인 출석을 기대하긴 힘들다.

한동안 침묵이 흐른 뒤 딥스 어머니가 입을 열었다.

— 이해할 수가 없네요. 저희처럼 돈을 낼 수 있는 사람한테서 돈을 받으면 가난한 아이들을 더 도와주실 수 있을 텐데, 왜 거절하시나요?

— 제 연구의 목적은 기본적으로 아이를 좀 더 잘 이해하는 데 있기 때문입니다. 저는 월급을 받고 있어요. 딥스 어머니처럼 돈을 내실 수 있는 분에게도, 내실 수 없는 분에게도 돈을 받지 않습니다. 그래야 돈 문제로 생기는 부작용을 없앨 수 있거든요. 만약 딥스와 관계없이 기부를 하고 싶으시면 그건 괜찮습니다. 이 연구 기관은 주로 그런 식으로 유지되고 있습니다.

— 알겠어요. 하지만 아직도 저는 선생님께 상담료를 드리고 싶군요.

— 물론 그러고 싶으실 거예요. 그렇지만 저는 상담료를 받지 않는다는 조건에서만 딥스를 만나겠습니다.

내 생각은 이미 결정되었다. 난 할 말을 다 했고 그녀는 딱 잘라 거절할 수 있다. 이 문제를 잘 처리한다면 딥스 어머니가 딥스에 대한 책임감을 느낄 수 있도록 할 수 있다. 그동안은 돈을 내는 것으로 딥스 문제에 대한 책임을 다한 것으로 생각하고, 문제를 회피해왔는지도 모를 일이었다. 이번만은 돈으로 책임을 회피할 수 없도록 해야겠다고 생각했다.

그녀는 한참 동안 말없이 앉아 있었다. 두 손을 무릎 위에 꼭 모아 쥐고 밑을 내려다보고 있었다. 갑자기 딥스의 모습이 떠올랐다. 얼굴을 마루에 묻고 엎드려서 꼼짝도 안 하고 조용히 있기만 하던 딥스. 딥스 어머니도 딥스처럼 외롭고 슬픈 사람이라는 생각이 다시 들었다.

마침내 딥스 어머니가 고개를 들어 나를 쳐다보다가 눈길이 마주치는 것을 피하며 말을 꺼냈다.

— 이건 꼭 말씀드려야겠어요. 딥스에 관한 더 자세한 내력은 유치원을 통해 알아보시라고요. 저희에겐 더 보탬이 될 만한 것이 없어요. 그리고 저는 어떤 면접이든 응해드릴 수 없어요. 만약 면접이 조건 중 하나라면 아예 없었던 일로 하겠어요. ……딥스에 대해 더 이야기해드릴 것이 없다는 것, 참 비극이지요. ……어쨌든 그 애는 지적장애아예요. 날 때부터 그런걸요. 하여튼 전 어떤 면접이나 질문에도 응답해드릴 수 없겠어요.

딥스 어머니는 다시 한번 나를 쳐다보았다. 면접을 받으러 가야 한다는 생각만 해도 몸이 오그라들 듯이 겁이 나는 모양이었다.

— 이해합니다. 그 문제는 원하시는 방향으로 결정짓겠습니다. 단, 딥스에 대해서 저와 이야기를 나누고 싶어지시면 언제든 편하게 연락해주세요. 전적으로 어머니의 의사에 달려 있습니다.

이 말에 딥스 어머니는 약간 안심하는 듯했다.

— 애 아빠도 가는 것을 원하지 않을 거예요.

— 그러세요? 상관없습니다.

── 상담소에 딥스를 데려갈 때, 거기서 계속 아이를 기다리고 앉아 있을 수는 없어요. 끝날 때쯤 데리러 가겠어요.

── 어머님이 직접 데려오셨다가 한 시간 뒤쯤 다시 오셔도 좋고, 원하신다면 다른 사람을 시키셔도 돼요.

나의 확실한 대답에 그녀는 고맙다고 말하고 한참을 침묵하더니, "이해해주셔서 정말 감사합니다"라고 덧붙였다.

우리의 대화는 끝났다. 이후엔 그저 이런저런 일들에 관해 이야기를 나누었다. 도로시가 기본 정보로 언급되었는데 딥스 어머니는 '완벽한 아이'라는 점을 잠깐 비쳤다.

그녀는 처음 만났던 딥스보다도 더 심한 두려움과 불안, 공포를 드러냈다. 어머니도 정신적인 긴장을 풀도록 상담소에 가끔 들르시라고 하고 싶었지만 아무 소용이 없을 것이 뻔했다. 그 말은 그녀에게 무척 무섭게 들릴 테니. 그 말을 했다가는 딥스를 만날 기회를 놓치게 될 것이다.

더구나 그녀보다는 딥스가 반응하는 것이 빠르다는 것을 느낄 수 있었다. 딥스는 문 닫는 것이 싫다고 반항이라도 했지만, 딥스 어머니는 벌써 아주 중요한 마음의 문을 단단히 잠그고 있었다. 이미 반대할 기력조차 남아 있지 않은 것이다. 나와의 짧은 만남 동안에도 그녀는 마음의 문을 꽉 닫기 위해 고군분투했다.

자리에서 일어나자 그녀가 현관까지 배웅 나오며 다시 물었다.

── 정말 딥스의 방에선 안 만나시겠어요? 그 애에게는 좋은 놀잇

감들이 많이 있어요. 무엇이든 원하시는 건 다 사드릴 수 있어요. 무엇이든지요.

거의 필사적이었다. 그녀에 대한 동정심으로 마음이 무척 아팠지만 "생각해주시는 건 고맙지만 상담소에 있는 놀이방에서만 딥스를 만날 수 있어요"라고 잘라 말했다.

— 결정하는 대로 곧 알려드리겠어요.

딥스 어머니가 손에 들고 있던 종이를 약간 흔들어 보였다.

— 고맙습니다. 안녕히 계세요.

집을 나섰다. 차가 있는 곳까지 걸어가면서, 이 가정이 겪고 있는 고통의 무게가 느껴졌다. 딥스와 온갖 물건이 다 마련되어 있을 딥스의 놀이방도 생각해보았다. 들어가 보지 않아도 그 방에 돈으로 살 수 있는 물건이라면 무엇이든 다 있을 것임을 알 수 있었다. 또한 단단하고 반짝반짝 닦인 문도 있을 것이다. 그리고 그 문은 너무 자주 잠겨 있을 것이다.

딥스 어머니가 딥스에 대해서 이야기하기로 결심한다 해도 도대체 무슨 이야기를 알 수 있을까 싶었다. 이 가족이 어떤 복잡한 관계에 놓여 있는지 확실히 알 수는 없다. 도대체 그녀는 자기 아들인 딥스를 어떻게 생각하고 있을까? 아이의 어린 시절에 어떤 역할을 했기에 면접받거나 질문받는 것을 이토록 두려워한단 말인가?

오늘 내가 한 행동이 효과적인 결과를 가져오게 될지, 딥스 어머니가 부담을 느껴 도리어 방해가 될지는 알 길이 없었다. 딥스의 부모는 어떤 결정을 내릴까? 허가서에 도장을 찍을까? 딥스를 다시 만날 수 있을까? 다시 만날 수 있다 해도 놀이방에서의 경험이 딥스를 변화시킬 수 있을까?

모든 것이 불확실했다.

A 선생님, 도와주세요

딥스 어머니에게서 아무 소식도 듣지 못한 채 몇 주가 흘렀다. 궁금해서 교장 선생님에게 전화를 걸어보았지만 그녀 또한 아무 연락도 받지 못했다고 했다. 딥스는 변함없이 하루도 빠지지 않고 나오고 있으며, 자신들은 딥스의 '놀이치료'가 빨리 시작되기를 기다리고 있다고 했다.

그러던 어느 날 딥스의 부모가 서명한 허락 편지를 받았다. 편지 내용은 매우 간단했는데, 딥스의 상태를 연구하는 데 협력할 용의가 있다는 것과 아이가 상담실에 다닐 시간을 잡을 수 있게 집으로 전화를 달라는 것이었다.

나는 첫 상담의 시간과 장소를 다음 주 목요일 오후 상담소의 놀이방으로 정했다. 비서를 통해 딥스 어머니의 스케줄을 확인해보니, 그녀도 좋다고 했다.

우리는 모두 안도의 한숨을 내쉬었다. 딥스의 부모는 이러한 결정을 내리는 데 대단히 신중했을 것이다. 놀이치료 과정을 받아들이지 못하고 오랫동안 고민한 이유는 무엇인지, 그들이 결정을 내리기까지 겪었을 고민과 불안이 어떠했을지는 지연된 시간만으로도 충분히 짐작할 수 있었다. 그 기간 동안 딥스의 부모는 딥스를 어떻게 생각했을까? 딥스의 행동을 눈여겨보고 그 아이가 지닌 가능성을 알아보았을까? 그들은 놀이치료라는 이 시도에 대해 모든 각도에서 신중하게 고려해보았을 것이다.

허락서를 기다리는 동안 나는 전화를 걸어 딥스를 어서 데리고 오라든지 결정을 왜 안 내리느냐고 재촉하고 싶었지만 꾹 참았다. 아직 고민하고 있는데 결정을 강요하는 것은 조금도 득이 될 것이 없으니까. 만약 최종 결정을 망설이고 있을 때라면 오히려 손해가 날 가능성이 클 테니까……. 정말 초조했고 오랜 기다림이었다.

목요일 오후, 딥스는 어머니와 함께 제시간에 상담소에 도착했다. 어머니는 비서에게 한 시간 후에 오겠다고 말하고는 아이를 대기실에 놔둔 채 가버렸다. 나는 딥스에게 다가갔다. 딥스는 외투도, 모자도, 장갑이나 신발까지도 그대로 입은 채 엄마가 데려다 놓은 그 자리에 그대로 서 있었다.

— 딥스야, 반가워. 다시 만나서 기쁘구나. 우리 또 놀이방에 갈

까? 이 복도 끝에 있어.

내 말에 딥스는 아무 말 없이 손을 내밀어 내 손을 잡았다. 우리는 함께 복도를 걸어갔다.

── 이건 다른 놀이방이야. 몇 주일 전에 우리가 처음 만났던 유치원 놀이방과 비슷한 방이란다.

── 그, 그래요?

딥스는 더듬거리며 대꾸했다.

놀이방은 1층에 있었다. 햇빛이 들어와 밝았다. 유치원 놀이방보다 조금 더 좋아 보였지만 그 안의 시설은 기본적으로 똑같았다. 창문을 통해서 넓은 주차장이 보였고, 건너편에는 회색빛 돌로 지은 큰 교회가 보였다.

놀이방에 들어서자 딥스는 천천히 돌아다니며 물건들을 만졌고 유치원 놀이방에서 만났을 때처럼 묻는 듯한 말투로 이름을 붙였다.

── 모래 상자? 화판? 의자? 물감? 자동차? 인형? 인형집?

그러더니 이번엔 약간 변화를 주어 말했다.

── 이건 자동차야? 이건 자동차야. 이건 모래야? 이건 모래야. 이건 물감이야? 이건 물감이야.

이런 식으로 놀이방을 한 바퀴 돌았다.

── 그래, 이 방에는 여러 가지 물건이 많이 있구나. 그렇지? 너는 이 물건을 거의 다 만져봤고 또 이름도 불러봤구나.

── 그래요.

딥스가 부드럽게 대답했다.

나는 딥스를 재촉하지 않았다. 혼자서 돌아다니며 탐색해볼 시간을 주고 싶었다. 세상에 태어나는 모든 아이는 자기 나름대로 주위를 살펴보고 탐색해볼 시간이 필요하다.

딥스가 방 한가운데 우뚝 멈춰 섰다. 잠시 후에 내가 말했다.

— 딥스야, 네 모자와 외투를 벗고 싶지 않니?

— 그래요. 네 외투와 모자를 벗어라. 딥스야! 넌 모자를 벗어야 해. 외투를 벗어야 해. 딥스!

이렇게 말하면서도 딥스는 꼼짝도 하지 않고 서 있었다.

— 외투와 모자를 벗고 싶다는 말이지? 좋아, 딥스야. 어서 벗으렴.

— 장갑도 벗고 신발도 벗어라.

— 그래, 네가 원한다면 장갑과 신발도 벗으렴.

— 그래요.

딥스는 기어들어가는 목소리로 대답하고, 소매에서 팔을 빼려고 어색하게 부스럭거렸다. 그러더니 훌쩍거리며 내 앞으로 다가왔다.

— 외투를 벗고 싶은데 나보고 도와달라는 말이니? 그런 거니?

— 그래요.

딥스가 울먹였다. 나는 몇 발짝 떨어진 곳의 작은 의자에 앉았다.

— 내가 도와주길 원한다면 이리로 오렴. 도와줄게.

의도적으로 한 말이었다. 도와주겠다고 했지만, 도움을 받으려면 몇 발자국쯤은 걸어와야 한다는 것을 알려주고 싶었다.

딥스가 주춤주춤 걸어오더니 "신발도." 하고 쉰 목소리로 말했다.

— 그래, 우리 신발도 벗자.

— 장갑도.

아이는 손을 내밀며 속삭이듯 말했다.

— 그래, 장갑도 벗자.

나는 딥스가 그것들을 벗도록 도와주었다. 장갑을 외투 주머니에 넣어서 외투와 모자를 건네주었더니, 딥스는 그것들을 마룻바닥에 그대로 떨어뜨렸다. 나는 그것들을 주워서 문고리에 걸었다.

— 이건 집에 갈 시간이 될 때까지 걸어놓자. 우린 여기 한 시간 정도 함께 있을 거고, 그 후에 딥스는 집으로 돌아가는 거야.

딥스는 대답하지 않았다. 화판이 있는 쪽으로 가더니 물감을 들여다보았다. 한참을 서 있더니 물감의 색깔을 말했다. 그러고는 천천히 물감들을 재배열하기 시작했다. 먼저 빨간색과 노란색과 파란색을 화판 위에 올려놓고 그 사이를 조금씩 벌렸다. 그 사이에 물감을 무지개색 순서대로 놓고, 혼합색들은 다시 그 사이사이에 넣었다. 하얀색과 검은색을 양끝에 놓으니 명도의 순서대로 되었다. 딥스는 조용히, 천천히, 그리고 조심스럽게 행동했다.

색깔을 정리하자 이번엔 물감병 하나를 들어서 유심히 살펴보더니 병에 꽂혀 있던 붓으로 물감을 저었다. 병을 불빛에 비추면서 상표를 만졌다.

— 회이버 룰 물감, 빨간색 회이버 룰 물감, 노란색 회이버 룰 물

감, 파란색 회이버 룰 물감, 까만색…….

의문의 한 부분이 풀렸다. 딥스는 상표를 읽고 있었다. 물감은 회이버 룰Favor Ruhl 회사의 제품이었다. 또한 딥스는 색깔들을 순서대로 놓았고 색깔의 이름도 제대로 말했다.

─ 딥스는 상표를 읽을 수 있구나. 색깔의 이름도 다 아는구나.

─ 그래요.

딥스는 주저하며 말했다. 딥스는 책상에 앉아 크레용 상자를 끌어당겨서 상표를 읽었다. 빨간색 크레용을 꺼내 깨끗하고 반듯한 글씨로 '빨강'이라고 썼다. 다른 색깔들도 하나씩 꺼내어 무지개 색깔 순서대로 둥그런 원 모양으로 글씨를 썼다. 글자 하나하나마다 소리를 내면서 또박또박 썼다.

그 모습을 한참 쳐다보다가, 딥스가 내게 뭔가를 이야기하고 싶어 한다는 것을 내가 알고 있음을 보여줘야겠다고 생각했다.

─ 색깔의 이름을 말하는 거구나. 그리고 그 색깔로 글씨도 쓰고, 맞니? 옳아, 알R, 이E, 디D는 빨간색이란 뜻이지, 그렇지?

─ 그래요.

딥스는 머뭇거리며 천천히 말했다.

─ 그리고 넌 색깔대로 동그라미를 만들고 있고. 그렇지?

─ 그, 그래요.

딥스는 중얼거리며 대답하더니 수채화 물감 상자를 집어 들었다. 상자 위의 상표를 읽은 뒤에 방금 하던 것과 똑같은 순서로 그림종이에 색깔들을 뚝뚝 찍어놓았다.

　나는 딥스의 행동에 따라서만 간단하게 이야기하려 노력했다. 이렇게 해주었으면 하고 바라는 것은 말하지 않았다. 딥스가 대화를 주도하길 바랐다. 나는 그저 따라갈 것이다. 이 방에서 일어나는 일들은 딥스가 조절할 수 있고, 우리 사이에서 함께하는 경험을 쌍방향으로 대화함으로써 딥스의 노력을 내가 인정할 것임을 처음부터 알려주고 싶었다. 어쩜 그리 잘하느냐며 요란스럽게 칭찬하진 않을 것이다. 딥스는 분명 그런 일들을 할 수 있을 테니까.

　사람은 누구나 주도권이 자신에게 주어지면 최고로 자신 있는 일부터 한다. 칭찬이나 경탄 등은 자신이 나갈 방향을 결정할 때 참고할 것이다. 그렇게 되면 자신에게 더 중요한 부분을 탐사해보려는 노력을 아예 차단하게 될 수 있다.

　사람은 누구나 자기 개성의 영역을 보호받도록 조심스럽게 살아간다. 우리는 이제 서로 알아가는 중이기 때문에, 방 안에 있는 대수롭지 않은 물건들 중에서 딥스가 언급한 것들만이 우리의 대화거리로 공유되어 있다. 딥스에겐 이런 것들이 자기 마음을 드러내지 않으면서 이야기할 수 있는 안전한 개념들인 것이다.

　딥스는 가끔 날 쳐다보았지만, 내가 마주 바라보면 얼른 눈길을 돌렸다.

　확실히 딥스가 보여준 시작은 놀라운 것이었다. 헤다 선생님이 예측한 딥스의 가능성은 충분히 근거가 있었다. 딥스는 자신의 울타리를 기웃거릴 뿐만 아니라 밖으로 나오기 시작한 것이다. 문제가 무엇이든지 간에 지적장애일 가능성은 확실히 아니었다.

딥스가 모래 상자로 기어들어갔다. 놀잇감 병정들을 둘씩 짝지어 한 줄로 세웠다. 그러다가 나를 쳐다보더니 손으로 신발을 가리키며 중얼거렸다.

— 왜? 모래가 네 신발 속으로 들어갔니?

딥스가 고개를 끄덕였다.

— 신발을 벗고 싶으면 벗으렴.

— 그래요.

딥스는 잠긴 목소리로 대답했다. 그러나 딥스는 신발을 벗는 대신에 털썩 주저앉더니 신발을 내려다보며 중얼거렸다. 나는 기다렸다. 마침내 딥스는 아주 힘들어하면서 말했다.

— 넌 신발을 벗을 거야!

— 네가 신발을 벗고 싶은데 나보고 도와달라는 말이니?

딥스는 고개를 끄덕였고 나는 딥스의 요청을 들어주었다. 신발 끈을 풀고 신발을 벗겨준 것이다. 딥스는 조심스럽게 발로 모래를 살살 문지르더니 이내 모래 상자에서 나왔다.

이번엔 책상이 있는 곳으로 가서 집짓기 블록을 쳐다보더니 아주 천천히 정교하게 블록을 쌓기 시작했다. 블록으로 만든 탑이 흔들리다가 와르르 무너지자 딥스는 두 손을 꼭 쥐었다.

— A 선생님, 도와주세요.

딥스가 날 새로운 이름으로 부르면서 소리쳤다.

— 도와주세요, 빨리요.

— 넌 정말 내가 도와주기를 바라는구나. 그렇지?

— 그래요.

딥스는 내 쪽을 힐끗 쳐다보았다.

— 내가 무엇을 도와주길 원하니? 네가 이야기해봐, 딥스야.

딥스는 꼭 쥔 두 손을 가슴에 얹은 채 블록을 내려다보면서 책상 옆에 가만히 서 있었다. 아무 말이 없었다. 나도 가만히 있었다.

무엇을 생각하고 있을까? 무엇을 찾고 있는 것일까? 지금 무엇이 가장 딥스에게 도움이 될까? 내가 이 순간 딥스를 진정으로 이해하려고 노력한다는 것을 알려주고 싶었지만, 지금 딥스가 무엇을 원하는지 알 수가 없었다. 이제 막 딥스와 친분이 생기려는 시점이었으므로 딥스도 내 마음을 모를 것이다.

다만 확실한 것은 딥스 혼자만의 세계를 파고들어가 대답을 억지로 끌어내려는 시도는 적절하지 못하다는 사실이다. 딥스의 행동들에 대해 모두 이유 있는 것이라고 내가 믿고 있으며, 숨기고 있는 의도나 맘속으로 요구하는 행동양식도 없고, 내 생각을 미리 읽어서 따라오려 애쓰지 않아도 되고, 오늘 꼭 다 해내야 할 필요는 더구나 없음을 딥스에게 전해줄 수만 있다면…… 그럼 딥스는 좀 더 안정될 것이고 자기 행동이 옳다는 것을 분명히 알고 이해하며 받아들일 수 있을 텐데. 그러기 위해선 시간과 노력과 인내가 많이 필요할 것이다. 그리고 무엇보다 서로에게 정직해야 할 것이다.

딥스가 갑자기 양손에 작은 블록을 단단히 움켜쥐더니 요란하게 마주치면서 "충돌." 하고 말했다.

— 오오라, 충돌했구나?

— 그래요, 충돌.

그 순간 트럭 한 대가 주차장으로 들어와서 열어놓은 창문 옆에 섰다. 딥스는 얼른 창문으로 달려가더니 문을 닫았다. 창을 열어도 무척 더운 날씨였는데 딥스는 창문을 닫은 뒤 고리까지 잠갔다.

— 창문을 닫아.

— 창문을 닫고 싶니? 하지만 오늘은 창문을 열어도 무척 더운데?

— 그래요. 딥스야, 너 창문을 닫아.

— 딥스는 어쨌든 창문을 닫고 싶은가 보구나.

— 그래요. 딥스는 창문을 닫아.

단호했다.

— 넌 스스로가 무엇을 원하는지 잘 알고 있구나. 그렇지?

나의 대꾸에 아이가 눈물 자국이 있는 얼굴을 어색하게 닦았다. 딥스는 이제 돌아갈 시간이라는 걸 알고 있었다. 그때 딥스를 꼭 껴안아 위로해주고, 시간을 연장해가며 애정과 동정을 표현해주는 건 어려운 일이 아니었다. 하지만 딥스에게 정서적인 문제를 하나 더 안겨줄 필요가 어디 있는가? 딥스는 나의 사랑과 연민이 아무리 좋

게 느껴지더라도 결국 집으로 돌아가야 한다. 부모가 따뜻하게 대해 주지 않는다 하더라도 집으로 돌아가야 하는 차가운 현실을 피하게 해선 안 된다. 딥스는 자기를 둘러싼 세계를 헤쳐갈 힘을 길러야 하며, 이 내적인 힘은 자기의 깊은 곳에서 우러나와야 할 것이며, 주위 환경이 어떻든지 간에 헤쳐나갈 수 있음을 스스로 깨달아야 한다.

딥스의 삶을 바꿀 수 있는 의미 있는 변화는 어떤 형태로든 딥스 내부로부터 시작되어야만 한다. 우리가 딥스를 둘러싼 외부 세계 전체를 변화시킬 수 없다면 말이다.

드디어 집에 돌아갈 시간이 되었다. 딥스는 옷을 입었다. 내 손을 잡고 대기실 쪽으로 걸어가니 딥스 어머니가 기다리며 서 있었다. 불안해서 안절부절못하는 모습이 딥스와 많이 닮아 보였다. 딥스는 엄마를 보자 바닥으로 고개를 푹 숙이더니 항의의 표시로 발을 구르고 소리를 꽥꽥 질렀다.

나는 딥스에게 작별 인사를 하고 어머니에게는 다음 주에 다시 뵙겠다고 말한 뒤에 서둘러 그 자리를 떠났다. 대기실에서는 어머니가 딥스를 데려가려고 실랑이를 벌였다. 그녀는 몹시 당황했고 화가 난 듯했다.

일이 그렇게 되어야만 하는 것이 답답했지만, 자기들 나름대로 해결하길 바라며 자리를 피하는 것 외에는 아무런 방안도 떠오르지 않았다. 만일 내가 그냥 머물러서 쳐다보고 있다든지 어떻게든 해결해 보려고 했다면 일은 더 복잡해졌을 것이다. 나는 그 순간에 그들의 행동을 비판하는 일은 조금도 하고 싶지 않았고, 딥스 어머니나 딥스를 두둔하거나 나무라고 싶지도 않았다. 말려들지 않고 자리를 피하는 것이 최선이었다.

집엔 가기 싫어

두 번째 시간. 딥스는 약속 시간에 정확하게 맞춰서 도착했다. 연구실에 있다가 딥스가 왔다는 연락을 받고 바로 대기실로 갔다. 아이는 문 바로 앞에 서 있었다. 어머니가 아이를 대기실에 들여놓고 비서에게 간단히 이야기한 다음에 사라져버린 것이다.

— 딥스야, 반갑다.

내가 다가가며 인사했지만 딥스는 아무 말도 하지 않았다. 그 자리에 선 채 바닥만 내려다보고 있었다.

— 우리 놀이방으로 갈까?

내가 손을 내밀자 딥스가 내 손을 잡았다. 우리는 놀이방까지 복도를 함께 걸어갔다. 나는 딥스가 먼저 들어가도록 문 옆으로 비켜

섰다. 딥스가 방으로 들어가려다가 멈칫하더니 문 가장자리를 붙잡
았다. 손을 뻗어 문에 걸린 카드를 떼었다.

—— 방해하지 마시오.

글자를 읽더니 다시 카드를 뒤집어서 뒤쪽 단어를 읽었다.

—— 놀이…….

딥스는 두 번째 단어를 몇 번씩이나 손가락으로 짚었다. 새로운
말이었던 것이다. '치료'. 아이는 유심히 들여다보았다.

—— 치…… 요…….

—— '치료'라고 읽는단다.

—— 놀이치료?

맞다고 하자, 딥스는 다시 한번 "놀이치료"라고 말했다. 그러더니
방 안으로 들어가서 문을 닫고 "네가 네 모자와 외투를 벗어"라고 말
했다.

난 딥스를 쳐다보았다. 자기 자신에게 말하면서도 '너'라는 이인
칭 대명사를 쓰고 있었다. 딥스가 자기 자신을 '나'라고 말하는 것을
들어본 적이 없었다.

—— 내가 모자와 외투를 벗기를 원한단 말이니?

—— 그래요.

—— 그렇지만 난 모자도 외투도 입지 않았는걸.

딥스는 나를 쳐다보더니, 자기 외투 자락을 당겨 보았다.

—— 네가 네 모자와 외투를 벗어라.

— 네 모자와 외투 벗는 것을 내가 도와주기를 원하니? 그러니?

'내가'라는 일인칭에 딥스가 주의를 집중해주기를 바라면서 물었다. 하지만 이것은 딥스에게 퍽 혼동되고 복잡한 문제였다.

— 그래요.

— 내가 너를 도와주지.

나는 딥스가 외투 벗는 것을 거들어주었는데, 딥스는 매우 협조적이었다. 모자와 외투를 벗긴 후에 딥스에게 주었다. 딥스가 나를 쳐다보다가 문 쪽으로 갔다. "네가 이것을 여기에 걸어라"라고 말하면서 문고리에 걸었다.

— 내가 지난주에 거기에 걸었지. 오늘은 네가 그곳에 거는구나.

— 그래요.

딥스는 모래 상자 옆에 앉아서 놀잇감 병정들을 둘씩 짝지어 한 줄로 세웠다. 그러고는 인형집으로 가서 안에 있는 가구들을 다시 배치했다.

— 문이 어디 있지? 문이 어디 있지?

딥스는 훤하게 트인 인형집의 앞부분을 가리키며 연이어 물었다.

— 저쪽 벽장 속에 있는 것 같은데.

딥스는 벽장으로 가서 인형집에 붙일 문짝을 꺼냈다. 그것을 들고 오다가 인형집을 잘못 건드려서 칸막이 일부가 떨어졌는데 딥스가 금세 제자리에 끼워 넣었다. 문과 창문이 그려져 있는, 방금 꺼내온 문짝을 끼워 넣으려고 애썼다. 그러나 여러 번 되풀이해도 안 되자 울먹였다.

　　─ 잠가, 문 잠가!

　내가 "그것을 잠그기를 원하는구나?"라고 묻자, 딥스는 "잠가." 하고는 다시 끼우려고 했다. 마침내 성공했다.

　　─ 됐다. 꼭 잠갔다.

　　─ 문을 끼워서 잠갔구나.

　딥스는 나에게 아주 짧은 미소를 보냈다. 그리고 더듬거리며 말했다.

　　─ 내가 했어.

　　─ 정말 혼자 힘으로 했구나.

　내 말에 딥스가 씩 웃었다. 스스로에 대해 퍽 기뻐하는 눈치였다. 딥스는 다시 인형집 뒤로 돌아가서 창문에 있는 덧문을 닫았다.

　　─ 모두 닫았다. 모두 잠갔고 닫았어. 전부 닫고 잠갔어.

　　─ 그래. 모두 닫히고 잠겼네.

　딥스는 인형집 바닥을 들여다보려고 무릎을 꿇고 앉았다. 거기에는 문이 두 개 있었다.

　　─ 아, 지하실이다. 이것들을 꺼내야지. 벽이네. 문 없는 벽이 더 있어.

　그 안에는 인형집에 쓸 칸막이와 가구들이 들어 있었다.

　　─ 문고리를 만들어.

　딥스는 내가 들고 있던 연필을 잡고 조심스럽게 인형집 문에 문고리를 그려 넣었다.

— 문에 손잡이가 있어야 할 것 같니?

— 그래요.

딥스는 중얼거리며 자물쇠도 그렸다.

— 이제 자물쇠도 됐다.

— 그래, 알겠다. 문에 손잡이와 자물쇠를 만들어놓았구나.

— 문을 꼭 잠글 수 있는 자물쇠. 벽은 아주 높고 탄탄하고 문은 꼭 잠겨 있어요.

— 그렇구나.

딥스가 집을 건드리자 흔들거렸다. 딥스는 조심스럽게 살펴보더니 칸막이 하나를 꺼내어 인형집 밑을 괴었다. 세 귀퉁이를 받쳐놓자 더 이상 흔들리지 않았다.

— 됐다. 이젠 조금도 흔들리지 않아. 흔들리지도 않고 끄떡도 안 해.

딥스는 지붕을 조금 들더니 인형 가구들을 몇 개 꺼냈다. 그러는 바람에 집을 괸 칸막이가 조금 삐져나왔고, 집이 다시 흔들리기 시작했다. 딥스가 뒤로 물러서서 유심히 살펴보았다.

— A 선생님! 바퀴를 좀 올려놓아요. 그럼 흔들리지 않을 거예요.

— 네 생각에는 그렇게 하면 문제가 해결될 것 같니?

말하지 않아서 그렇지, 딥스가 단어를 많이 알고 있음은 분명했다. 게다가 문제점을 관찰하고 그것을 파악한 후 해결 방안을 찾을 수 있는 능력도 있었다. 그런데 왜 인형집 문에 자물쇠를 그렸을까? 문을 잠그는 것이 딥스의 삶에 굉장한 영향을 미친 것이 분명했다.

딥스가 다시 모래 상자 쪽으로 가서 그 안에 앉았다. 모래 속에 흩어져 있는 놀잇감 병정들을 집어 들고 하나하나 유심히 들여다보더니 하나를 내게 보이면서 말했다.

— 딥스는 크리스마스 때 이것을 선물로 받았어요.

— 크리스마스 때 놀잇감 병정들을 선물로 받았다고?

— 네, 이것들과 똑같아요. 아니, 아주 똑같지는 않고 같은 종류예요. 크리스마스예요. 얘들은 손에 총을 들고 있어요. 이게 총이에요. 총을 쏴요. 총, 진짜 총을 쏴요. 얘는 어깨에 총을 메고 있네요. 얘는 총 쏠 준비를 하고 있어요. 보세요. 여기 병정 넷은 서로 비슷해요. 여기 넷이 더 있어요. 이쪽의 셋은 총을 이쪽으로 향해요. 여기 비슷한 거 하나 더 있어요. 넷하고 넷을 합하면 여덟이고, 셋을 더하고 하나도 합하면 모두 열둘이 돼요.

나는 딥스가 갈라놓은 병정들을 훑어보며 말했다.

— 으응, 알겠다. 그러고 보니 딥스는 병정들을 따로따로 분류할 수도 있고, 모두 합할 수도 있구나.

— 그래요.

딥스가 말했다. 그러고는 주춤주춤하며 "나…… 나…… 난 할 수 있어요"라고 덧붙여 말했다.

— 그래, 딥스야. 넌 할 수 있고말고.

그러자 딥스는 다른 두 병정들을 가리키며 말했다.

— 애들은 깃발을 들고 있어요.

그러고는 놀잇감 병정 모두를 모래 상자 가장자리에 한 줄로 세웠다.

— 애들은 모두 총이 있어요. 지금 쏘려고 해요. 그런데 등을 이쪽으로 돌리고 있어요.

— 병정들이 다 똑같은 방향으로 총을 쏘고 있단 말이지?

병정들이 향하고 있는 방향을 어설프게 가리키며 물었다. 아이는 날 쳐다보고 병정들을 내려다보더니 고개를 숙이고 무뚝뚝하게 말했다.

— 선생님을 쏘는 게 아니에요.

— 알겠어, 날 쏘는 게 아니로구나.

— 그래요.

딥스는 손으로 모래 속을 휘저어서 병정을 더 찾아냈다. 그것들도 함께 줄을 세웠다. 이번에는 신을 신은 채 모래 속을 발로 휘저었다. 딥스가 갑자기 "신발을 벗어야지"라고 소리쳤다. 신발 끈을 풀고 신발을 벗어놓고 병정들을 다시 줄 세웠다.

— 아, 됐다. 이젠 모두 줄을 섰다. 모두 함께 말이야.

병정 셋을 골라내어 한 줄로 나란히 세우더니 아주 조심스럽게 의도적으로 하나씩 모래 속에 떨어뜨렸다. 세 번째 병정이 원하는 만큼 깊숙이 꽂히질 않자 다시 들어 올려서 힘껏 밀어 넣었다. 모래를 가득 퍼서 그 위에 쏟았다. 그리고 선포했다.

—— 죽었어.

—— 그 병정을 없애버렸구나. 그렇지?

—— 그래요.

양동이에 모래를 가득 담아 그 위에 더 쏟아부었다. 주차장 건너편의 교회에서 종소리가 시간을 알려주었다. 딥스가 행동을 뚝 멈췄다.

—— 들어봐요. 하나, 둘, 셋, 넷. 네 시예요.

—— 그래, 지금은 네 시야. 집에 돌아갈 시간이구나.

그러나 딥스는 내 말을 무시했다. 모래 상자에서 나와 급히 책상으로 가더니, 손가락 그림(핑거 페인팅)을 그리는 물감통을 가리켰다.

—— 이게 뭐예요?

—— 손가락 그림을 그리는 거야.

—— 손가락 그림? 어떻게 하는 거예요?

나는 손가락 그림을 어떻게 그리는지 보여주었다.

—— 먼저 종이를 적셔서 반듯하게 놓고 물감이 섞여 있는 풀을 덜어놓는 거야. 그다음에는 손가락이나 손바닥으로 이것을 넓게 펴서 마음대로 그림을 그리면 돼. 이렇게 말이야.

딥스는 조용히 내가 하는 모습을 지켜보며 말했다.

—— 손가락 그림?

—— 그래, 손가락 그림.

딥스는 빨간색 물감통에 손가락 하나를 아주 조심스럽게 넣었다. 그리고 "둥글게 둥글게 펴라"라고 말했다. 그러나 손 전체를 풀물감에 담그는 것은 참을 수 없는 모양이었다. 딥스는 젖은 종이 위에 손을 대지는 않고 공중에 둥그렇게 원을 그려보더니 나무 주걱을 집어 들어 그것에 물감을 묻혀서 종이 위에 펴보았다.

── 이게 바로 손가락 그림이야. 그래, 선생님이 이걸 손가락 그림이라고 했어. 손가락으로 둥글게 둥글게 펴 발라라.

그러다가 딥스의 손가락에 물감이 묻었다.

── 이그! 빨리 닦아버려.

휴지를 건네주자 딥스는 곧바로 닦아냈다.

── 손에 물감을 묻히는 게 싫으니?

── 지저분한 물감이야. 지저분하고 더러워.

딥스가 물감병을 집어 들고 상표를 읽었다.

── 손가락 그림물감, 빨강.

딥스는 곧 물감병을 책상 위에 놓고 물감이 묻지 않을 정도의 위치에서 손바닥을 쫙 펴고 물감과 종이 위에 둥글게 원을 그리는 시늉을 했다. 그러고는 재빨리 손가락 끝에 물감을 묻혔다.

── 종이에 묻혀봐. 딥스야, 빨간 물감을 묻혀서 종이 위에 펼쳐봐. 한 손가락, 두 손가락, 세 손가락으로. 처음엔 빨강, 다음엔 노랑, 그다음에는 파랑. 차례차례 해봐.

── 해보고 싶구나.

딥스는 나를 쳐다보고 나서 병에 붙은 종이를 가리켰다.

— 여기에 뭔가 쓰여 있어요.

— 응, 그건 사용법이야.

딥스는 물감병에 손가락을 다시 담갔다.

— 에그, 닦아줘요!

딥스는 휴지를 집어 들어 거칠게 물감을 닦았다.

— 손가락 그림을 하고 싶기도 하지만 하기 싫기도 하니?

— 이 크레용들은 달라요. 미국 크레용 회사에서 만들어요. 이건 쇼우 손가락 그림물감이고, 수채화 그림물감은 프랭 회사에서 만들어요.

딥스는 딴청을 부렸다.

— 그래, 맞아.

— 이건 손가락 물감이에요.

딥스는 다시 노란색 물감통 속으로 손가락을 천천히 넣어 의식적으로 손가락 하나하나마다 노란색 물감을 칠하고는 휴지로 다 닦아내었다. 그다음에는 파란색 물감통에 손가락을 집어넣고 종이 위에 손가락을 펴서 물감을 칠하기 시작했다. 몸을 굽히고 종이 위에 열심히 손가락 그림을 그리는 데 푹 빠져 있었다. 조심스럽게 다섯 손가락에 파란 물감을 다 묻힌 뒤에 딥스는 개선장군처럼 "됐다." 하고 소리쳤다. 그리고 손을 들어 올리며 "보세요." 했다.

— 정말 이번엔 손가락 그림을 그렸구나, 그렇지?

── 보세요. 이젠 손가락마다 파란색 물감이 묻었어요. 파란색 손가락. 자, 이번엔 초록색 손가락이에요.

딥스는 초록색으로 바꾸어 묻혔다.

── 처음에 난 손가락을 빨강으로 만들었고, 그다음엔 노란색, 그다음엔 파란색, 초록색, 또 갈색으로 만들었고, 손가락마다 묻혔다가는 닦아내고 다른 색을 묻힌 거야. 이게 바로 손가락 그림이야. 아이, 그만해. 딥스야, 이건 아주 바보 같은 짓이야.

딥스가 갑자기 손가락에 묻은 물감을 닦아버리더니 휴지를 쓰레기통에 거칠게 던졌다. 그리고 아주 메스껍다는 듯 머리를 흔들었다.

── 손가락 그림, 그런 것 재미없어. 그림을 그릴 거야.

── 손가락 그림보다는 물감으로 그림을 그리고 싶단 말이지?

── 네. 수채화 물감으로요.

── 딥스야, 그런데 5분밖에 안 남았단다. 5분 안에 다 그릴 수 있겠니?

── 딥스는 그릴 거예요.

딥스는 단호하게 말하고는 물감 상자를 가지고 왔다.

── 물이 어디 있어요?

내가 수도를 가리키자 딥스는 물통에 물을 채워 왔다.

── 그림을 한 장 정도 그릴 시간이 있단다. 그다음엔 집에 가야 해.

이것은 아주 위험한 말이었다. 시간을 딱 정해서 말하지 않으면 딥스는 그림을 오랫동안 그려 시간을 끌 수 있다. 그러나 내가 다시

5분을 강조했기 때문에, 제2의 요인을 집어넣음으로써 상황을 복잡하게 만들지 않고 내가 말한 한계를 지켜야만 하는 것이다.

— 물감이 흘러. 휴지로 물감을 찍어내면 마를 거야. 그림이 될 거야.

딥스는 내 말을 무시했다. 빨간색으로 여기저기 둥근 점을 찍고 색상원에 있는 순서대로 다른 색깔들도 찍었다. 그림을 다 그리자 종이에는 집 한 채, 나무 한 그루, 하늘, 잔디, 꽃, 해가 나타났다. 멋진 작품이었다. 딥스는 물감통에 있는 물감을 모두 사용했으며, 완성된 그림에는 구조, 형태, 의미가 다 포함되어 있었다.

— 이건…… 이건…….

딥스는 무척 수줍어하면서 고개를 떨어뜨리고 더듬거리며 말했다.

— 이건 A 선생님 집이에요. 이 집을 선생님한테 줄 거예요.

— 이것을 나에게 주고 싶구나, 그렇지?

딥스는 고개를 끄덕였다. 고맙다는 인사나 칭찬하는 간단한 말 대신에 이렇게 반응한 이유는 우리의 의사소통의 통로를 여전히 열어두고 속도를 조금 늦추기 위해서였다. 서두르면 관계를 망칠 수 있다. 게다가 딥스는 원한다면 얼마든지 자기 생각이나 느낌을 덧붙일 수 있다. 내가 급작스레 칭찬을 한다든지, 나의 가치관이나 기준을 드러낸다면 딥스는 자신만의 생각이나 느낌을 찾지 못하게 될 것이다.

딥스는 연필로 문에 정성 들여 자물쇠를 그렸다. 창살이 있는 작

은 창문들도 아래층에 그려 넣었다. 밝은 노란색의 창문도 하나 그
리더니, 빨간 꽃이 핀 화분을 놓았다. 이 그림은 놀랄 만큼 창의적인
예술품이었고, 딥스만의 독특한 방법으로 완성되었다.

딥스가 내 눈을 바라보았다. 맑고 파란 눈동자. 불행과 공포가 뒤
섞인 표정. 딥스가 그림에 있는 문을 가리켰다.

— 여기에는 자물쇠가 있어요. 자물쇠로 아주 빨리 잠글 수가 있
어요. 그리고 깜깜한 지하실도 있어요.

난 그림을 살펴보고 아이를 다시 쳐다보았다.

— 알겠어. 그러니까 이 집에 자물쇠가 있고, 어두운 지하실도 있
다는 얘기로구나.

딥스는 그 집을 뚫어지게 쳐다보며 문에 그려진 자물쇠를 만지작
거렸다.

— 이 집을 선생님께 드리고 싶어요.

딥스는 두 손을 맞잡고 손가락을 비비 꼬며 서 있었다.

— 이건 이제 선생님 집이에요.

그러고는 한숨을 푹 내쉬더니, 힘겹게 덧붙였다.

— 이 집에는 놀이방도 있어요.

그리고 빨간 꽃 화분이 놓인 밝은 노란색 창문을 가리켰다.

— 아, 그래, 알겠어. 그러니까 이것이 놀이방 창문이로구나. 그렇
지?

— 맞아요.

딥스가 고개를 끄덕였다. 그리고 개수대 쪽으로 가서 더러워진 물감통을 비우고 물을 아주 세차게 틀었다. 바로 그때 교회 종이 울리기 시작했다.

— 딥스야, 이제 집에 가야 할 시간이야. 너도 저 교회 종소리가 들리지?

— 갈색 물감은 물을 갈색으로 만들고, 주황색 물감은 물을 주황색으로 만들어요.

— 그래, 정말 그렇구나.

나는 딥스가 내 이야기를 들었다는 것을 알았지만, 딥스가 내 말을 못 들어서 갈 생각을 하지 않는다고 생각하는 것처럼 행동했다.

— 이건 뜨 - 거 - 운 - 물, 뜨거운 물, 그리고 이건 차 - 가 - 운 - 물, 차가운 물이야. 차갑고 뜨겁고, 차갑고 뜨겁고, 틀고 잠그고, 틀고 잠그고.

— 뜨거운 물, 찬 물이 아주 재미있다는 것을 알아냈구나?

— 그래요.

— 그렇지만 딥스야. 내가 어떻게 해야 한다고 말했지?

딥스가 손을 맞잡고 비틀면서 나를 향해 돌아서는데 아주 비참하고 불행해 보였다.

— A 선생님이 말해요. 그것이 집 그림을 한 장 그리고 나면 그것이 널 떠날 거라고요.

쉰 목소리였다. 나는 딥스가 얼마나 정서적으로 불안하고 언어적으로 혼동을 겪는지를 알았다. 정서적 불안, 언어적 혼돈으로 자신을 삼인칭인 '그것it'으로 표현한 것이다. 매우 높은 지적 성취가 가능한 아이가 정서적인 장애 때문에 방해받고 있는 것이다. 나는 아주 조심스럽게 말했다.

── 그래, 내가 그렇게 말했어. 그래서 그림을 한 장 그렸으니까 집에 가야지.

── 난 이쪽에 잔디와 꽃을 더 그려야 해요.

── 그럴 시간이 없어. 오늘 우리가 함께 있을 수 있는 시간은 다 지난걸.

딥스는 인형집이 있는 곳으로 걸어갔다.

── 난 이 집을 고쳐야 해요. 난 이 집 문을 모두 닫아야 해요.

── 해야 할 일이 자꾸만 생각나기 때문에 집에 갈 수 없다는 말이지? 그렇지만 이제 시간이 다 지났단다. 오늘은 그만 집으로 돌아가야 해.

── 안 돼, 기다려. 기다려.

딥스가 울음을 터트렸다.

── 가고 싶지 않구나, 딥스야. 하지만 오늘은 시간이 다 됐다.

── 안 이제 가. 안 이제 가, 안 가 아주.

아이는 흐느꼈다.

── 내가 가야 할 시간이라고 말해서 마음이 상했구나. 그렇지만 다음 주에 다시 올 수 있잖아. 다음 주 목요일에.

나는 딥스의 모자와 외투, 신발을 집어 들었다. 딥스는 책상 옆의 작은 의자에 앉아 있었다. 모자를 씌워줄 때 아이는 눈물이 가득 고인 눈으로 나를 쳐다보았다. 갑자기 딥스가 눈을 반짝였다.

— 금요일? 금요일에 다시 와요?

— 다음 주 목요일에 다시 오게 될 거야. 왜냐하면 목요일이 네가 놀이방에 오는 날이니까.

딥스는 갑자기 일어서며 소리쳤다.

— 아냐, 딥스 안 나가, 여기서 딥스 안 가 집, 안 가 아주.

— 딥스가 집에 가고 싶어 하지 않는 걸 알아. 하지만 우리는 일주일에 한 시간만 이 놀이방에서 함께 지낼 수 있어. 한 시간이 지나면 네가 아무리 있고 싶고, 내가 그러기를 원한다 해도, 또 다른 사람들이 어떻게 생각한다 해도 이 방에서 나가야 해. 우리는 이 놀이방을 떠나야 하고. 자, 이젠 가야 할 시간이야. 정말은 시간이 좀 지났단다.

— 다른 그림을 더 그릴 수 없어요?

아이 볼을 타고 눈물이 주르륵 흘러내렸다.

— 오늘은 안 되는데.

— 선생님에게 줄 그림이에요. 선생님 드리게 꼭 한 장만 더…….

— 아니, 이제 우리는 방에서 나가야 해.

딥스가 내 앞에 섰다. 나는 외투를 벌리며 말했다.

— 딥스야, 소매 속으로 팔을 넣으렴.

딥스는 순순히 따랐다.

── 자, 이제 앉거라. 신발을 신겨줄게.

딥스는 앉아서 혼자 중얼거렸다.

── 안 가 집, 안 가, 집에 안 갈래. 집에 가기 싫어.

── 선생님도 네 마음이 어떤지 잘 안단다.

아이들은 예측할 수 있고 일관되며 현실적인 한계를 세웠을 때 안정감을 얻을 수 있다. 나는 딥스에게 감정과 행동은 다르다는 걸 알려주고 싶었다. 그런데 조금은 깨달은 것 같았다. 또한 오늘의 이 한 시간은 딥스가 살아가는 시간 중 일부분에 지나지 않으며, 다른 관계나 경험보다 우선될 수 없고 그래서도 안 된다는 것, 일주일 동안 딥스가 보내는 다른 시간들도 중요하다는 것을 알기 바랐다.

놀이치료의 성패는 치료시간에 아이가 내놓은 것과 치료를 통해 얻은 것이 얼마만큼 균형을 이루느냐에 달려 있다. 만일 치료가 한 사람의 일상생활을 지배하고 통제한다면, 그 치료의 효과는 거의 없는 것과 같다. 나는 딥스가 스스로 책임질 수 있는 능력을 점차 키워가면서 자신에 대해 책임감을 느끼고 심리적으로 독립할 수 있기를 바랐다.

신발을 신겨주면서 딥스를 흘끗 보았더니 책상 위의 물이 든 젖병을 집어 들고 젖먹이 아이처럼 빨고 있었다.

── 자, 이젠 신발을 다 신었구나.

── 물감병의 뚜껑을 닫을까요?

딥스는 기회를 한 번 더 잡으려 했다.

— 지금은 안 돼.

— 다 말라버릴걸요.

— 그냥 뚜껑을 열어놓는다면 마르겠지. 나중에 내가 닫을게.

— 손가락 그림 물감통에도 뚜껑을 닫을 거예요?

— 그래, 그것도 할게.

— 붓도 빨고요?

— 그래.

딥스가 한숨을 쉬었다. 더 이상 생각해낼 핑계가 없어진 것이다. 딥스는 일어서서 문 밖으로 나갔다. 나가자마자 멈춰 서서 문에 달려 있는 '방해하지 마시오'라는 표지판을 뒤집어놓고, 문을 쓰다듬으며 "우리 놀이방." 하고 말했다.

대기실로 간 딥스는 어머니께 귀찮게 굴지 않고 집으로 돌아갔다. 어머니는 무척 놀란 것 같았다.

젖병을 빨래요

그다음 목요일, 딥스는 놀이방에 들어서자마자 책상으로 가서 손가락 그림용 물감병을 살펴보았다. 뚜껑이 닫혀 있는지 하나씩 살피면서 길고 폭이 좁은 상자 속에 늘어놓았다. 그러곤 내게 닫혀 있다고 귀띔해주었다.

— 그래, 뚜껑 닫는 것을 잊지 않았어.

— 그러네요.

딥스는 힘주어 말했다.

— 이걸 빨고 싶어요.

딥스는 젖병을 집어 들고 그 자리에 선 채 나를 쳐다보면서 젖꼭지를 빨았다. 그러더니 젖병을 책상에 놓고, "네 옷을 벗어라"라고 하더니 도움 없이 스스로 외투의 단추를 풀어 옷을 벗고 문고리에 걸었다. 모자도 벗어서 문 옆 의자에 놓았다.

딥스는 인형집이 있는 곳으로 가 창문을 모두 열었다.

— 보세요. 문이 모두 열렸어요. 이젠 전부 닫을 거예요.

딥스는 인형집 앞부분을 들었다가, 갑자기 마음이 변했는지 마룻바닥에 그것을 떨어뜨렸다. 그리고 책상으로 다시 와서 젖병을 들고는 "난 젖병을 빨 거예요." 하고 단호하게 말했다.

— 젖병을 빨고 싶니?

군더더기 같은 말을 붙이기보다는 의사소통을 할 수 있는 길을 더 열어놓고 싶었다.

— 그래요.

딥스는 나를 쳐다보면서 오랫동안 젖병을 빨았다. 그러더니 젖병을 내려놓고 선반이 있는 곳으로 가서 문을 열고 안을 들여다보았다. 딥스는 작은 블록들이 담겨 있는 상자를 꺼냈다. "여기 네모난 셈하기 블록들이 있어요." 하면서 작은 블록들을 몇 개 집어냈다.

— 그렇죠? 이것은 상자이고 이 상자에 무엇이 담겨 있는지 여기에 쓰여 있어요.

딥스는 뚜껑에 쓰인 단어를 손가락으로 짚으며 말했다.

— 그래, 나도 알아.

자기는 읽을 줄 알고, 셈할 줄도 알며, 문제를 해결할 능력이 있다는 것을 보여주는 딥스의 태도가 흥미로웠다. 정서적인 문제를 건드릴 때마다 늘 읽는 능력을 보이는 것 같았다. 아마도 쉽게 받아들이기 어려운, 마음속 깊이 감춰져 있는 감정을 건드리는 것보다는 지적 개념을 건드리는 것이 훨씬 안전하다고 느끼기 때문일 것이다.

이것은 딥스가 사람들이 자기에 대해 기대하는 것과 자아를 찾으려고 스스로 노력하는 것 사이에서 갈등을 느끼고 있음을 말해준다. 어떤 때는 매우 똑똑한가 하면 어떤 때는 아주 아기 같으니 말이다. 딥스는 놀이방에서도 종종 이런 식으로 퇴행했다. 아마도 딥스는 다른 사람들이 자기의 지적 능력만은 칭찬할 거라고 생각하는지도 모른다.

그렇다면 왜 유치원이나 집에서는 그 능력을 숨기려 할까? 이것은 한 인간으로서 존중받고, 자신이 지닌 모든 능력을 사랑받고 인정받고 싶은 딥스의 소망 때문이 아닐까?

이 어린아이는 어떻게 그 풍부한 능력을 감춘 채 겉으로는 반항적인 행동을 하면서 깜찍하게 숨겨올 수 있었을까? 그런 지적 능력은 어디에서 어떻게 배운 것일까? 딥스는 또래 아이들의 능력 이상으로 읽을 수 있는 아이이다. 보통 아이들은 의미 있는 언어적 표현을 한 다음에 글씨를 읽게 되는데, 이 아이는 그런 과정을 거치지도 않고 어떻게 글을 읽을 수 있게 되었을까?

믿지 못할 정도의 영리함과 강인함을 딥스는 어떻게 가족들에게도 숨겨왔을까? 어떻게 그럴 수 있었을까?

이런 의문점만 풀 수 있다면 딥스를 이해하는 데 많은 도움이 될 것 같았다. 그러나 가정에서의 일은 절대로 묻지 않겠다고 딥스 어머니와 약속했다. 그러니 딥스 어머니가 마음의 안정을 찾아 아이의 어린 시절에 대해 이야기해주기를 기다릴 수밖에 없다. 감성이나 사회성의 발달 없이 지적인 면만 발달하면 조화가 깨지는 법이다. 딥스 가족이 못마땅해하는 것이 이런 점이었을까? 아니면 아이를 이해할 수 없어서 불안하고 두려운 걸까?

딥스와 가족들 사이에 그리도 두꺼운 장벽이 가로막혀 있는 이유는 예측할 수 없고 매우 복잡하기 때문일 것이다. 젖병을 빨며 어린 아기처럼 행동하는가 하면, 정확하고 집요하게 지적인 표현을 하는 딥스를 보면서 떠오르는 여러 가지 의문점에 대한 해답을 찾아야 할 것이다.

딥스는 아주 편안하게 의자에 앉아 만족스러운 표정으로 나를 바라보면서 젖병을 빨고 있었다. 지금 딥스의 마음속에는 어떤 생각들이 스치고 있을까?

갑자기 딥스가 똑바로 앉더니 젖꼭지를 빼고는 우유를 마룻바닥에 흘려가면서 병째 입에 대고 마셨다. 그러다가 벽에 붙어 있는 초인종 두 개를 가리켰다.

— 저건 초인종이야.

— 그래, 초인종이야.

딥스는 젖병의 젖꼭지만 집어 들더니 내 눈을 계속 처다보면서 질경질경 씹고 빨고 했다. 그러고는 내 발 쪽을 내려다보았다. 나는 덧신(눈이나 비가 올 때 구두 위에 덧신는 신)을 신고 있었다. 딥스는 오늘 장화를 신고 오지 않았다. 딥스가 나를 가리키며 말했다.

— 내 덧신을 벗어라.

— 내가 덧신을 벗어야 한다고 생각하니?

— 네, 항상요. 방 안에서는요.

나는 몸을 굽혀 덧신을 벗어서 구석으로 밀어놓았다.

— 이제 됐니?

— 좋아요.

딥스는 젖꼭지를 젖병에 다시 끼우려고 애썼지만 잘 안 되는 모양이었다. 내게로 가지고 오더니 "난 못 하겠어요. 도와주세요." 했다.

— 좋아, 도와줄게.

나는 젖꼭지를 젖병에 끼워주었다. 딥스는 젖병을 받아들자 곧 젖꼭지를 다시 빼고 개수대에 물을 부었다. 돌아서서 빈 병을 보여주었다.

— 빈 병이에요.

— 그래, 네가 비웠구나.

딥스는 개수대 옆에서 빈 젖병을 끌어안은 채 계속 나를 쳐다보며 서 있었다. 나 역시 딥스가 놀이를 하든 말을 하든 자신이 자기의 일을 정하도록 바라보고만 있었다. 딥스 스스로 원하는 것이라면 그 자리에 그대로 서서 물끄러미 생각을 해도 괜찮다는 모습을 보였다.

— 난 생각하고 있어요.

── 그래?

── 네, 난 생각하고 있어요.

무엇을 생각하고 있는지 얘기해달라고 재촉하지 않았다.

묻고 대답하는 식보다는 딥스 자신이 많은 경험을 하기를 원했다. 딥스가 우리 둘의 관계에서 자신의 자아 전체를 느끼고 경험하고, 한 가지 행동에만 몰두하지 않기를 바랐다. 기분이 좋아졌다가 나빠질 수도 있고, 사랑과 미움, 두려움과 용기, 아이 같은 바람과 어른스러운 욕구 등 다양한 감정을 가진 존재가 사람임을 깨닫기를 바랐다. 그리고 사람들과의 관계에서 능동적으로 자신의 능력을 보여줄 책임이 있음을 나와의 경험을 통해 배우기를 바랐다. 칭찬을 하거나, 제안 또는 질문을 해서 한쪽으로 치우치게 하고 싶지 않았다. 내가 성급하게 결론을 내리면 이 어린아이의 성품 가운데 가장 중요한 부분을 놓칠 수도 있으니까.

딥스가 그 자리에 꼼짝 않고 서 있는 동안 나는 기다렸다. 딥스의 얼굴에 아주 엷은 미소가 스쳤다.

── 난 손가락 그림을 그릴래요. 모래 상자에서 놀고, 그다음엔 다과회tea party를 할래요.

── 남은 시간 동안에 무엇을 할지 계획을 세웠구나?

── 그래요.

딥스는 마음이 놓인 듯 활짝 미소 지었다.

── 가끔 선생님은 꼭 맞는 말을 해요.

── 그래? 매우 기분 좋은 말인데.

딥스가 짧지만 크게 웃었다. 딥스를 만난 후 처음 듣는 웃음소리.

── 제가 전부 준비할게요.

딥스는 선반에서 찻잔 세트를 다 가져왔다.

── 다과회부터 할 거니?

── 네, 그럴래요.

젖병에 물을 담고 젖꼭지는 끼우지 않은 채 질겅질겅 씹었다. 수돗물을 한껏 틀더니 개수대가 있는 골방 문을 쾅 닫았다. 계속 나를 쳐다보고 있었는데, 내가 뭐라고 할지 기다리는 것이 분명했다. 그러나 난 아무 말도 하지 않았다.

딥스는 방을 가로질러 걸어가서 창가에 팔을 괸 채 한 손에는 젖병을 쥐고 계속 젖꼭지를 질겅질겅 씹으며 뚫어지게 나를 쳐다보았다. 곧 큰 소리로 웃더니 개수대 쪽으로 뛰어가서 문을 열고 물을 잠갔다. 젖병을 비운 뒤에 다시 채웠다. 젖꼭지를 계속 씹다가 빨곤 했다.

그런 뒤에 찬장 문을 열고 물건들이 있는 선반을 둘러보고는 나를 쳐다보더니 자기의 덧바지(추위를 막기 위해 바지 위에 입는 것으로, 실내에서는 벗게 되어 있음)를 가리켰다.

── 난 내 덧바지 벗을래요.

딥스는 덧바지를 오늘 처음 입고 왔는데 아직 벗지 않고 있었다.

── 덧바지를 벗고 싶니?

── 그래요.

딥스는 대답했지만 덧바지를 벗는 대신에 찬장 안을 또 들여다보며 선반 위에 있는 물건들을 하나하나 조사하기 시작했다. 딥스는 찰흙 상자를 꺼냈다. 나는 저쪽 책상 위의 병 속에 찰흙이 있으며, 상자 속에 있는 것은 나중에 쓰려고 넣어둔 것이라고 설명했다.

── 음, 알겠어요. 이건 선생님의 창고로군요.

── 그렇단다.

딥스가 덧바지를 끌어내리며 말했다.

── 내 덧바지.

── 네 덧바지가 어떤데?

── 오늘은 바깥이 아주 추워요.

── 그래, 오늘은 매우 춥구나.

── 오늘은 놀이방도 추워요.

── 음, 정말 그렇네.

── 그런데 내 덧바지 벗을까요?

── 그건 네 마음대로야. 네가 벗고 싶으면 벗고, 벗고 싶지 않으면 그냥 있어도 괜찮아. 오늘은 이 방 안도 추우니까.

── 그래요, 아주아주 추워요.

교회 종소리가 네 번 울렸지만 딥스는 아랑곳하지 않고 모래 상자 안으로 들어가서 비행기와 군인들을 가지고 놀더니 한숨을 몰아쉬었다.

— 실내에서는 어디서든 장화를 벗어. 잡아당기고, 밀고, 끌어당겨서라도 벗어. 이건 참 어려운데. 그리고 오늘은 네 덧바지를 그대로 입고 있어도 돼. 오늘은 이 안이 추우니까.

— 그래, 방 안에서 꼭 벗어야 할 것도 있지만 때로는 그냥 입고 있어도 괜찮단 말이지?

— 그래요, 섞여 있어요.

— 말하자면 갈팡질팡하게 된단 말이지?

— 아주 갈팡질팡하게 돼요.

딥스가 이 말을 반복하며 고개를 끄덕였다.

모래 상자 안에는 방이 하나밖에 없는 작은 인형집이 있었다. 인형집 한쪽 창문에 고장 난 덧문이 붙어 있었는데, 딥스는 이것을 아무 말 없이 능숙하게 고쳐놓았다. 그러곤 두꺼운 골판지로 만든 가축들과 그것들을 세울 수 있는 나무판이 든 상자를 꺼냈다.

— A 선생님이 이걸 세우는 걸 도와주실 거야, 딥스야.

딥스는 내 쪽으로 돌아섰다.

— A 선생님, 도와주실 거죠?

— 네 생각엔 어떻게 할 것 같니?

— 선생님은 꼭 도와주실 거예요.

그러나 딥스는 벌써 내 도움 없이 가축들을 나무판 위에 세우기 시작했다. 그러곤 노래를 부르기 시작했다. 작은 인형집을 모래 상자 한가운데 세우고 가축들을 집 주위 이곳저곳에 늘어놓았다. 놀이에 흠뻑 빠져든 것 같았다.

— 이 집에는 고양이들이 살아요. 싸움을 잘하는 남자가 고양이 한 마리를 갖고 있어요. 진짜 고양이를요. 여기에는 오리가 있는데 연못이 없어요. 오리는 연못을 갖고 싶어 해요. 선생님 보세요. 저기에 있는 오리 두 마리를. 이쪽 오리는 크고 용감해요. 저쪽의 작은 오리는 용감하지 못해요. 이 큰 오리는 어디엔가 아주 좋고 안락한 연못을 갖고 있겠지만, 이 작고 가엾은 오리는 헤엄칠 연못이 없어요. 이 오리는 연못을 갖고 싶어 해요. 그런데 이 두 마리 오리는 함께 서 있어요. 그리고 둘 다 창밖에 트럭이 지나가는 것을 보고 있어요.

유창하고 거침없이 흘러나오는 말. 나는 듣고만 있었다. 곧 나는 딥스가 말한 큰 트럭이 바로 놀이방 창밖에 주차하고 있는 것을 보았다.

— 그러니까 작은 오리는 마음껏 헤엄칠 수 있는 안전한 연못을 갖고 싶어 한단 말이지? 큰 오리가 갖고 있는 것과 똑같은 것으로 말이야.

— 그래요. 둘이 함께 큰 트럭이 들어오는 것을 보고 있어요. 트럭이 멈추고 운전기사가 건물 안으로 들어가서 짐을 갖고 나와 트럭에 싣고, 다 실으면 트럭은 떠나는 거예요.

— 그렇구나.

딥스는 놀잇감 트럭을 집어 들고는 내게 이야기한 대로 놀이를 했다. 딥스는 오랫동안 아무 말이 없었다.

── 이제 5분 남았어. 딥스야.

딥스는 못 들은 척했다.

── 5분 남았다는 말 들었니?

── 네, 들었어요.

딥스가 힘없이 말했다.

── 내가 5분 남았다고 말하는 것을 듣고서도 모른 척했니?

── 맞아요. 하지만 그다음에 대답했어요.

── 그래, 내가 다시 말할 때 대답했지.

나는 끝날 시간을 미리 알려서 갑자기 끝났다는 느낌이 들지 않게 해주려 했다.

── 이걸 모두 5분 만에 할 거예요.

딥스는 모래로 인형집 주위에 집으로 직접 들어가는 길, 돌아가는 길 등을 만들었다.

── 이 트럭은 모래 위를 지날 때 우스운 소리를 내요.

딥스는 나를 쳐다보면서 즐겁게 웃었다.

── 트럭은 짐을 가득 실었어요. 이 트럭은 바퀴 자국을 내요. 한쪽으로만 가는 바퀴 자국을. 그리고 여기에 모래를 쌓아요.

딥스는 재빨리 놀잇감 병정들 중에서 셋을 골라내어 트럭에 담고 모래로 덮었다.

── 이 길은 일방통행이에요. 그러니까 트럭에 있는 이 세 사람은 다시 돌아올 수 없어요.

── 그 사람들은 멀리 가서 돌아오지 못하니?

── 그래요. 영원히……

딥스는 트럭을 모래 속에 집어넣고는 모래를 파고, 트럭과 세 병정을 묻었다. 그러고는 자기가 만든 모래 무덤을 보고 있었다.

── 딥스야, 여기 봐. 이만큼 남았어.

손가락 셋을 들자, 딥스가 힐끗 쳐다보며 말했다.

── 3분.

딥스는 트럭과 이름 없는 병정들을 묻고 모래 무덤 위에 모래를 더 부었다.

── 자, 작은 오리야, 넌 지금 일어난 모든 걸 보았지. 모두 사라졌어.

딥스는 가만히 말했다. 작은 오리 모양의 놀잇감을 집어서 모래 무덤 위에 올려놓았다. 손에 묻은 모래를 털고 모래 상자에서 걸어 나왔다.

── 오늘은 밸런타인데이예요.

갑자기 딥스가 말했다.

── 그래 맞아.

── 여기 묻은 것들을 밤이나 낮이나 가만 놔두세요. 꺼내지 마세요.

── 네가 해놓은 대로 두었으면 하니?

── 그래요.

딥스는 내게 다가와서 무릎에 놓인 작은 공책을 만지면서 말했다.

— 선생님 공책에 이것을 꼭 써놓으세요. '딥스가 왔다. 오늘 모래놀이를 재미있게 했다. 마지막에는 집과 놀잇감 병정들을 가지고 놀았다. 안녕!'

딥스는 외투와 모자를 들고 놀이방을 나가 복도를 걸어갔다. 어머니가 외투와 모자를 입혀주었다. 딥스는 아무 말도 하지 않고 집으로 돌아갔다.

나는 연구실로 가서 생각했다. 얼마나 놀라운 아이인가!

딥스의 놀이에 담긴 상징성을 세심하게 분석하면 괜찮은 결론을 낼 수도 있을 것이다. 그러나 이 시점에서 오히려 그런 것을 말로 해석하려는 것은 불필요하고 장황한 것이며, 더 많은 자료를 얻으려고 꼬치꼬치 캐들어가면 도리어 그 의미를 제한하는 것이 될 것이다.

내 생각에, 놀이치료와 같은 정신치료의 가치는, 대인 관계에서 스스로를 능력 있고 책임감 있는 사람으로 경험하게 하는 데 있다. 나는 딥스가 사람들과 교류할 때 이 두 가지 진리가 중요함을 깨닫게 하려 한다. 세상에서 자기 자신보다 더 자신의 내적 세계를 잘 아는 사람은 없다는 것과 책임감 있는 자유 의식은 그 사람의 내면에서 자라고 발달한다는 것을……

아이가 다른 사람들의 인격과 권리와 개성을 이해하려면 먼저 자신을 이해해야 하고 자긍심과 자기 존엄성을 갖는 방법을 배워야만 한다.

우리에 갇힌 토끼

딥스가 상담소에 들어오며 내게 아주 잠깐 미소로 인사했다. 그러더니 앞장서서 곧장 놀이방의 인형집으로 다가갔다.

— 달라졌어. 놀잇감이 뒤섞여버렸어.

— 아마 다른 아이들이 와서 놀았나 본데.

— 그래요.

딥스가 모래 상자 앞을 휘저으며 살피기 시작했다.

— 동물들도 그래. 내가 해놓고 간 그대로가 아니야.

— 아마 그것도 다른 아이들이 갖고 논 모양이구나.

— 그런가 봐요.

딥스는 말하다가 방 한가운데 멈춰 섰다.

── 타자기 소리 들려요? 누가 타자기를 치고 있어요. 타자기로 편지를 쓰나 봐요.

── 그래, 들리는구나.

딥스는 무언가 마음에 괴로운 일이 있을 때마다 자기 마음은 감추고 안전하고 생명 없는 물건들만 골라서 이야기했다. 딥스는 자기가 남겨두고 간대로 놀잇감들이 놓여 있지 않아서 몹시 화가 난 것이다.

분명히 딥스는 지난주 집에 가기 전에 장난감들을 옮기지 말라고 말했지만 나는 약속을 안 했고 설명도 안 했다. 약속을 일부러 피했다. 다른 아이들처럼 이 세상 어떤 것도 안정되어 있지 않고 자기 마음대로 조종할 수도 없다는 사실을 경험하고 배워야 하기 때문이다.

이 순간 딥스는 세상은 쉴 새 없이 변한다는 확실한 증거를 느꼈을 것이다. 이제는 그것에 어떻게 적응해가는가 하는 문제가 중요하다. 무조건 확신을 갖게 해서는 안 되고, 장황한 설명이나 변명을 늘어놓아서도 안 되며, 그저 말, 말, 말로만 현실에서 도피하게 해도 안 된다. 변화 많은 세상을 혼자 힘으로 헤쳐가는 능력을 가질 수 있도록 도와야 한다.

딥스는 모래 상자로 걸어가서 평평해진 모래와 여기저기 흩어진 병정들을 뚫어지게 쳐다보았다.

── 내 작은 오리는 어디 있어요?

── 모래 무덤 위에 올려놓았던 작은 오리가 어떻게 됐는지 궁금

하니?

딥스는 재빨리 몸을 돌려 나를 똑바로 쳐다보았다.

── 그래요. 내 오리 어디 있어요?

화난 목소리였다.

── 넌 그것들이 그 자리에 둔 대로 있었으면 했는데, 누군가가 흩어놓았구나.

나는 상황을 요약해서 말하려고 노력했다. 되도록 딥스의 반응을 늦추어서, 딥스 스스로가 보다 더 정확하게 자신의 생각과 느낌을 파악할 수 있도록 하고 싶었다.

딥스가 곁으로 오더니 내 눈을 똑바로 쳐다보았다. 진지했다.

── 그래요. 왜 그랬어요?

── 그것들이 제자리에 있는지 왜 지켜보지 않았느냐는 말이지?

── 그래요. 왜 그랬어요?

── 내가 왜 그런 것 같니?

── 몰라요. 난 화났어요. 선생님이 꼭 그렇게 안 되게 해야만 했어요.

내가 질문을 할 차례였다.

── 왜 내가 그렇게 했어야 하지? 내가 그렇게 하겠다고 약속했었니?

딥스는 시선을 마루로 떨어뜨리고 기어들어가는 듯한 소리로 대답했다.

— 아니요.

— 그렇지만 넌 내가 그렇게 해주길 바랐니?

— 네, 선생님이 나를 위해 그냥 그래 주길 바랐어요.

여전히 힘없는 목소리였다.

— 다른 아이들도 여기에 와서 장난감을 가지고 논단다. 아마 그 가운데 어떤 아이가 네 오리를 옮겨놓았을 거야.

— 그리고 내 산도요. 내 작은 오리는 산꼭대기에 서 있었어요.

— 나도 알아. 네 모래산도 없어졌어. 그렇지?

— 없어졌어요.

— 그것 때문에 화나고 실망했구나?

딥스는 고개를 끄덕였다. 날 쳐다보았다. 나도 딥스를 보았다. 이 순간 딥스에게 가장 필요한 것은 모래산이나 작은 플라스틱 오리가 아니라, 지난주에 그것들을 가지고 놀면서 느꼈던 안정감과 만족감이리라. 구체적인 상징물이 사라진 지금, 나는 딥스가 실망감이나 항상 변화하는 외부 상황을 받아들이고 마음속에 자신감과 충족감을 느끼길 바랐다. 많은 경우 우리는 외부 상황을 통제할 수 없지만, 내면의 힘을 이용한다면 편안해질 수 있다는 것도 배우길 바랐다.

딥스는 아무 말 없이 모래 상자 가장자리에 앉아서 흩어져 있는 인형들을 바라보았다. 그러다가 인형들을 집어서 비슷한 모양끼리 분류했다. 다음엔 팔을 뻗어 내 연필을 집어 들고는 동물 받침대에 뚫려 있는 구멍에 넣으려 했다. 연필심이 부러졌다.

―― 아, 이런. 연필심이 부러졌어요.

딥스가 내게 연필을 건네주었다. 딥스가 왜 이러는 걸까?

―― 딥스야, 내가 가서 연필을 깎아 올게. 곧 돌아올 테니까 여기 있어.

나는 연필을 받아들고 방을 나왔다.

어린아이의 행동을 연구하거나 전문적인 교육 프로그램을 실시할 때 늘 사용하는 이 놀이방은 한쪽 면이 거울벽으로 되어 있는데, 이 것은 일방경one-way-mirror으로 놀이방 안에 있는 사람에게는 거울로 만 보인다. 이 일방경 뒤편에는 전문적으로 연구하고 훈련받은 관찰자들이 어둠 속에 앉아서 방에서 나누는 이야기를 녹음하고 시간마다 아동의 행동을 기록하기도 한다. 나중에 녹음된 이야기와 행동들은 그래프용지에 관찰한 기록과 시간, 놀이치료 담당자의 행동 기록과 비교 검토해 자세히 남긴다. 이런 것들은 연구 자료나 전문적인 훈련 프로그램을 연구하는 박사 과정 세미나의 토론용 자료로 사용된다. 이렇게 사용될 때는 어린이의 이름이나 가족 상황 등을 가명으로 쓰기 때문에 아무도 그 아이를 알 수 없다. 일반인들이 생각하기에는 아이들에 대한 기록만으로도 누군지를 알 수 있을 거라고 생각하지만, 사람들이 갖고 있는 심리적인 문제는 워낙 유사하기 때문에 그건 불가능한 일이다.

연필을 깎으려고 내가 잠시 방을 비웠을 때에도 거울 뒤의 관찰자들은 계속 딥스를 관찰하고 있었다. 딥스는 삽으로 모래를 파면서 혼잣말을 했다.

— 좋아, 모래야. 널 여기 가만히 놔둘 줄 알았니? 동물들하고 인형들도 마찬가지야. 내가 본때를 보여줄 거야. 나는 너희들을 파낼 거야. 그리고 찾아낼 거야. 내가 묻어둔 그 병정을 찾을 거야. 찾을 때까지 파고 또 팔 거야.

딥스는 잽싸게 모래를 파헤치더니 마침내 묻었던 병정 중 하나를 찾아냈다.

— 흥, 여기 있구나. 이번엔 꼭 혼내줄 거야. 이 싸움쟁이야, 넌 뻣뻣하고 꼿꼿이 서 있는 낡은 울타리의 쇠막대기 같아. 난 너를 여기에 거꾸로 박아놓을 테야. 너를 모래 속에 처박을 거야.

딥스는 병정의 머리를 거꾸로 든 채로 보이지 않을 때까지 모래 속에 파묻었다. 그리고 손을 비벼 모래를 털어내고 빙그레 웃다가 나중에는 소리 내어 크게 웃었다.

— 딥스야, 네 모자하고 외투를 벗어라. 여긴 좀 추워.

딥스는 목소리가 변했고, 조금 전과 달리 기쁘고 즐거운 억양이었다. 그때 내가 깎은 연필을 들고 방으로 들어섰다.

— 여긴 추워요. 외투를 벗을까요?

— 정말 여긴 좀 추운걸. 오늘은 네 외투를 그냥 입고 있는 게 좋을 것 같구나.

— 난방기를 켜요.

딥스는 라디에이터가 있는 곳으로 가서 그것을 만졌다.

── 차가워요.

── 그래, 알고 있어.

── 내가 켤게요.

딥스가 스위치를 켰다.

── 그것을 틀면 여기가 따뜻해질 것 같니?

── 네, 지하실에 불이 있으면요.

── 지하실에 불이 있다고?

── 보일러 속에. 지하실에 있는 보일러 속에요.

── 아, 그런데 오늘 보일러가 고장 나서 사람들이 고치는 중이
란다.

── 어디가 고장인데요?

── 나도 모르겠어.

딥스는 한동안 가만히 있다가 말했다.

── 선생님, 알아낼 수 있어요. 어떻게 하는지 아세요?

── 알아낼 수 있다고? 어떻게?

── 지하실에 내려가서 조금만 서성이면 돼요. 가까우면서도 일
을 방해하지 않는 곳에 서서 그 사람들이 이야기하는 것을 들으면
돼요.

── 정말 그러면 되겠구나.

── 그런데 왜 그렇게 안 하세요?

── 딥스야, 사실은 난 그런 생각을 못 했거든.

— 그렇게 하면 재미난 일을 많이 배울 수 있어요.

— 정말 그렇겠구나.

이제까지 딥스는 사람들을 볼 수 있는 가까운 곳에서 방해하지 않고 서성이면서, 일하는 사람들의 이야기를 듣고 많은 것을 배웠던 것이다.

딥스는 찬장이 있는 곳으로 가서 안을 들여다보고 말했다.

— 텅텅 비었어요.

— 그렇단다.

이제 딥스는 자기가 관찰하는 것들에 내가 관심을 갖고 있는지 아닌지를 알고 싶은 것이다.

— 오늘도 너무 추워서 덧바지를 못 벗겠어요.

— 내 생각에도 그러는 것이 좋을 것 같다.

— 보일러는 지난 목요일에 처음 고장 난 게 틀림없어요.

— 그래, 그럴지도 모르지.

— 그렇지 않으면 왜 그랬겠어요? 다른 이유가 뭘까요?

딥스가 되물었다.

— 난 잘 모르겠는데? 보일러가 고장 났다는 것은 전혀 생각해보지 않았어. 보일러에 대해서 잘 모르거든.

딥스가 큰 소리로 웃었다.

— 그러니까 선생님은 방이 추워질 때만 안단 말이죠?

— 그래. 나는 이 방이 웬만큼 따뜻하면 모든 것이 괜찮을 것이라

고 생각한단다. 방이 추워지면 그때 비로소 고쳐야겠다고 생각하지.

— 그러니까 고장 난 다음에야 아셨구나.

— 그렇지, 추우니까 알았지.

나는 딥스의 말에 찬성해주었다.

딥스가 탁자 주위를 서성이다가 젖병을 집어 들고 빨기 시작했다.

— A 선생님은 오늘 덧신을 안 신었어요.

— 그래, 오늘은 덧신을 신지 않았어.

— 잘하셨어요.

딥스는 그렇게 말하면서 의자를 방 한구석에 있는, 삼각형 모양의 벽장 쪽으로 질질 끌고 갔다. 한쪽 문에 네모난 구멍이 뚫려 있고, 커튼이 쳐져 있었다. 인형극을 하는 극장이었다. 딥스는 의자 위에 올라서서 커튼을 들추고 안을 들여다보았다.

— 텅 비었네요.

의자를 다시 개수대 쪽으로 끌고 가 올라서더니 찬장을 들여다보 았다.

— 이것도 텅 비었네.

— 높은 곳에 있는 찬장엔 아무것도 없단다.

딥스는 아랑곳하지 않고 일일이 찬장문을 다 열어보더니 의자를 저쪽으로 밀어두었다. 그러곤 개수대가 있는 곳의 문을 열어 물을 세게 틀더니 젖꼭지를 떼어낸 젖병에 물을 채웠다가 쏟았다. 총을 집어 들어 모래를 잔뜩 집어넣고 방아쇠를 당겨 모래를 총알처럼 쏘려고 했지만 줄줄 흘러내려 마루 위에 쏟아질 뿐 시원스럽게 나가지 않았다. 딥스는 모래 상자 가장자리에 앉아서 다시 한번 모래를 쏟아보았다.

— 이렇게 하면 안 되는구나.

딥스가 중얼거렸다.

— 글쎄, 그런 것 같구나.

딥스는 모래 상자 가장자리에 흩어진 모래를 쓸어내리면서 흩어진 놀잇감 동물들을 집어 들고 나를 바로 쳐다보며 이야기하기 시작했다.

— 수탉이 울어요. 꼬끼오 꼬꼬. 암탉이 알을 낳았다고 알려주는 거예요. 오리 두 마리는 헤엄치고 있어요. 아, 보세요! 오리들은 자기들의 연못을 가지고 있어요. 자기들만의 작은 연못을요. 작은 오리는 기뻐서 꽥꽥거리고 큰 오리도 꽥꽥거려요. 이 오리들은 작고 편안한 연못에서 사이좋게 헤엄쳐요. 여기엔 토끼가 두 마리 있어요. 강아지도 두 마리, 소도 두 마리, 말도 두 마리, 고양이도 두 마리. 모두 두 마리씩 있어요. 혼자 있는 건 아무것도 없어요.

아이가 병정들을 넣어두는 빈 상자를 끌고 왔다.

— 이 상자는 놀잇감 병정들을 넣어두는 건데 꼭 맞게 닫을 수 있는 뚜껑이 있어요.

그러고는 엉금엉금 기어서 모래 상자 저쪽의 인형집으로 가더니 집을 돌렸다.

─ 사람은 이 집에 없어요. 고양이랑 토끼만 있어요. 고양이 딱 한 마리랑 토끼 딱 한 마리. 마시멜로는 우리 유치원의 토끼 이름이에요.

딥스가 나를 잠깐 쳐다보다가 덧붙여 말했다.

─ 교실 한구석에 있는 큰 토끼장에서 키우는데, 가끔 밖으로 내놓으면 콩콩 뛰고 깡충깡충 돌아다니고 앉아서 생각도 해요.

─ 고양이랑 토끼가 이 집에 함께 산단 말이지? 그리고 마시멜로가 토끼 이름이고?

─ 유치원 토끼 이름이에요. 이 집에서 고양이랑 사는 이 토끼가 아니에요. 학교에 토끼가 있는데 그 토끼가 마시멜로예요. 굉장히 크고 하얘요. 여기 이 놀잇감 토끼처럼요. 이걸 보니까 유치원에 있는 토끼가 생각나요.

─ 아, 그렇구나. 애완용 토끼가 유치원에 있구나.

─ 우리 속의 토끼요. 하지만 가끔 우리가 꺼내줘요. 그리고……그리고 아무도 안 볼 때는…… 내가 꺼내줘요.

유치원 이야긴 처음이었다. 딥스가 요즘은 유치원에서 어떻게 지내고 있는지 궁금해졌다. 유치원에서 처음 만났을 때처럼 행동할까? 물론 딥스 어머니가 놀이치료를 허락하는 편지를 보냈을 때 바로 유치원에 알렸다. 교장 선생님에게 어머니가 딥스를 데려오면 아동상담소에서 만날 예정이고, 딥스가 이 놀이치료에 과연 어떻게 반응할지 그리고 좋은 결과를 얻을 수 있을지는 모르겠다고 솔직하게 말했다. 그리고 언제든지 유치원에서 딥스에 대해 다시 상담할 필요가 있다고 생각될 때 전화를 주고 문제가 생기거나 새로운 변화가 생기면 서로 의논하자고 요청해놓았었다. 유치원 쪽에서 자발적으로 알려주는 소식이 내가 유치원에 연락해서 듣는 것보다 더 객관적일 것이다. 나는 치료에 직접 참여하고 있는 당사자이기 때문이다. 딥스 어머니가 딥스를 데려오기 시작했음은 아직 유치원에 알리지 않았다. 내 생각으로는 딥스의 부모만이 놀이치료에 관해 토의하고 의논할 수 있는 사람들이고, 상담 내용은 부모의 동의 없이는 어느 누구에게도 알릴 수 없었다.

나는 유치원 토끼 얘기가 무척 흥미로웠다. 그것은 비록 딥스가 아이들과 활발히 어울려 놀지는 않아도, 여기저기 살금살금 기어 다니면서 관찰하고 배우고 생각하며 어떤 결론을 궁리해낸다는 의미이기 때문이다. 딥스가 요즈음 유치원이나 집에서 어떻게 지내고 있는지 무척 궁금했다. 마찬가지로 식구들이나 유치원 선생님도 딥스가 놀이방에서 어떻게 행동하고 있는지 알면 깜짝 놀랄 것이다.

그러나 나는 지금의 방식을 유지하려 한다. 딥스가 스스로 인식하는 자신의 세계, 자신의 인간관계, 자신의 감정, 점점 드러나는 개념, 자신이 스스로 만들어낸 결론, 추리 과정, 사고하는 태도들이 더 중요하며, 다른 사람의 판단은 그리 도움이 되지 않기 때문이다. 나는 딥스가 토끼를 자유롭게 해주려고 남몰래 토끼집 문을 열어주는 모습을 떠올렸다.

― 난 이 울타리에 문을 만들 거예요.

딥스는 동물들을 놓아둔 주위에 골판지로 만든 울타리를 둘러 세우고 울타리의 한 부분을 자르고 구부려서 여닫을 수 있게 만들었다.

― 이렇게 하면 동물들은 언제든지 나오고 싶을 때 나올 수가 있어요.

― 정말 그러네.

딥스는 울타리를 만들고 남은 조각들을 조심스럽게 유심히 살펴보더니 그것에 이름을 붙이려고 애쓰고 있었다.

― 이건…… 이건…… 응, 이건 아무것도 아닌 조각이에요. 이게 바로 아무것도 아닌 것처럼 보이는 거예요.

딥스의 이러한 생각은 어느 정도 정확하면서도 흥미로웠다. 딥스가 병정들을 집어 들었다.

― 여기 이 남자는 총을 가졌어요. 이 사람은 말을 타고 있어요. 여기 병정들이 더 많이 있네요.

모래 상자 가장자리에 병정들을 쭉 세우더니 "이것들, 난 모두 상자에 넣을 거예요." 하고는 넣어버렸다.

― 그리고 트럭은 다시 한번 주위를 돌며 바퀴 자국을 낼 거예요. 토끼와 고양이가 창문으로 내다보고 있어요. 그냥 쳐다보고 있어요.

딥스는 갑자기 두 손을 꼭 잡은 채 무릎에 올려놓고 말없이 몇 분 동안 나를 쳐다보았다. 표정이 무척 심각했지만 눈빛은 생각으로 가득 차 반짝였다. 딥스가 내게 기대면서 말했다.

— 오늘은 독립기념일이 아니에요. 독립기념일은 7월 4일이 되어야 해요. 목요일이에요. 네 달 하고 두 주일이 지나면 목요일이 되고, 나는 A 선생님을 만나러 올 거예요. 내가 달력을 봤어요. 월요일이 7월 1일이에요. 화요일은 2일. 수요일은 3일. 수요일은 거의 독립기념일인데 정확히는 아니에요. 그러고 나면 7월 4일 독립기념일이 되고, 목요일에 나는 여기 와요.

딥스가 놀잇감 토끼를 집어 들었다.

— 7월 3일, 수요일은 굉장히 지루할 거예요. 아침시간, 점심시간, 저녁시간. 그러고 나면 그다음엔 밝은 아침이죠. 독립기념일, 7월 4일. 목요일이 되면 난 여기 올 거예요!

— 딥스는 여기 오는 걸 정말 좋아하는구나?

— 그럼요, 아주 좋아요. 좋고말고요!

딥스의 얼굴에 미소가 스쳤다. 그러고는 또박또박 말을 이었다.

— 독립기념일은 군인과 선원들의 날이에요. 북이 둥둥 울리고 깃발도 펄럭여요.

딥스는 행진곡을 부르며 모래를 퍼서 트럭에 가득 담아 밀고 다녔다.

— 즐거운 날이에요. 독립기념일! 사람들은 모두 기쁨에 가득 차 있어요. 군인들이 자유를 맘껏 누리게 잠긴 문들을 다 열어놓아요!

이 어린아이가 하는 말은 너무도 아름답고 매력적이었다. 외로움과 두려움에 짓눌려 나타내지 못하고 마음속 깊이 틀어박혀 있었지만, 생각은 놀라울 정도로 깊었다. 게다가 지금 딥스는 조금씩 공포로부터 벗어나면서 자신을 스스로 발견하고 확신을 가지면서 점점 강해지고 있었다. 분노, 공포, 근심을 희망, 믿음, 기쁨으로 바꾸고 있었다. 슬픔과 저항의 감정이 조금씩 사라져가고 있었다.

— 딥스도 그 사람들처럼 기쁘구나, 그렇지?

딥스는 한참 후에 이렇게 대답했다.

— 다시는 놓치고 싶지 않은 기쁨이에요. 난 이 기쁨으로 이 방에 들어와요.

모래 상자 가장자리에 앉아 딥스를 쳐다보는 나에게도 딥스가 지금 느끼고 있는 평화로운 마음이 느껴졌다. 딥스는 작은 아이였지만 희망과 용기와 믿음으로 가득 차 있어서, 그 애의 자신감과 존엄성을 느낄 수 있었다.

— 난 이 방에 기쁜 마음으로 들어와요.

딥스는 다시 힘주어 말했다.

— 난 이 방을 슬픈 마음으로 떠나요.

— 그래? 이 방에서 느끼는 기쁨과 함께 가지 않고?

딥스는 대답 대신 병정 셋을 모래에 파묻었다.

— 이렇게 하면 이 사람들은 불행할 거예요. 볼 수도 없고, 들을 수도 없고, 숨도 못 쉴 거예요. ……딥스야, 그 사람들을 거기에서 파내. 네가 먼저 알아야 할 것은 곧 집에 가야 할 시간이라는 거야. 넌

그 사람들을 그냥 묻어놓고 가고 싶니, 딥스야?

딥스는 자기 자신에게 명령도 하고 묻기도 했다. 그러더니 재빨리 모래 상자에서 껑충 뛰어나왔다.

— 나 마루에서 병정들을 갖고 놀래요. 줄을 세울 거예요.

딥스는 마루에 병정들을 늘어놓았다. 모래 상자 쪽으로 손을 뻗어 묻어놨던 병정들을 꺼내어 조심스럽게 살펴보더니 하나를 가리켰다.

— 이건 아빠예요.

— 그래? 그게 아빠구나.

나는 아무렇지도 않다는 듯이 말을 받았다.

— 네.

딥스가 앞쪽 마루 위에 그 인형을 세웠다. 주먹을 꽉 쥐고 세게 쳐서 넘어뜨리더니, 세우고 다시 쳐서 넘어뜨렸다. 여러 번 반복했다. 그러고는 나를 쳐다보았다.

— 4분 남았죠?

나는 시계를 보고 말했다.

— 그래. 4분 남았어.

— 그럼 집에 갈 시간이 되네요.

— 응.

딥스는 다시 아빠 병정을 세웠다 쓰러뜨렸다 하며 놀았다. 그리고 다시 나를 보았다.

── 3분 남았죠?

── 그래. 3분 후면 집에 갈 시간이야.

덧붙여 말한 것은 딥스가 이미 알고 있는 사실을 또 말해주려는 것이 아니라 어떻게 반응하는지 알고 싶어서였다.

── 그래요, 난 집에 가고 싶지 않지만 집에 가야 해요.

── 그래, 딥스야. 집에 가고 싶지 않겠지만 가야 할 시간이지.

── 네.

딥스는 한숨을 쉬었다. 그러고는 아무 말도 하지 않고 1분쯤 앉아 있었다.

── 2분 남았죠?

딥스는 놀라울 만큼 정확하게 시간을 재고 있었다.

── 그래.

── 나는 다음 목요일에 다시 올 거예요.

── 그래, 다음 목요일이지.

── 내일은 조지 워싱턴의 생일이에요. 금요일이죠. 토요일은 아무 날도 아니에요. 일요일은 24일이고, 그리고 월요일이 되면 난 유치원에 가요!

딥스의 눈은 밝고 행복해 보였다. 행동으로 보여주진 않았지만, 유치원 생활이 자기에게 퍽 중요하다는 것을 표현하는 말이었다.

비록 선생님들은 딥스의 행동 때문에 당황하고 좌절하며 자기 역할을 잘하지 못하고 있다는 것에 실망하고 있지만, 그들의 배려가 딥스의 마음속 깊이 자리 잡고 있었다. 딥스는 유치원에서 일어나는 일들을 잘 알고 있었다. 조금 전에 부른 행진곡은 아마 유치원에서 배운 노래 중 하나일 것이고, 마시멜로는 우리에 넣어둔 애완동물이라는 것 등……. 마시멜로는 딥스에게 유치원 생활 가운데 중요한 하나였다. 딥스를 만나기 전의 유치원 회의를 생각해보았다. 특히 제인 선생님이 자석 원리에 대해 이야기하던 것이 떠올랐다. 유치원 선생님들은 자부심을 가져야 한다. 아이들이 보여주는 것을 보며 그들이 무엇을 얼마만큼 받아들이고 있는지 알 수 없을 때가 많고, 또 아이마다 받아들이는 방법이 다르므로 판단하기 힘들겠지만, 아이들은 유치원 생활을 통해 세상을 살아가는 방법을 배우고 있기 때문이다.

— 우리는 월요일마다 유치원 소식지를 받아 봐요. 노란색, 파란색, 하얀색 표지가 있어요. 열세 쪽이에요. 복도 알림판에 그렇게 쓰여 있어요. 그리고 그다음엔 화요일, 수요일, 목요일. 목요일에 난 여기 다시 와요.

— 앞으로 무슨 일이 있을지 잘 알고 있구나! 워싱턴 대통령의 생일, 유치원 신문, 요일들. 그리고 목요일에 여기 다시 온다는 것도.

— 네.

나는 속으로 '정말 너는 네 또래보다 훨씬 잘 읽을 줄 아는구나. 그리고 읽은 것을 다 이해할 수도 있고'라고 생각했지만, 읽기 실력에 대해선 한 마디도 하지 않았다. 딥스는 읽는 것을 당연한 것으로 생각했다. 그래서 나도 그렇게 했다. 딥스가 글을 매우 잘 읽는 것은 확실하지만, 읽는 것 하나만으로 딥스의 지성, 감정, 의지의 발달이 이루어지는 것은 아니기 때문이었다.

— 1분 남았죠?

— 그래, 1분 남았어.

딥스는 아빠라고 지목해둔 병정을 집어 들어 모래 상자에 던졌다.

— 오늘은 아빠가 날 데리러 오세요.

— 그래?

귀가 번쩍 뜨였다. 그래서 오늘 딥스의 세계에 '아빠'가 등장했구나!

— 네.

딥스는 나를 보았고, 나도 아이를 보았다. 시간이 다 되었다. 우리 둘 다 알고 있었지만 서로 한 마디도 하지 않았다. 마침내 딥스가 일어서더니 한숨을 푹 쉬었다.

— 시간이 다 되었어요.

— 그렇구나.

— 난 그림을 그리고 싶어요.

— 그러니까 시간이 다 된 줄은 알지만 가고 싶지는 않단 말이로구나.

딥스는 나를 힐끗 쳐다보았는데, 어렴풋이 미소가 스쳤다. 딥스가 앉아서 마루에 세워놓았던 병정들을 빠르게 옮겨서 나를 향해 한 줄로 세웠다. 그러고는 문 쪽으로 걸어가며 말했다.

— 총을 쏘아야 할 때는 총이 필요할 거예요.

— 그래, 알았다.

딥스는 모자를 집어 들고 복도를 걸어갔다. 나도 함께 걸어갔다. 딥스 아버지가 어떤 사람인지 궁금했다.

— 안녕!

딥스는 내게서 떨어지며 인사를 했고, 나도 "딥스야, 안녕! 다음 주 목요일에 만나자"라고 인사했다.

딥스 아버지가 나를 쳐다보더니 "안녕하십니까?" 하고 아주 어색한 표정으로 딱딱하게 인사를 했다. 나도 인사를 했다.

— 아빠, 오늘은 독립기념일이 아닌 거 알아요?

— 어서 오너라, 딥스. 아빤 바빠.

— 독립기념일은 7월이 되어야 와요. 그런데 목요일이에요. 넉 달 하고 두 주일 있으면 돼요.

— 어서 와, 딥스야.

딥스 아버지는 딥스의 말 때문에 너무나 당황해서 어쩔 줄 몰라 했다. 아무 의미 없는 얘기를 한다고 생각했을 것이다. 듣기나 했는지 모르지만.

— 독립기념일은 목요일이에요. 7월 4일이 바로 그날이에요.

딥스의 아빠가 딥스를 문 밖으로 밀쳐내면서 이를 악물고 말했다.

— 쓸데없는 얘기 좀 집어치우지 못해?

딥스는 한숨을 쉬면서 축 늘어져서 아무 말 없이 아버지와 돌아갔다.

비서가 흥분해서 나를 쳐다보았다. 대기실에는 아무도 없었다.

— 인정 없는 사람! 이스트강에 투신이라도 하지.

— 그러게 말이에요. 왜 그러지 않았을까?

나는 다음에 올 어린이를 위해 놀이방을 정리하러 갔다. 관찰자들이 도와주러 들어와서 내가 자리를 비운 동안 딥스가 한 행동에 대해 들려주었다. 녹음한 것을 다시 들었을 때 한 관찰자가 소리쳤다.

— 어쩜 이런 아이가 있지?

'넌 뻣뻣하고 꼿꼿이 서 있는 낡은 울타리의 쇠막대기 같아.'

얼마나 감각이 예민한 아이인가. 바로 아빠 이야기였던 것이다. 나라도 '아빠'를 모래 속에 일주일은 묻어두고 싶을 정도였다. 딥스의 아버지는 도무지 어린아이의 이야기를 들으려 하지 않았다. 딥스는 아버지와 이야기하려고 애썼지만 아버지는 그것을 쓸데없는 소리라고 무시한 것이다. 이와 같이 노골적으로 인격적인 모독을 받고서도 딥스는 나름대로 살아가기 위해 내적 강인함을 길러왔음에 틀림없다.

부모 역시 자신들이 하는 행동의 이유를 받아들이기 어려울 것이다. 부모가 어린아이를 사랑할 수 없고, 이해할 수 없고, 자녀들에게 자신을 줄 수 없는 건 그들 스스로가 굳게 닫혀 있기 때문이라는 걸 말이다.

엄마도 외로웠어요

다음 날 아침, 딥스 어머니가 전화를 했다. 시간을 좀 내줄 수 있느냐고 물었다. 이런 부탁을 해서 매우 미안해하는 것 같았고, 만일 아주 바빠서 못 만난다고 해도 이해한다고 덧붙였다. 난 달력을 훑어본 후, 그날 오전이나 오후도 괜찮고, 월요일, 화요일, 수요일 오후도 좋다고 말했다. 그녀가 선택할 수 있는 폭이 넓어진 것이다. 그녀는 좀 머뭇거리더니 어느 시간이든 내가 정했으면 좋겠다고 말했다. 난 그녀에게 어느 날이라도 괜찮고, 딥스 어머니가 편한 시간이면 난 상관없다고 말했다. 지금 이야기한 시간에는 늘 상담소에 있기 때문에 가장 적절한 시간을 선택하라고 덧붙였다. 다시금 그녀는 주저주저하면서 한참 동안 생각하다가 결정을 내렸다.

── 그럼 오늘 오전 열 시에 그쪽으로 가겠어요. 시간을 내주셔서 대단히 고맙습니다.

왜 갑자기 나를 만나려고 하지? 불만스러워서? 딥스 때문에 속이 상해서? 혹시 그녀의 남편이 어제 딥스를 데리러 왔을 때 잠깐 동안이지만 상담소에 대해서 불쾌하게 여겼기 때문에? 어쨌든 그녀는 한 시간 안에 상담소에 도착할 테고, 그러면 그 이유를 좀 알 수 있을 것이다. 만남이 어떻게 전개될지 예측하긴 어려웠다. 그녀가 경직되어서 이전보다도 더 문제의 핵심을 파악하려고 하지 않을 수도 있다. 아니면 그녀는 자신이 너무 불행하게 느껴지거나 패배감과 열등감으로 가득 차서, 누군가와 그것을 조금이라도 나누고 싶어 하는지도 모른다.

어떤 경우이든 중요한 건, 그녀가 부담을 느끼지 않고 마음의 안정을 느끼며 이야기할 수 있도록 하는 것이다. 내가 확신할 수 있는 건 오직 하나, 그녀에게 이 만남은 무척 힘들고 정신적으로 지치는 일이라는 점이다. 침묵할지도 모르고, 별로 관련이 없는 일들만 이야기할지도 모르며, 질문만 계속할 수도 있고, 자기가 이제껏 숨겨두었던 이야기를 조금 할지도 모르는 일이기는 하지만……

그녀와 얼마나 효과적으로 이야기하느냐는 내 책임이다. 나는 그녀의 사사롭고 개인적인 세계는 그녀에게 속한 것이며, 마음의 문을 열고 생각이나 느낌을 나누고 싶은지 아닌지는 그녀가 결정할 일이라며 나의 철학과 태도를 알려줄 것이다. 그녀를 심리적으로 다그치지 않을 것이며, 자발적으로 이야기하고 싶어 하지 않는 일들을 캐내려고 하지 않을 것이다. 그녀에게 다른 사람과 자신의 내부 세계를 나눌 능력이 있음을 내가 확실히 믿고 있다고 말할 것이다. 마음의 문을 열고 싶어 하지 않을 때는 구태여 두드리려고 하지 않을 것이며, 의도적으로 접근해서 강제로 알려 하지도 않을 것이다. 딥스나 그녀 자신에 대한 이야기를 듣는 것도 좋겠지만 무엇보다도 그녀가 한 인간으로서 존중받고 있음을 알려주는 게 중요하기 때문이다.

그녀는 정시에 상담소에 도착했고, 우리는 곧 연구실로 들어갔다. 예전에 그녀는 응접실에서 기다리는 시간이 아주 불편하다고 말한 적이 있었다. 그리고 약속을 정확하게 지키는 것을 보면 그녀가 도착하는 즉시 만나는 게 중요하다고 생각되었다. 그녀를 쓸데없이 기다리게 하는 것은 좋지 않다고 판단했다.

그녀는 내 책상 옆 의자에 나와 마주볼 수 있게 앉았는데, 아주 창백했고 두 손을 꼭 잡고 있었다. 눈동자를 가볍게 움직여 나를 쳐다보다가도 곧 눈길을 돌렸다. 딥스를 놀이방에서 처음 봤을 때와 똑같았다. 담배를 권했지만 사양했다. 책상 위에 담뱃갑을 그냥 두었더니 가만히 밀어놓았다.

— 전 담배를 안 피워요, 전 괜찮으니 피우고 싶으면 피우세요.

— 저도 담배를 피우지 않습니다.

나는 처음 몇 분 동안의 긴장을 깨뜨리려고 담뱃갑을 천천히 책상 서랍에 집어넣었다. 그리고 그녀를 쳐다보았다. 그녀의 눈빛은 근심과 고통으로 얼룩져 있었다. 이야기하라고 강요하거나, 질문을 해서 선생님처럼 굴거나, 신통찮은 이야기를 하면서 시간을 보내지 않는 것이 중요했다. 딥스 어머니가 이런 걸 원한다면 문제가 다르지만 내가 먼저 그렇게 한다면 상담의 목적을 망쳐버리게 될 것이기 때문이다. 상담을 요청한 것은 그녀이고, 그렇게 한 데는 이유가 있을 것이다. 내가 그녀에게 상담을 요청했다면 상담을 이끌어가는 것이 내 책임일 테지만 말이다.

첫 면담에서는 이 순간이 아주 어렵고 중요하다. 처음 몇 분이 전체 상담의 효과를 크게 좌우하기 때문이다. 상담의 목적을 설명하거나, 보통 말하는 '경험을 구축한다'는 것 역시 너무 무의미한 일이기 때문에 어떤 설명도 덧붙이지 않아야 한다. 내가 이야기를 이끄는 것보다 딥스 어머니가 먼저 말을 꺼내는 것이 이야기를 건설적으로 이끌어갈 수 있는 방법임이 확실하다. 대화 역시 그녀가 이끌어가는 것이 더 효과적일 것이다. 말을 위한 말은 필요 없다.

— 어디서부터 시작해야 할지 모르겠어요.

— 알고 있어요. 때론 이야기를 시작하기가 어렵지요.

그녀가 미소 지었지만 감정이 메마른 미소였다.

— 이야기할 게 너무나 많아요. 말하지 않아야 할 것도 많고요.

— 그런 경우가 많죠.

— 어떤 일들은 도리어 말하지 않는 게 더 나을 때가 있어요.

딥스 어머니는 나를 똑바로 쳐다보았다.

— 때론 그렇지요.

— 그렇지만 말하지 못한 일들이 쌓여서 큰 짐이 될 수도 있어요.

— 네, 그런 일도 일어날 수 있지요.

그녀는 오랫동안 말없이 창밖을 내다보았다. 조금씩 편안해지는 모양이었다.

— 창밖 경치가 참 아름답네요. 저쪽 교회가 퍽 아름다워요. 크고 튼튼하고 평화로워 보여요.

— 네, 그래요.

그녀는 꼭 포개 얹은 손을 내려다보더니 고개를 들었다. 눈에 눈물이 가득했다.

— 전 딥스가 너무 걱정돼요. 정말 너무나 걱정스러워요.

생각지도 못한 말이었다. 난 되도록 자연스럽게 그 말을 받아들이려 노력했다.

— 딥스가 걱정이 되신다고요?

이 시점에서 그녀에게 왜냐고 묻는 것보다 나을 듯했다.

— 네. 몹시 걱정이 됩니다. 요즈음 딥스는 아주 불행해 보여요. 그 아인 날 쳐다보면서 늘 아무 말도 않고 서성여요. 요새는 자기 방에서 전보다 자주 나오긴 하지만, 그림자처럼 저만치 떨어져서 가만히 서 있기만 해요. 내가 말을 걸기만 하면 달아나요. 그러다가 다시 돌아와서는 비참할 정도로 슬픈 눈을 하고 저를 본답니다.

그녀가 책상 위에 있는 휴지를 뽑아 눈물을 닦았다.

이건 확실히 흥미로운 관찰이었다. 딥스가 이젠 자기 방에서 자주 나오고 있고, 최근엔 더 불행해 보인다는 것이다. 물론 그녀가 예전보다 딥스의 불행을 더 느끼게 되었을 수도 있지만, 딥스가 집에서 자신의 느낌을 더 분명히 드러내고 있는 것이다. 언어 능력이 뛰어난 데도 침묵을 지켜왔다는 것은 그 아이가 엄청난 내적 힘과 통제력을 가졌음을 의미한다.

한참을 침묵하던 그녀가 다시 말을 이었다.

── 그런 그 애를 볼 때마다 어떻게 해야 할지 모르겠어요. 꼭 무언가를, 제가 줄 수 없는 그 무언가를 바라는 것 같아요. 참 이해하기 힘든 아이랍니다. 저는 노력했어요. 정말 노력했어요. 하지만 실패했어요. 처음부터, 그러니까 아기였을 때부터 이해할 수 없었어요. 저는 딥스 이전엔 아이들에 대해 아는 게 아무것도 없었어요. 다른 보통 여자들만큼의 상식도 없었어요. 생물학적, 신체적, 의학적으로는 전부 알고 있었지요. 하지만 딥스를 이해할 순 없었어요. 딥스는 제 마음을 아프게 했어요. 태어날 때부터 우릴 실망시켰죠. 우리는 애초부터 아이를 가질 계획이 없었어요. 아이를 임신한 것은 실수였어요. 아이 때문에 모든 계획이 수포로 돌아갔어요. 저는 전문적인 직업을 가지고 있었고, 남편은 제 성공을 아주 자랑스러워했어요. 딥스가 태어나기 전에 남편과 저는 아주 행복했습니다. 그런데 딥스가 태어나자 너무 달라졌어요. 아이는 너무 크고 추하고 볼품없는 살덩어리였어요. 반응도 전혀 없고……. 사실상 딥스는 태어나는

순간부터 날 거부했어요. 내가 안을 때마다 빳빳해져서 울었지요.

그녀의 볼을 타고 눈물이 계속 흘러내렸다. 그녀는 휴지로 연신 눈물을 닦아냈다. 거의 흐느끼고 있었다. 내가 말하려 하자 그녀가 막았다.

── 미안하지만 아무 말씀도 하지 마세요. 적어도 이번만큼은 제 이야기를 하고 싶어요. 너무 오랫동안 이런 마음을 담고 살았어요. 제 가슴속에 무거운 바윗덩어리가 자리 잡았어요. 절 어떻게 생각하시든 그건 선생님 마음이지만 선생님께 이야기하고 싶어요. 이런 말을 하려고 한 것은 아니었어요. 만나자고 한 건 딥스에 관해 선생님께 묻고 싶은 게 있어서예요. 아이 아버진 어제 화가 나서 들어왔어요. 그이는 놀이치료가 딥스를 더 나쁘게 만든다고 생각해요. 그렇지만 선생님께 꼭 이야기해야 할 것들이 있어요. 전 너무 오랫동안 제 마음속에 그것을 가두어놓았어요.

임신 때문에 전 너무 힘들었어요. 임신 기간 내내 몸이 너무 안 좋았어요. 남편은 임신을 기뻐하지 않았고, 제가 피임을 잘 못했다고 생각했죠. 아이 참, 제가 그이를 탓하고 있군요. 저 역시 이 불행한 임신을 한탄했어요. 저희는 예전에 함께했던 일들을 하나도 할 수 없었어요. 아무 데도 갈 수 없었고요. 할 수 없었다기보다는 하지 않았지요. 남편은 점점 저에게서 멀어지고 일에만 파묻혔어요. 아시다시피 그이는 과학자예요. 아주 명석하지만 냉정하고 예민해요. 아마 선생님도 놀라셨을 거예요. 그에 대해선 더 이상 이야기하지 않겠어요. 유치원에서도 전혀 그런 말은 안 했어요.

다시금 그녀의 입가에 불행하고 메마른 듯한 미소가 떠올랐다.

—— 저는 임신하기 전에 외과 의사였어요. 제 일을 아주 좋아했지요. 외과의로서 성공할 수 있는 소질도 있었어요. 아주 어려운 심장 수술을 두 번이나 완벽하게 해냈거든요. 남편은 저를 아주 자랑스럽게 여겼어요. 우리 친구들은 모두 똑똑하고 재미있고 성공한 사람들이었어요. 그런데 딥스가 태어나서 우리의 계획과 삶을 망쳐버린 거예요. 전 아주 비참하게 실패했다고 느꼈어요. 일을 포기하기로 결정했어요. 가까운 직장 동료들은 저의 태도나 결정을 이해하지 못했지요. 전 딥스에 대해서 그들에게 이야기하지 않았거든요. 제가 임신한 걸 알고 있었지만 딥스에 대해서는 몰라요. 딥스가 정상이 아니라는 것이 곧 명백해졌으니까요. 아이를 갖게 된 것도 힘들었는데, 게다가 지적장애아를 가졌다는 것은 견딜 수 없는 일이었어요. 우리는 부끄럽기도 하고 모욕감을 느꼈어요. 저희 양가에 이런 경우는 전혀 없었답니다. 남편의 명석함은 전국적으로 알려져 있었고, 저 역시 남보다 늘 뛰어나다는 평가를 받았어요. 우리 둘은 지적인 측면, 뛰어나고 치밀하고 주목받을 만한 지적인 업적에 가치를 크게 두고 있었어요.

그녀는 잠시 쉬었다가 다시 이야기를 시작했다.

—— 양쪽 집안 모두 지적인 것에 가치를 두는 가정이었고, 우리는 그런 환경에서 성장했지요. 그런데 딥스는 이상했어요. 너무 동떨어

졌어요. 도저히 어떻게 손댈 수가 없게요. 말도 하지 않고, 놀지도 않고, 걷는 것도 느리고, 작은 들고양이처럼 사람에게 달려들고. 우린 너무 부끄러웠어요. 친구들이 딥스를 아는 것을 원치 않았어요. 저희는 점점 친구들과 사회적인 관계를 끊기 시작했지요. 친구들을 집으로 데려온다면 자연히 아기를 보려고 할 테니까요. 너무 창피했어요. 그리고 무엇보다도 내 자신에 대한 신뢰감을 모두 잃어버렸어요. 일을 하러 갈 수가 없었어요. 전 다시 수술을 할 수 없을 거란 걸 알았습니다.

딥스를 보낼 수 있는 곳은 한 군데도 없었어요. 우린 할 수 있는 한 최선을 다해서 문제를 해결해보려고 했지만 누구든 딥스에 대해 알게 되는 것이 두려웠어요. 그래서 그 애를 서부에 있는 신경과 의사에게 데리고 갔어요. 그런데 그 의사는 딥스가 이상이 없다는 거예요. 일 년쯤 후엔 다른 정신과 의사에게 데리고 갔지요. 그분도 이지역 의사가 아니었어요. 우리는 딥스의 정신 분석 및 심리 진단을 하려고 생각했어요. 지적장애가 아니라면 정신분열증이거나 자폐증일 거라고 여겼어요. 그 애의 증상으로 미루어볼 때, 분명히 뇌에 이상이 있는 것 같았거든요. 그런데 그 정신과 의사는 남편과 저를 면접하고 상담해야겠다고 주장했어요. 그래서 처음으로 의사에게 우리의 본명을 밝히고 면담에 응했어요.

그건 정말 끔찍한 일이었어요. 의사는 아주 무자비하게 개인적이고 사사로운 우리 생활에 대해서 캐물었어요. 전문적으로 필요한 것 이

상을 질문한다고 생각했는데, 사회복지사들은 도리어 우리가 적대
적이고 반항적이라고 했어요. 그 사람들은 무감각하고 무자비하게
남을 학대하면서 가학적인 기쁨을 느끼는 것 같았어요. 그 의사는
우리의 입장을 고려해서 솔직히 이야기하겠다고 말했어요. 딥스는
정신적 결함이 있는 아이가 아니고 정신병 환자나 뇌가 이상한 아
이도 아니라고, 자기가 보아온 아이 중 가장 심하게 정서적으로 상
처를 입은 아이고 도움을 받아야 할 사람은 바로 남편과 저라는 것
이었어요. 그러면서 우리 둘에게 정신과 치료를 받을 것을 제의했
지요. 우린 정말 충격을 받았어요. 남편과 저는 누가 봐도 정상인이
에요. 우린 자유롭고 편안한 사회생활을 해오진 않았지만, 친구들과
동료들은 우리를 존중했고 우리 나름대로의 사생활을 존중했습니
다. 우린 다른 사람과 어울릴 수 없을 만큼 개인적인 문제로 문제를
일으킨 적이 없었거든요. 우린 딥스를 다시 집으로 데리고 와서 우
리가 할 수 있는 한 최선을 다하기로 했어요. 하지만 이 일은 결혼생
활을 거의 파탄으로 이끌었어요.

우린 이러한 사실을 아무에게도 알리지 않았어요. 가족에게도, 유치
원 측에도요. 하지만 남편은 점점 더 멀어졌어요. 도로시는 딥스가
태어나고 일 년이 지난 후에 태어났어요. 다른 아이가 생기면 딥스
가 좀 나아질지도 모른다고 생각했지요. 그런데 둘은 잘 지내지 못
했어요. 도로시는 늘 완벽한 아이였어요. 도로시를 보고 딥스의 문
제가 우리의 잘못이 아님을 확신했어요. 그다음에 우리는 딥스를 사

립 유치원에 보냈지요. 선생님이 딥스를 만난 그곳이요. 선생님께 말씀드리지만, 정신적으로 장애를 가진 아이를 기르는 것이 얼마나 비참하고 괴로운 일인지 몰라요. 딥스가 가깝게 느꼈던 사람은 오로지 할머니뿐이었어요. 어머님은 딥스가 태어난 후 한 달 동안 우리와 함께 계셨고, 그 후 삼 년 동안 매달 한 번씩 찾아오셨어요. 플로리다주로 이사를 가신 후론 일 년에 두 번씩 오셔서 한 달간 머무르곤 하시죠. 딥스는 늘 할머니를 생각하며 할머니가 오기를 기다렸고, 또 할머니가 떠나는 걸 무척 싫어했어요. 그리고 할머니가 다시 오실 때까지 날짜를 헤아리는 듯했어요.

우린 딥스를 위해서 할 수 있는 일은 모두 했어요. 살 수 있는 것은 모두 사주었어요. 그런 것들이 도움이 되기를 바라면서요. 놀잇감, 음악, 놀이 기구, 책……. 딥스의 놀이방은 그 아이를 기쁘게 해주고, 도움이 되는 물건들로 꽉 차 있어요. 딥스도 때론 자기 방에 혼자 있는 것을 더 행복하게 느끼는 것 같았어요. 그래서 도로시를 근처의 기숙사가 있는 유치원으로 보냈지요. 도로시는 주말이나 방학 때 집으로 옵니다. 제 생각에 딥스는 도로시가 집에 없는 걸 좋아하고 도로시는 유치원에 있는 걸 좋아하는 것 같았어요. 두 아이는 사이좋게 지내지 못해요. 딥스는 여동생이 자기에게 가까이 가거나 자기 방에 들어오면 야수처럼 달려들었거든요.

요즈음 딥스는 아주 불행해 보여요. 뭔가 달라진 것 같아요. 그런데 어제 남편이 딥스를 집으로 데리고 왔을 때 아주 화가 나 있었어요.

딥스도 화를 냈고요. 남편은 딥스가 꼭 바보처럼 지껄였다고 말했어요. 딥스를 앞에 세워놓고 말이에요.

그녀가 울음을 터뜨리며 격렬하고 비통하게 흐느꼈다.

— 저는 딥스가 무슨 이야기를 했냐고 물었어요. 남편은 딥스가 그저 바보처럼 지껄이더라는 거예요. 딥스는 거실을 가로질러 가서는 의자를 내팽개치고 책상 위에 있는 물건들을 손으로 싹 쓸어 떨어뜨렸어요. "아빠 미워요. 난 아빠를 미워해요." 그러면서 남편에게 달려가서 막 발길질을 했어요. 남편은 딥스를 휘어잡고 한참 동안 실랑이를 하다가 결국은 딥스를 방까지 데리고 가서 집어넣은 뒤 문을 잠갔어요. 남편이 내려왔을 때 전 울고 있었어요. 남편이 제가 우는 걸 싫어한다는 걸 알고 있었지만 견딜 수가 없었어요. 전 그이에게 분명히 말했어요. "딥스는 지금 바보처럼 말하지 않았잖아요. 분명히 딥스는 당신을 미워한다고 했어요." 그랬더니 남편이 의자에 앉아서 흐느껴 울기 시작했어요. 겁이 났어요. 전 남자가 우는 것을 본 적이 없었어요. 더군다나 남편이 눈물을 흘리는 건 생각도 못 했어요.

와락 두렵고 겁이 났어요. 나처럼 그이도 겁에 질려 있는 것 같았거든요. 그 순간 우리는 어느 때보다도 서로 가깝다고 느꼈어요. 우리를 감싸고 있던 방어막이 없어지자 겁에 질리고, 외롭고, 불행한 사람들이 되었죠. 아주 끔찍한 기분이었지만, 한편으론 인간이기 때문에 실패할 수 있고, 실패한 것을 인정할 수도 있다는 사실에 안도했어요. 그래서 우리는 다시 정신을 가다듬었지요. 그이가 "딥스를 잘못 생각해왔는지도 모르겠다"고 했어요. 전 선생님을 뵙고 딥스에 대한 의견을 물어보겠다고 했죠.

공포와 고통이 담긴 눈이 나를 쳐다보았다.

— 말해주세요. 선생님은 딥스가 지적장애라고 생각하세요?

— 아니요, 전 딥스가 지적장애라고 생각하지 않습니다.

그녀가 질문한 것 외에 아무 말도 덧붙이지 않았다. 한동안 긴 침묵이 흘렀다. 그녀는 깊은 한숨을 쉬었다.

— 선······ 선생님 생각에는 그 아이가 괜찮아질 것 같으세요? 다른 아이들처럼 행동할 수 있을까요?

— 그렇다고 생각합니다. 그렇지만 더 중요한 것은, 제 생각입니다만, 저보다는 딥스 어머니가 훨씬 더 정확하게 알 수 있다는 것입니다. 딥스와 같은 집에 살고, 함께 이야기하고, 함께 놀고, 딥스를 관찰할 수 있는 분은 바로 어머님이니까요. 지금이라도 어머니께서 정확한 답은 아니라도 답을 주실 수 있을 것으로 생각하는데요.

그녀는 천천히 머리를 끄덕였다.

— 네.

거의 속삭임에 가까운 음성이었다.

— 전 그동안 딥스가 어느 정도의 능력이 있는 아이라는 것을 여러 번 보았어요. 그렇지만 집에서는 자기 모습을 나타낼수록 더 기분이 나빠지는 것 같아요. 이제는 집에서나 유치원에서 심한 짜증

을 부리진 않지만요. 어제 일은 짜증이 아니었어요. 그것은 딥스가 아빠 말에 모욕감을 느꼈기 때문에 항의한 것이었어요. 이제 딥스는 예전처럼 손가락을 빨지 않아요. 그리고 집에서 점점 이야기를 많이 하지요. 혼잣말이지만요. 아빠에게 소리친 건 예외예요. 딥스는 변해 가고 있어요. 좋아지는 것 같아요. 전 하나님께서 그 아이를 올바르게 해주시기를 바랄 뿐이에요.

그녀의 목소리에는 흥분한 기색이 역력했다.

── 저 역시 그렇게 되기를 바랍니다.

다시 긴 침묵이 흘렀다. 이윽고 그녀는 핸드백에서 화장품을 꺼내 얼굴을 매만졌다.

── 전 이렇게 운 적이 거의 없어요. 그런데 선생님은 예상하신 모양이에요. 아마 선생님 어깨에 기대어 우는 사람은 저 혼자만이 아닌 모양이죠?

그녀가 휴지 상자를 가리켰다.

── 네. 그런 분이 많아요.

그녀는 미소 지었다. 그녀와 딥스는 공통점이 많았다.

── 오늘 얼마나 고마운지 말로 다 표현할 수 없어요. 한 시간이 벌써 지났다니 믿을 수 없네요. 그런데 종이 울리는 소리를 들었어요. 열한 시죠?

그녀가 이 순간에 집에 가고 싶지 않다고 말한다 해도 난 놀라지 않았을 것이다.

── 여기에 있으면 어떤 땐 시간이 날아가는 것 같아요.

── 네, 그래요. 오늘 정말 감사합니다.

그녀는 일어서서 외투를 입고 방을 나갔다.

이처럼 감정을 폭발시키는─자주 일어나는 일이지만─경우를 유심히 살펴보면, 바로 거기에 인간의 동기와 행동이 복잡하게 얽혀 있음을 발견할 수 있다. 단 한 가지 경험 때문에, 또는 단순한 느낌에서 행동이 결정되는 일은 없다. 사람들에게 동기를 부여하고 한 사람의 반응을 결정하는 이면에는 그 사람 나름의 감정과 인생의 목표, 가치관과 얽혀진 경험의 축적이 있다. 딥스 어머니는 이야기를 시작하기 전에 무슨 말을 했던가?

'이야기할 게 너무나 많아요. 말하지 않아야 할 것도 많고요. 어떤 일들은 도리어 말하지 않는 게 더 나을 때가 있어요. 그렇지만 말하지 못한 일들이 쌓여서 큰 짐이 될 수도 있어요.'

그녀는 자신의 의식을 무겁게 누르는 요인들을 알고 있었다. 이야기하기를 원치 않았던 일들을 그녀는 잘 알고 있었다. 자신들의 비밀을 드러나지 않게 하려고 끊임없이 경계해야 했기 때문에 그것들을 더 잘 알고 있었을 것이다. 아마도 그녀나 그녀의 남편은 어린 시절에 명석한 지능만이 자신을 방어해준다고 느꼈을 것이다. 지능을 방패로 삼았기 때문에 스스로 감정을 이해하거나 건설적으로 해소해내는 법을 전혀 배울 수 없었을 것이다.

딥스도 역시 이것을 배웠다. 불안을 느끼면 눈에 보이는 모든 것을 읽음으로써 감정적인 것과 직접 맞서는 기회를 묘하게 빠져나갔던 것이다.

딥스의 부모 역시 스스로를 이해하지 못하고 정서적으로 성숙하지 못한 피해자였다. 그들은 딥스와 애정 어린 관계를 형성하지 못하고 있음을 예민하게 느꼈다. 아마 도로시하고도 마찬가지일 것이다. 그들은 불안정하고 부적당하게 느껴지는 깊은 감정의 심연에서 발버둥치고 있었다.

딥스가 지적장애냐고 물었을 때, 나는 그녀에게 그렇지 않을 뿐더러 오히려 천재적인 지능을 가졌노라고 강조해줄 수도 있었다. 그렇지만 이 시점에서 그러한 평가는 좋은 결과를 낼 수 없을지도 모른다. 그렇게 말했다면 전날 있었던 사건에 대한 그들의 죄의식을 강화시켰을 것이다. 혹은 그들이 내 견해를 받아들여 딥스의 발달 중에서 천재적인 지적 능력만을 중요하게 생각할지도 모르는 일이었다.

딥스는 이미 자신의 지능을 충분히 이용하고 있었다. 다만 문제가 되는 건 지능 발달이 느려서가 아니라 전반적인 발달에 불균형이 왔기 때문이었다. 그들은 딥스를 자신들의 정서적, 사회적 무능이 집약된 분신으로 보기보다는, 아예 정신적 결함이 있는 아이로 보기를 선택했는지도 모른다. 물론 이건 내가 혼자 추측한 것이다.

문제의 핵심은 사람들의 행동 뒤에 숨겨진 원인을 지적으로 진단하는 것이 아니다. 흔히 사람들은 자신이 '왜' 이렇게 행동하는지 알면 고칠 수 있다고 생각한다. 하지만 가장 중요한 변화는 외적 행동에 있으며, 이 행동의 변화가 나타난 후에야 점차 동기와 감정까지 변화된다. 동기와 감정이 변하는 데는 시간이 더 걸린다. 그리고 그렇게 되려면 다른 사람과의 관계에 들이던 노력까지도 모두 자기 자신에게 쏟아부어야 한다. 그러면 외적인 행동이 그렇지 않다고 하더라도 그 자신의 세계에서 스스로를 존중하게 되는 것이다. 인격 형성과 정신치료에 대해서는 이론이 많다. 그리고 이론만큼이나 다양한 치료 방법이 시행되고 있다.

딥스 어머니의 경우, 자기 자식의 천재적인 지적 능력을 모를 리가 없다. 다만 그녀의 전반적인 경험을 살펴볼 때에 지적인 성취만으로는 만족할 만한 답이 될 수 없었을 것이다. 자신의 자녀와 사랑, 존경, 이해의 관계를 맺지 못한 건 그녀가 어렸을 때 정서적으로 만족을 얻지 못했기 때문일 것이다. 그런 가장 기본적인 경험을 가져보지 못한 사람이 어떻게 다른 사람을 사랑하고 존경하고 이해할 수 있겠는가?

딥스 어머니와의 면담에서 그녀가 도움을 받았으리라고 여겨지는 것은, 자신이 존중받고 이해받고 있음을 알게 된 것이다. 물론 그 이해는, 자신의 행동에는 반드시 이유가 있고, 스스로에겐 변화할 능력이 있음을 안 것이다. 그러나 변화하려면 스스로 자기 자신의 두꺼운 껍질을 깨고 나와야 하는 것을 알아야 한다. 어떤 변화든, 그녀나 딥스의 아버지 또는 딥스의 변화는 다양한 경험이 쌓여야 생긴다는 것, 이런 다양한 경험이 갖고 있는 심리적 개념을 스스로 파악해 표현해야만 가능하다는 것을 알아야 한다. 그녀는 이 과정을 어떻게 표현했던가?

'우리를 감싸고 있던 방어막이 없어지자 겁에 질리고, 외롭고, 불행한 사람들이 되었죠……. 하지만 한편으론 인간이기 때문에 실패할 수 있고, 실패한 것을 인정할 수도 있다는 사실에 안도했어요.'

다시 아기가 될 거예요

다음 주 목요일, 딥스는 아주 행복한 모습으로 왔다. 딥스 어머니
가 미리 전화를 걸어, 딥스가 소아과에 가서 예방 접종을 해야 하니
15분 정도 일찍 가도 되느냐고 물었다. 나는 좋다고 대답했다.

— 오늘 의사 선생님에게 가서 주사를 맞는 날이에요. 예약해놓
았어요.

놀이방에 들어오자마자 딥스가 말했다.

— 그래, 알아. 시간에 맞춰 갈 수 있을 거야.

— 시간을 바꿔서 좋아요.

딥스가 환하게 웃었다.

— 그러니? 왜?

— 기쁘게 느끼니까 기쁘죠.

그러고는 곧 인형집으로 걸어갔다.

— 내가 할 일이 있구나.

— 할 일이 무엇인데?

— 이거요.

딥스가 인형집을 가리켰다.

— 집을 잘 고정하고 잠가야 해요. 문을 잠가! 창문도 닫고.

딥스는 놀이방 창가로 걸어가서 밖을 내다보았다. 그리고 나를
돌아보았다.

— 해가 비쳐요. 오늘은 밖이 아주 따뜻해요. 옷을 벗어야지.

딥스는 혼자서 모자와 외투와 덧바지를 벗어서 문고리에 걸었다.

— 나 오늘은 그림을 무척 그리고 싶어요.

— 그러니? 그건 네 맘이지.

— 네. 그건 내 맘이에요.

딥스가 화판이 있는 곳으로 갔다.

— 뚜껑을 열고 색깔마다 칠해볼 거야. 이제 색깔을 순서대로 놓
아야지. 빨강, 주황, 노랑, 파랑, 초록.

아이는 나를 슬쩍 돌아보며 기분이 좋은 듯 말했다.

— 어떤 건 내 맘이지만 어떤 건 그렇지 않아요.

— 그래, 그건 맞는 말이야.

— 정말이에요.

딥스는 물감들을 색깔 순으로 배열하는 일을 계속했다. 그러고 나서 종이 위에 물감으로 줄을 긋기 시작했다.

— 어이쿠! 물감이 흐르네. 크레용은 흐르지 않는데. 크레용은 칠한 그대로 있는데, 물감은 안 그래. 자꾸 흘러. 주황색 물감을 한 번 칠해봐야지. 봐, 흐르지? 그러면 초록색 줄 밑으로 뚝뚝 떨어져. 떨어지는 것은 닦아야지.

딥스는 손가락으로 거울벽을 똑똑 두드렸다.

— 저쪽엔 다른 사람의 방이 있어요. 그전엔 어떤 사람들이 캄캄한 방에 앉아 있었는데 오늘은 없네요.

나는 예상치 못했던 말에 깜짝 놀랐다.

— 그렇게 생각하니?

— 나는 알아요. 작은 소리들과 숨죽인 목소리들을 들었어요.

놀라운 일이다. 이렇듯 어린아이들은 그때그때 얘기하지 않아도 주위 사람들에 대해 민감하게 인식한다. 어른도 마찬가지다. 아마도 사람들은 자신이 경험한 것의 아주 작은 부분만을 다른 사람에게 말하며 살 것이다.

— 선생님도 알았어요?

— 그래.

딥스는 다시 화판으로 돌아가서 종이 위에 더 많은 색깔로 줄을 그었다.

— 이건 내 마음의 줄이고 선이에요.

── 그러니?

── 네. 난 이제 병정을 끄집어내야겠어요. 이 특별한 병정을요!

딥스는 화판이 있는 곳에서 모래 상자가 있는 곳으로 가면서 잠시 내 옆에 머물러 내 공책을 유심히 쳐다봤다. 나는 딥스가 사용한 색깔들의 이름을 첫 자만 간략히 적어두었고, 말은 쓰지 않고 행동만을 기록했다. 말은 보이지 않는 관찰자가 녹음을 하면서 열심히 기록하고 있으니까.

── 어어! 글자를 다 쓰세요. R은 빨강이니까 R－E－D, O는 주황색이니까 O－R－A－N－G－E, Y는 노란색이니까 Y－E－L－L－O－W, 이렇게요.

딥스는 이런 식으로 색깔들의 알파벳을 다 불렀다.

── 네가 색깔 이름을 모두 쓸 수 있으니까 나도 그렇게 해야 할 것 같니? 만일 내가 약자로 쓰고 싶다면?

── 으음, 글쎄요. 하지만 그렇게 하지 마세요. 언제든지 일은 올바르게 하세요. 색깔들은 철자에 맞게 쓰세요. 맞게 하세요.

── 왜?

딥스가 활짝 웃었다.

── 내가 그렇게 하라고 하니까요.

── 그것이 충분한 이유가 될까?

── 네. 하지만 선생님이 선생님 방법대로 하고 싶다면 할 수 없지요.

딥스는 책상 쪽으로 걸어가 항아리에서 찰흙 한 덩이를 꺼내 공중
으로 던졌다가 받아서는 다시 항아리 속에 넣었다. 쓰레기통 옆 마
루에 조그만 그림이 있었다. 딥스가 그것을 집어 들었다.

— 와! 이걸 정말 갖고 싶어요. 이걸 자를 거예요. 여기 있는 작은
그림들을요. 가위가 어디 있어요?

나는 딥스에게 가위를 하나 내주었다. 딥스는 그림을 오렸다. 그
리고 인형집이 있는 곳으로 걸어갔다.

— 오늘 난 할 일이 있어요.

— 그래?

— 네.

딥스는 아주 조심스럽게 인형집에 붙어 있는 벽들을 떼 모래 상자
로 가져갔다. 그러고는 삽을 들고 모래에 깊은 구덩이를 파더니 벽을
세우려 했다. 마침내 딥스는 그 일을 해냈다. 작은 자동차 하나를 골
라서 모래 상자 이곳저곳으로 밀고 다녔다. 딥스는 모래 상자 가장자
리에 걸터앉아서 아주 어색하고 불편한 자세로 모래 속을 살폈다.

— 난 모래 상자 안으로 쑥 들어갈 거예요.

딥스는 모래 상자 속으로 기어들어가 한가운데 앉아 싱긋 웃었다.

— 오늘 난 모래로 들어가요. 조금씩 조금씩 난 모래로 들어가요.
아주 들어가려면 조금밖에 남지 않았어요. 이젠 다 들어갔어요.

— 그래, 넌 정말 다 들어갔어. 그리고 오늘 넌 모래 속에 쑥 들어
갔어.

— 모래가 내 신발 속으로 들어오고 있어요. 난 신발을 벗을래요.

딥스는 신발을 한 짝 벗더니 발을 모래 속으로 쑥 넣었다. 그리고 엎드려 모래에 얼굴을 대고 뺨을 비비기도 하고, 혀를 내밀어 모래 맛을 보기도 했다. 딥스가 모래를 씹으면서 나를 올려다보았다.

— 야! 이 모래는 단단하고 뾰족하고 아무 맛도 없어요. 아무 맛이 없는 건 이런 건가요?

딥스는 모래 한 줌을 쥐어서 머리 위에 줄줄 뿌렸다. 그리고 머리카락 속으로 모래를 비벼 넣으며 웃었다. 갑자기 딥스가 한 발을 공중으로 올렸다.

— 보세요! 양말에 구멍이 있어요. 난 한쪽 발에 구멍 난 양말을 신었어요.

— 정말 그렇구나.

딥스는 모래 상자 속에서 쭉 활개를 펴더니 굴렀다. 모래 속으로 움칫움칫 파고들어 손으로 모래를 파서 자기 몸 위에 덮었다. 자유롭고 개방적이고 편안하게 움직이고 있었다.

— 제게 젖병 좀 주세요.

딥스가 명령했다. 나는 젖병을 건네주었다.

— 난 이 모래 상자가 내 작은 요람이라고 생각할 거예요. 난 작고 귀엽고 동그란 공처럼 작아질 거예요. 그래서 다시 아기가 될 거예요.

딥스는 정말 몸을 오므리고 젖병을 빨더니 갑자기 일어나 앉아서 싱긋 웃으며 나를 쳐다보았다.

　── 선생님에게 노래를 한 곡 불러드리겠어요. 노래를 하나 만들
어서 선생님을 위해 부르겠어요. 아시겠어요?

　── 그래, 알겠어.

　── 전 지금 생각하고 있어요.

딥스는 다리를 꼰 채 앉아서 말했다.

　── 좋아! 생각하려무나. 네가 그렇게 하고 싶다면 말이야.

딥스가 웃었다.

　── 난 노래를 부르면서 가사도 만들 거예요.

　── 좋아.

딥스는 깊은숨을 내쉬고는 노래를 부르기 시작했다. 딥스는 멜로
디도 작곡할 수 있는 것 같았다. 아름다운 선율에 맑고 달콤한 목소
리였다. 그런데 작사한 말들은 운율의 느낌과는 대조적이었다. 두
손을 꼭 잡은 진지한 표정은 꼭 어린이 합창단원 같았지만, 가사는
소년 합창단이 부를 만한 것이 아니었다.

오, 난 미워요, 미워요, 미워요.

난 벽이랑 잠긴 문이랑, 나를 그 속에 처넣은 사람들이 미워요.

난 눈물과 화난 말들도 미워요.

난 작은 손도끼와 망치로 그 사람들을 때려죽일래요. 침을 뱉을
래요.

딥스가 모래 속에서 놀잇감 병정을 꺼내더니 고무로 된 도끼로 막 두들기고 침을 뱉었다.

난 네 얼굴에 침뱉고 있어.
난 네 눈에도 침을 뱉을래.
난 네 머리를 모래 속에 깊이 파묻을 거야.

딥스의 목소리는 달콤하고 맑게 울렸다.

그리고 새들은 동쪽에서 서쪽으로 날아다닐 거예요.
난 새가 되고 싶어요.
그러면 나는 벽을 훨훨 넘고 문도 넘어서 적들로부터 멀리멀리 도망갈 거예요.
난 세상을 훨훨 날아다니다가 모래로 다시 올 거예요.
놀이방으로 올 거예요. 내 친구한테 말이에요.
난 모래를 팔 거예요. 모래에 묻힐 거예요.
모래를 뿌릴 거예요. 모래에서 놀 거예요.
모래를 한 알 한 알 셀 거예요. 그리고 난 다시 아기가 될 거예요.

딥스가 다시 젖병을 빨았다. 나를 보며 웃었다.
── 선생님, 내 노래가 어땠어요?

── 대단한 노래였어.

── 네, 대단한 노래예요.

딥스는 말하면서 내게로 걸어와 내 시계를 들여다보았다.

── 10분 더 남았네요.

딥스는 열 손가락을 펴 보였다.

── 그래, 10분 더 남았어.

── 선생님도 이제 10분이 지나면 곧 집에 갈 시간이라고 생각하시겠지요?

── 맞았어. 그게 바로 내가 생각한 거야. 그런데 네가 생각한 것은 뭐지?

── 아하, 알고 싶으세요? 나는요, 이제 곧 집에 갈 시간이라고 생각했어요. 나머지 병정들을 꺼낼래요. 이 두 사람은 총을 가지고 있어요. 그리고 이 비행기, 비행기가 새처럼 날아요. 오오! 비행기에 모래가 꽉 찼네. 날아라, 날아라, 하늘 높이 날아라.

딥스는 비행기를 높이 들고 리듬에 맞춰 이리저리 돌아다녔다.

오오, 비행기! 나에게 말해줘! 넌 얼마나 높이 날 수 있어? 너는 푸른 하늘을 얼마나 높이 날 수 있겠니? 넌 하늘보다 더 높이 날 수 있니? 그렇게 높은 꼭대기에 비를 잡아둘 수 있는 구름과 바람이 있는 곳까지도? 너는 날 수 있니? 말해봐, 사랑스러운 비행기야! 넌 날 수 있니? 오오, 비행기……!

갑자기 딥스가 행동을 멈췄다. 비행기를 모래로 떨어뜨렸다. 모든 충만함과 기쁨이 일시에 빠져나가는 것 같았다.

— 도로시가 있어요.

딥스는 모래 상자로 기어들어가서 삽으로 인형집의 문과 벽들을 파냈다.

— 이것들은 아직 파묻을 수 없어요.

딥스는 이마를 찌푸리고 괴로운 듯이 입술을 꽉 문 채 나를 보았다.

— 이제 9분 남았어요?

그의 목소리는 슬픔으로 착 가라앉아 있었다.

— 아니 5분밖에 안 남았어.

— 어? 나머지 4분은 어디로 갔어요?

딥스가 손가락 네 개를 꼽았다.

— 넌 4분이 얼마나 빨리 지나갔는지 생각 못 했구나?

— 곧 집에 갈 시간이겠네요. 난 지금 집에 가고 싶지 않지만 아무래도 시간이 다 되어서 돌아가야겠네요.

— 그래, 곧 끝날 시간이 가까워질 거야.

이때 창밖에서 트럭이 떠나는 소리가 들렸다.

— 우리 트럭이 가네요. 선생님, 들려요?

— 그래, 들었어.

— 트럭도 집에 가야 하는 시간이에요.

— 그런 것 같구나.

─ 트럭도 집에 가고 싶지 않을지 몰라요.

─ 그럴 수도 있지.

─ 이제 몇 분 더 남았지요?

─ 3분.

딥스는 양손에 들고 있는 인형집 문을 쳐다보았다.

─ 이걸 인형집에 다시 붙여놔야겠어요. 그리고 창문을 다 잠가야겠어요. 못 박을 망치가 어디 있지요?

─ 이 방엔 그런 게 없어. 그걸 선반 위에 놔두거나 인형집 안에 놔두려무나. 만일 네가 원한다면 일하는 분이 와서 나중에 붙여놓을 테니까.

딥스는 그걸 책상 위에 놓았다가 다시 마음을 바꿔 인형집 속에 놓았다. 그리고 인형집 창문들을 다 닫았다.

─ 신발 신는 거 도와주세요.

신발을 신겨주는 동안 딥스는 작은 의자에 앉아 있었다.

─ 모자랑 외투 입는 것도 도와주세요.

갑자기 딥스는 아주 무기력해진 것 같았다.

─ 사람들은 집 속에서 다 자고 있어요. 그리고 밖은 이른 봄날 밤이에요. 어둡고 졸릴 때요. 사람들은 자면서 "자고 또 자자. 여긴 어떤 땐 따뜻하기도 하고 어떤 땐 춥지만 늘 안전하잖아." 해요. 자고 기다리고 자고 기다리고…… 그리고 그 집에는 다른 문이 또 달려 있어요. 그 문은 밖으로도 열리고 안으로도 열려요. 언제든지 문

으로 가까이 걸어가면 문이 활짝 열려요. 자물쇠도 없고 열쇠도 없고, 꽝 닫히지도 않고. 이젠 '안녕' 해야겠어요.

딥스는 내 앞에 서서 진지한 눈으로 쳐다보며 "꼭 기다리세요. 다음에 올 거예요"라고 덧붙였다.

— 그래, 넌 다음에 다시 올 거야. 내가 계속 기억하고 있을게.

딥스가 쓰레기통 안에 있는, 오려낸 작은 동물 그림을 들었다.

— 이거 갖고 싶어요. 가져도 돼요?

— 그래.

딥스는 동물 그림을 주머니에 넣었다.

— '그래! 딥스야, 그것을 집에 가져가도 좋아. 네가 원한다면 그래도 좋아'라고 말하세요.

— 그래! 딥스야, 그것을 집에 가져가도 좋아. 네가 원한다면 그래도 좋아.

나는 딥스가 말한 대로 따라 했다. 딥스는 웃으며 내 손을 토닥였다.

— 아주 좋아요.

딥스는 문을 열고 복도로 한 발짝 내디뎠다. 그러더니 돌아서서 내 손목시계를 보고는 다시 문을 꽝 닫았다.

— 아니에요. 아직 시간이 안 됐어요. 4시 15분 전이잖아요. 나는 교회 종이 울릴 때까지 기다릴래요.

— 오늘은 일찍 왔으니까 일찍 가야 해. 너는 한 시간 꼬박 있었잖아.

딥스가 한참이나 나를 똑바로 쳐다보다가, 분명한 어조로 또박또박 말했다.

— 오는 시간은 빨랐지만 가는 시간은 똑같이 할래요.

— 안 돼. 오늘은 가는 시간도 빨라야 해.

— 아, 아니에요. 일찍 왔지만 일찍 가진 않을래요.

— 아냐, 일찍 가야 해. 오늘은 의사 선생님에게 가야 하잖아. 기억하지?

— 그걸 기억하는 것과 이 일은 아무 상관이 없어요.

— 지금 가고 싶지 않구나. 하지만…….

— 그래요.

딥스는 내 말을 막고는 오랫동안 나를 쳐다보았다.

— 아직 잘 모르겠니?

딥스는 한숨을 쉬었다.

— 아뇨, 잘 알아요. 좋아요. 이제 갈래요. 의사 선생님이 주삿바늘로 도로시를 찔렀으면 좋겠어요. 그래서 도로시가 비명을 지를 때까지 아프게 했으면 좋겠어요. 그러면 나는 속으로 웃으면서 도로시가 아픈 걸 즐길 거예요. 하지만 겉으로는 아무렇지도 않은 척할 거예요. 안녕! 다음 주 목요일에 다시 만나요.

딥스는 복도를 걸어 나가 어머니와 도로시가 기다리고 있는 대기실로 들어갔다. 그는 여동생을 무시하고 어머니의 손을 잡더니 아무 말 없이 상담소를 떠났다.

아빠를 산 아래 묻고 싶어

    다음 주 딥스는 편안하고 안정된 발걸음으로 놀이방에 들어섰다. 문 앞에 잠깐 멈춰 서서 달린 팻말을 돌려놓더니, 소리 내어 읽었다.

    ── 방해하지 마시오.

    딥스는 놀이방에 들어와 모자와 외투를 벗어 문손잡이에 걸은 후 구두를 벗어 그 밑에 놓았다. 방 안에 흩어져 있는 네 개의 놀잇감 총들을 주워서 인형극을 하는 방에 갖다 놓았다. 그러더니 모자와 외투도 인형극 극장에 넣었다. 그런 후 책상에 앉아서 프로펠러가 부러진 놀잇감 비행기를 능숙하게 고쳤다.

    딥스가 농장 동물들이 들어 있는 상자를 가져와서 이름을 부르면서 분류하기 시작했다. 다 끝내자 모래 상자 속으로 들어가 거기에 있는 작은 집을 들여다보았다.

— 저기요, 이것과 똑같이 생긴 걸 렉싱턴가에 있는 철물점에서
보았어요.

— 그랬어?

— 네, 그랬어요. 아주 똑같았어요. 크기도 같고 색깔도 같고 양철
로 만들었고요. 가격은 2달러 98센트였어요.

딥스는 인형집을 뒤집었다.

— 집들은 모두 상자 속에 납작하게 들어 있었어요. 그것들을 조
립하면 집이 돼요. 이것과 정말 똑같았어요.

손가락으로 집을 두들기면서 "아주 얇은 양철 조각이에요"라고 말
했다. 딥스가 라디에이터를 쳐다보았다.

— 오늘 여기는 좀 더운데, 라디에이터를 꺼버려야지.

몸을 굽혀 라디에이터를 껐다.

— 철물점에는 놀잇감들이 아주 많아요. 이것과 아주 비슷한 작
은 트럭도 있었어요.

작은 트럭을 하나 들어 보였다.

— 조그만 손잡이가 달린 덤프트럭이 있는데요, 손잡이를 돌리면
모래를 쏟아낼 수 있어요.

— 네가 들고 있는 트럭과 같은 거니?

딥스는 무슨 이유에서인지 잠시 더듬거렸지만 당황하지 않고 느
긋했다.

── 이것과 굉장히 비슷하지만 아주 똑같지는 않아요. 거의 비슷한 크기라고 할 수 있어요. 이것과 같은 기계 장치를 갖고 있어요. 그렇지만 그 트럭의 색깔은 달라요. 다른 페인트를 칠했고, 옆면에 이름이 쓰여 있었어요. 그 트럭 철판이 좀 더 두꺼웠어요. 상점에서는 하나에 1달러 75센트를 달래요.

딥스는 작은 트럭에 모래를 채우고 손잡이를 돌려 트럭의 몸체를 들어 올리며 모래를 쏟아버렸다. 이 놀이를 반복했다. 아이의 앞에 조그만 모래 동산이 생겨났다.

── 내가 올라갈 수 있는 산을 만들어야지. 전쟁놀이를 해야지.

딥스는 모래 상자에서 뛰어나와 급히 놀이방을 가로질러 가서 북을 가지고 왔다. 그러고는 모래 상자 가에 앉아서 북채로 북을 치기 시작했다.

재미있는 재미있는 북아, 여러 가지 소리가 가득한 북아, 느린 소리, 빠른 소리, 부드러운 소리, 둥, 둥, 둥! 북이 나가신다. 싸워라! 싸워라! 싸워라! 북이 말한다. 와라! 와라! 와라! 북이 말한다. 나를 따르라! 나를 따르라! 나를 따르라!

딥스는 북을 조심스럽게 모래 상자 가장자리에 올려놓고는, 모래 상자 속으로 들어가 빠른 속도로 모래산을 쌓았다.

── 이제 나는 일을 시작할 거야. 높은 산을 만들어야지. 아주아주

높은 산. 그러면 병정들은 모두 그 산꼭대기에 오르려고 싸우는 거야. 병정들은 산에 오르고 싶어 해.

몇 개의 병정을 골라서 산을 오르는 것처럼 여러 형태로 모래산 위에 놓았다.

— 병정들이 모두 산꼭대기에 오르려고 하는 것 같구나. 그렇지?

— 네, 그럼요. 병정들은 올라가려고 그래요.

딥스는 병정 전부를 산 위에 올려놓았다.

— 병정들을 많이 많이 가져와야지. 모두 산 위로 올라가게 해야지. 맨 꼭대기까지. 올라가기만 하면 맨 꼭대기에 무엇이 있는지 아니까. 그래서 병정들은 꼭대기에 올라가려고 그러는 거야.

딥스가 나를 보았다. 눈이 반짝였다.

— 이 산꼭대기에 무엇이 있는지 알아요?

— 아니, 무엇이 있지?

딥스는 자기만 알고 있다는 듯이 아무 말도 하지 않고 웃기만 했다. 딥스는 꼭대기를 향해 병정들을 조금씩 움직여 갔다. 그러나 병정들이 거의 꼭대기에 다다르자, 꼭대기에 모래를 주르륵 흘려서 조금 더 높게 만들었다. 그러고는 천천히 병정들을 하나씩 하나씩 아래로 내려보냈다. 하나씩 행진시켜 모래 상자 속에 서 있는 조그만 양철집으로 들여보냈다.

— 병정들은 오늘 꼭대기에 올라갈 수 없었어요. 모두 제집으로 돌아갔어요. 그들은 뒤로 돌아서서 손을 흔들었어요. 슬프게 손을

흔들었어요. 병정들은 산꼭대기에 올라가기를 원했어요. 그렇지만 아무도 오늘은 올라갈 수 없었어요.

— 그래서 병정들이 슬펐겠지. 그렇게 원했던 것을 할 수 없었기 때문에. 그렇지?

— 그래요.

딥스가 한숨을 쉬었다.

— 병정들은 산꼭대기에 오르기를 원했고, 그렇게 하려고 했어요. 그러나 그렇게 할 수 없었어요. 병정들은 그들의 산을 발견했고 산꼭대기로 올라갔어요. 위로 위로 위로, 꽤 올라갔어요! 그리고 한동안 꼭대기에 올라갈 수 있다고 생각했어요. 병정들은 올라갈 수 있다고 생각하는 동안은 행복했어요.

— 그냥 꼭대기에 오르려고 애쓰는 것만으로도 행복했다고?

— 네, 산을 오른다는 건 그런 거예요. 산에 오르신 적이 있어요?

— 그래. 딥스야, 넌?

— 네, 한 번 있어요. 꼭대기에는 못 올랐어요. 그렇지만 나는 산 밑에 서서 위를 올려다보았어요. 나는요, 모든 아이들이 자기만 오를 수 있는 동산을 자기 것으로 가지고 있어야 한다고 생각해요. 또 모든 아이들이 하늘 위에 별 하나를 자기 것으로 갖고 있어야 한다고 생각해요. 그리고 자기 것으로 나무 하나를 갖고 있어야 한다고 생각해요. 이것이 내가 '그래야 한다'고 생각하는 거예요.

딥스는 말하면서 고개를 끄덕여 강조했다.

── 그런 일들이 네게는 중요하게 생각되는구나, 그렇지?

── 네, 아주 중요해요.

딥스는 양철 삽을 들더니 열중해서 깊은 모래 구덩이를 팠다. 나는 딥스가 병정 중의 하나를 따로 골라놓은 것을 발견했다. 구덩이를 다 파자 그 병정을 조심스럽게 구덩이 밑바닥에 뉘어놓고, 삽으로 모래를 퍼 덮었다. 구덩이가 다 채워지고 무덤이 되자 삽 등으로 무덤 위를 다졌다.

── 이 병정은 이제 묻혔어요. 이 높은 산에 올라갈 기회도 얻지 못했어요. 그러니 꼭대기에 올라가지도 못했죠. 아, 이 병정도 올라가고 싶었는데. 다른 병정들과 같이 있기를 바랐는데. 희망을 갖기를 원했고 한 번 시도해보기를 원했는데, 이 병정은 기회를 얻지 못하고 묻혀버렸어요.

── 음, 그 병정은 묻혀버렸구나. 그 병정은 산에 올라갈 기회를 얻지 못했고 꼭대기에 오르지도 못했구나.

── 그는 묻혀버렸어요.

딥스는 내 쪽으로 몸을 기울이면서 말했다.

── 그는 묻혔을 뿐만 아니라 내가 그 위에 크고 높은 산을 만들 거라서, 결코 무덤에서 빠져나올 수 없을 거예요. 그는 결코, 결코, 결코, 다시는 어느 산에도 오를 기회를 얻지 못할 거예요!

딥스는 손을 크게 벌려 모래를 한 움큼 쥐어 병정이 묻혀 있는 무덤 위에 산을 만들기 시작했다. 산이 다 만들어지자, 손에 묻은 모래를 털고 다리를 꼬고 앉아 산을 쳐다보았다. 딥스가 조용히 말했다.

── 저건 아빠였어요.

── 산 아래 묻힌 것이 아빠였니?

── 네, 아빠였어요.

이때 교회 종이 울렸다. 딥스는 종소리를 따라 셌다.

── 하나, 둘, 셋, 넷, 네 시다. 우리 집에도 시계가 있어서 시계를 볼 줄 알아요.

── 그래? 시계를 볼 줄 아는구나.

── 네, 시계에는 여러 가지 종류가 있어요. 어떤 것은 태엽을 감고, 어떤 것은 전기시계고, 어떤 것은 경종이 있고, 어떤 것은 노래가 나와요.

── 네 시계는 어떤 거지?

지적인 대화를 통해서 '아빠를 묻은 일'로부터 달아나려는 것 같았다. 나는 자연스럽게 딥스를 따라갔다. 딥스가 아빠에 관한 생각을 이겨나가는 데는 조금 시간이 걸릴 것이다. 지나친 일을 했다고 느껴서 스스로 감당하지 못하거나, 방금 한 일 때문에 겁이 났거나, 물질적인 것─시계 같은 것─에 대해 얘기함으로써 도피처를 구하거나 할 때에도, 나는 성급하게 그 아이의 느낌을 캐고 들어가지 않을 것이다. 딥스는 이미 노는 중간중간에 자신의 감정을 매우 정확히 표현해내고 있으니까.

── 내 시계는 노래가 나오는 자명종이에요. 내가 태엽을 감아요.

나는 또 손목시계도 있고 라디오도 갖고 있어요.

딥스는 북을 들고 천천히 두드렸다.

── 아빠를 위해 북을 치는 거예요.

── 그러니? 그 느린 북소리는 아빠를 위한 거야?

── 네.

── 북이 지금 뭐라고 말하고 있는데?

딥스는 북을 천천히 그리고 의식적으로 두드렸다.

── 자 라, 자 라, 자 라, 자 라, 자라, 자라, 자라자라, 자라자라
자라!

딥스는 한 글자씩 소리 내어 말하면서 점점 박자를 빨리했다. 나
중엔 아주 정신없이 두드렸다. 그러고는 고개를 숙인 채 자리에 앉
았다. 더 이상 북은 치지 않았다. 그는 일어서서 인형 극장에 가만
히 북을 갖다 놓고 문을 닫았다.

── 너를 여기 놓아둘게, 북아. 북을 이 방 속에 놓고 문을 닫을게.

딥스는 모래 상자로 다시 걸어와 산으로 덮인 무덤을 내려다보았
다. 그러더니 인형극을 하는 방으로 들어가 안에서 문을 닫았다. 삼
각형으로 생긴 그 방에는 주차장이 내려다보이는 작은 창문이 하나
있었다. 이 창문을 통해 딥스는 교회 뒤편을 볼 수 있었다. 나는 딥
스를 볼 수 없었지만 아이가 가라앉은 목소리로 혼자 얘기하는 것을
들을 수 있었다.

── 교회 뒤편이 보여. 아주 크고 큰 교회. 하늘 높이 솟은 교회. 음

악이 들려오는 교회. 네 시가 되면 하나, 둘, 셋, 넷, 종이 울리는 교회. 나무 막대기로 둘러싸인 교회. 사람들이 모이는 교회.

딥스는 한참을 말없이 있다가 다시 말하기 시작했다.

— 그리고 하늘, 저 위에 가득한 하늘, 그리고 한 마리의 새, 그리고 비행기, 그리고 연기.

다시 한번 긴 정적.

— 그리고 조그만 창가에 서서 커다란 것들을 바라보고 있는 딥스.

— 여기서 보면 아주 크고 큰 세상처럼 보이지.

내가 다시 끼어들었다. 딥스가 가만히 대답했다.

— 맞아요. 커다란, 그냥 커다란 것이에요.

— 모든 것이 그냥 크고 큰 것 같지.

딥스는 인형극을 하는 방에서 나오면서 한숨을 쉬었다.

— 그렇지만 딥스는 아니에요. 딥스는 교회같이 크지 않아요.

— 모든 것이 크기 때문에 딥스만 작게 느껴지니?

딥스는 모래 상자로 다시 기어 올라갔다.

— 여기서는 내가 커. 나는 산을 부숴서 납작하게 만들 테야.

그러고는 산을 평평하게 만들더니 모래를 손가락 사이로 흘리며 소리쳤다.

— 야, 납작해진 동산, 납작해진 산!

딥스는 나를 보며 미소 지었다.

── 아빠 구두를 찾으러 구두 수선 가게에 갔어요. 렉싱턴가를 따라 72번가로요. 3번가에는 버스도 있고, 택시도 있고, 지하철도 있어요. 택시를 탈 수도 있고 걸을 수도 있었어요. 하지만 우리는 우리 차를 탔어요.

── 그래, 여러 가지 방법으로 갈 수 있었는데, 승용차를 타고 갔구나.

딥스가 내게 가까이 기대왔다. 눈동자가 반짝이고 있었다.

── 잊지 마세요. 우리는 아빠의 구두를 찾아왔다는 것을!

딥스가 가볍게 나무라듯 말했다.

── 아 참, 그렇구나. 아빠 구두를 찾아왔다는 것을 잊지 말아야겠구나!

── 구둣방 아저씨가 고쳐줬어요.

── 그래 잘 고쳐졌니?

── 고쳐서 새것처럼 됐어요.

── 자! 딥스, 이제 갈 시간이다.

── 이제 갈 시간이에요.

딥스는 동의하면서 일어섰다.

── 5분 전에 갔어야 해요.

딥스가 옳았다. 나는 아빠 구두 얘기를 중단하고 싶지 않았다.

── 그래, 네가 맞아. 시간이 5분 넘었구나.

딥스는 인형극을 하는 방에서 모자와 외투를 꺼내왔다.

— 이 방은 우스워요. 문에는 구멍이 있고 속에는 조그만 창이 있는 우스운 방이에요.

딥스는 방을 가로질러 가서 구두를 집어 들었다.

— 이것은 새 구두예요.

도움 없이 구두를 신었다. 신을 신기 전에 두 발을 내게로 뻗었다.

— 자, 보세요. 새 양말이에요. 구멍도 없고요. 엄마가 병원에서 꽤 창피해했어요.

딥스는 웃으며 말했다. 딥스는 구두끈을 단정히 꼭 매고 일어섰다. 문을 열고 나가려다 멈춰 서더니 작은 팻말을 뒤집었다. 그리고 말했다.

— 방해해도 좋아. 우리는 가니까.

제이크 아저씨는 내 친구

다음 주 목요일, 딥스는 놀이방으로 활기차게 들어왔다. 모자와 외투를 벗어 의자 위에 던져놓고 나에게 말했다.

— 선생님의 연구실은 12번이에요. 그리고 이 방은 17번이고요, 이 의자는 등 뒤에 번호가 있어요. 13번이에요, 보세요.

딥스는 의자를 재빨리 돌려서 번호를 손가락으로 두드렸다.

— 그렇구나.

때때로 딥스는 사소한 부분까지 꽤 세심하게 관심을 기울였다.

딥스는 선반으로 다가가서 놀잇감 마을의 건물들이 들어 있는 상자를 꺼내더니, 마루에 앉아 분류했다. 작은 집, 상점, 공장, 교회…… 아주 작은 나무들도 있었다. 딥스는 이 놀잇감들에 완전히 빠져들었다.

— 이건 놀잇감 마을이야. 자, 여기 뭐가 있나 보자! 교회, 집, 나무, 나는 이것들로 마을을 만들 테야. 여기 교회가 두 개 있네. 교회부터 시작해야지. 큰 교회를 내 작은 마을의 중앙에 놓아야지. 그리고 이 작은 교회는 여기다 놓고. 집들은 길가에 나란히 늘어놓아야지. 이건 조그만 도시야. 그래서 집들이 넓게 자리 잡을 수 있어. 작은 도시나 마을에는 언제든지 교회들이 있어. 교회 첨탑이 보여? 이건 집들의 세계가 될 거야.

딥스는 리놀륨 바닥에 뺨을 대고 누운 채로 건물 몇 개를 움직였다.

— 내가 이 작은 도시를 만들었어요. 작은 집들의 세계를 만들었단 말이에요. 주위에 나무도 심었고. 하늘과 비와 잔잔한 바람이 분다고 상상하는 거예요. 계절도 생각했는데, 지금은 봄이에요. 나뭇잎들이 자라나기 시작했어요. 이 조그맣고 조용한 도시는 근사하고 아름답고 살기 좋은 곳이에요. 거리에는 사람들이 걸어 다녀요. 나무는 조용히 자라요. 나무들은 다 다른 것들이에요. 그래서 나무껍질도 다 달라요.

딥스는 한 번 뒹굴고서 나를 처다보았다.

— 내가 집을 더 갖고 있나 물어보세요.

— 집을 더 갖고 있니?

— 모두 써버렸어요. 이제는 더 없어요.

딥스는 대답하면서 마을 주위에 나무를 몇 개 더 놓았다.

— 이 나무는 끝이 초록색이에요. 여기 서서 위로 위로 위로, 하늘을 가리키고 있어요. 바람이 지나가면서 비밀을 얘기해요. "너는 어디 갔다 왔니?" 하고 나무가 바람에게 물어요. "너는 무엇을 보았니? 나는 뿌리가 땅속에 박혀 있어서 여기에 꼼짝 못 하고 영원히 서 있어야 하거든." 그러면 바람이 나무에게 속삭여요. "나는 한곳에 머무르지 않아. 나는 오늘도 불고 불고 불지." 그러면 나무는 소리쳐요. "나도 너와 같이 갈래. 여기서 혼자 쓸쓸하게 서 있기 싫어. 너와 같이 갈래. 너는 즐거워 보여"라고……

딥스가 일어나 책상으로 가서 책상 위에 놓여 있는 그림 맞추기 하나를 집어 들었다. 내 발치에 주저앉아 조각들을 빠르게 맞추었다.

— 이건 '탐탐'이라고 피리 부는 사람의 아들이에요. 유치원에서 이것에 대한 노래를 배웠어요. 내가 노래를 부를게요.

가사와 음정이 정확했다. 노래가 끝나자 "끝!" 하고 말했다.

— 유치원에서 그 노래를 배웠나보구나.

— 네, 제인 선생님은 우리 반 선생님인데요, 제인 선생님은 여자 어른이에요. A 선생님도 여자 어른이에요. 맨 어른들뿐이에요.

— 어른들은 서로서로 다른 것 같아, 그렇지?

— 정말 그래요!

딥스가 단호하게 맞장구쳤다.

— 너는 다른 어른들을 알고 있니?

— 그럼요, 알고말고요. 유치원에는 헤다 선생님과 다른 선생님도 있어요. 그리고 정원사 제이크 아저씨가 있고, 우리 집 세탁을 해주는 밀리 아줌마도 있어요. 그런데요, 제이크 아저씨가 집 마당에 있는 큰 나무의 가지를 다듬었어요. 그 나무는 바로 내 창가에 있는데, 내 창문에서 손을 뻗으면 만질 수 있을 만큼 자랐어요. 그런데 아빠가 그 가지를 치도록 했어요. 가지가 집에 닿아서 집을 버린다고요. 나는 제이크 아저씨가 나무에 올라가서 그 가지를 톱으로 자르는 것을 보았어요. 내가 다른 창문을 열고 제이크 아저씨에게 "그 나무는 내 친구이고 나는 그 가지가 필요하니까 자르지 마세요"라고 했어요. 그래서 제이크 아저씨는 그 가지를 자르지 않았어요. 그런데 아빠가 밖으로 나와서 그 가지가 집과 너무 가깝고 또 나무 모양을 망친다고 없애라고 했어요.

제이크 아저씨는 그 가지가 딥스 방 창문에 가까워서 딥스가 만질 수 있어 좋아한다고 말했어요. 아빠는 어떻든 잘라버리라고 했어요. 아빠는 내가 창가에 매달리는 것을 원하지 않는다고 말했어요. 아빠는 내가 그러는 줄 몰랐다면서 내가 떨어지지 않도록 창문에 두꺼운 창살을 달겠다고 했어요. 그러자 제이크 아저씨는 딥스가 그 가지를 좋아하니까 집에 닿지 않도록 조금만 자르겠다고 했어요. 아빠는 그것 말고도 놀 게 얼마든지 많다고 했어요. 그리고 제이크 아저씨에게 내가 다시는 만질 수 없도록 창가에서 멀리 떨어지게 그 가지를 자르게 했어요. 그러나 제이크 아저씨는 내가 만지던 가지의 끝을 잘라서 주었어요. 제이크 아저씨는 내가 그 나뭇가지를 내 방 안에 둘 수 있다고 하면서, 모든 나뭇가지가 누가 좋아한다는 이유로 집 안에서 살 수 있는 것은 아니라고 했어요. 아저씨는 그 나무가 이백 년은 산 느티나무고, 그동안 누구도 나만큼 그 나무를 좋아하지 않았을 거라고 말했어요. 그래서요, 나는 그 나뭇가지를 지금도 갖고 있어요.

— 그게 언제 일이니?

— 일 년 전에요. 하지만 제이크 아저씨는 어쩔 수 없이 나뭇가지를 잘라야만 했어요. 그리고 사람이 와서 창문에 창살을 달았어요. 내 창문하고 도로시의 창문에 하나씩요.

— 제이크 아저씨가 너에게 나뭇가지를 준 것을 다른 사람도 알고 있니?

— 글쎄요, 아무에게도 말하지 않았어요. 그냥 갖고 있는 거예요, 지금도요. 아무도 그것을 만지지 못하게 할 거예요. 만지려고 하면 누구든지 발로 차고 물어뜯고 할퀼 거예요.

— 그 나뭇가지가 네게 무척 중요한가 보구나?

— 네, 그럼요.

— 제이크 아저씨와 지낸 시간이 많았니?

— 네, 내가 마당에 나갈 때마다 아저씨와 같이 있었어요. 아저씨는 얘기하고요, 나는 아저씨가 얘기하는 것을 모두 들어요. 아저씨는 내게 여러 가지 얘기를 해주었어요. 성 프란시스의 얘기도 해주

었어요. 그 사람은 아주 오래전에 살았는데, 새, 나무, 바람, 비를 좋아했대요. 그래서 그런 것이 모두 친구였대요. 정말 그래요. 사람들보다 훨씬 좋아요.

딥스가 마지막 말에 힘을 주었다. 그러곤 방 안을 초조하게 왔다갔다 했다.

— 나는 나무를 지켜봐요. 봄에는 잎이 나와서 열리고 비가 초록색 생명을 주기 때문에 초록색으로 변해요. 잎이 열리는 것은 봄이죠. 봄이 온 게 기쁘기 때문이에요. 그리고 여름내 이파리들은 친절하게 서늘한 그늘을 마련해요. 그리고 겨울에는 바람에 떨어져 날아가요. 제이크 아저씨는 가을에는 바람이 찾아와서 잎들을 데리고 세계 여행을 시키는 거라고 했어요. 언젠가는 마지막으로 나무에 남아있던 이파리에 대해 얘기해주었어요. 그 작은 이파리는 자기가 잊혀서 아무 데도 갈 수 없게 됐다고 생각하며 아주 슬퍼했어요. 그런데 바람이 다시 돌아와서 데려갔대요. 그래서 그 외롭고 작은 이파리는 아무도 해보지 못했던 가장 훌륭한 여행을 하게 됐대요.

이파리는 온 세상을 다니면서 세상에 있는 훌륭한 것을 모두 보았대요. 그리고 세계 여행을 마치자 그 작은 이파리는 나를 오랫동안 보지 못했기 때문에 우리 집 정원으로 왔대요. 제이크 아저씨가 어느 겨울날 나무 밑에서 그 이파리를 찾아냈어요. 이파리는 긴 여행으로 아주 피로하고 지쳐 있었대요. 그렇지만 이파리는 온 세상 어디에서도 나만큼 좋아하는 사람을 만나지 못했기 때문에 돌아왔대요. 그래

서 제이크 아저씨는 그 이파리를 내게 주었어요.

딥스는 다시 한번 방 안을 빙빙 돌더니 내 앞에 멈춰 섰다.

— 그 이파리를 가지고 있어요. 아주 지치고 늙은 이파리지만 액자에 넣어서 갖고 있어요. 그리고 그 이파리가 바람과 함께 세상을 날아다니면서 보았던 일들을 상상해보아요. 그리고 그 이파리가 보았던 나라들을 책에서 읽어요.

딥스는 인형집으로 걸어갔다.

— 잠가버려야지. 문을 잠그고 모든 창문을 닫아버릴 거야.

— 딥스야, 너는 왜 창문을 닫고 문을 잠그려고 하니?

— 몰라요.

딥스는 낮은 목소리로 말하고는 내게로 걸어왔다.

— 내 구두.

목소리가 예전처럼 힘이 없고 기어들어갔다.

— A 선생님, 구두끈을 매주세요.

— 좋아, 딥스. 구두끈을 매줄게.

구두끈을 매주자 딥스는 젖병을 빨기 시작하더니 한숨을 쉬었다. "왠지 슬퍼지니?" 하고 묻자, 고개를 끄덕끄덕하면서 "네." 하고 대답했다.

— 제이크 아저씨가 아직도 너희 정원을 돌보시니?

— 아니요, 이젠 아녜요. 아빠가 아저씨는 너무 늙었고 심장마비가 온 뒤에 일하는 것이 아저씨를 위해 좋지 않다고 했어요. 하지만

아직도 가끔 놀러오세요. 정원에서 만나면 항상 얘기를 해주세요. 그런데 오랫동안 만나지 못했어요. 보고 싶어요.

— 보고 싶겠구나, 딥스야. 제이크 아저씨는 정말 좋은 사람이구나.

— 네, 나는 아저씨를 정말 정말 좋아해요. 아마 아저씨는 내 친군가 보죠?

— 친구라고 느껴지는구나. 아주아주 좋은 친구 말이야.

딥스는 창가로 걸어가 오랫동안 말없이 밖을 바라보았다.

— 제이크 아저씨는 일요일마다 교회에 가요. 아저씨가 말해주었어요.

딥스는 교회를 가리켰다.

— 딥스는 교회에 가본 적 있니?

— 아, 아니요.

딥스는 재빨리 말했다.

— 아빠와 엄마는 교회를 믿는 사람들이 아네요. 그러니까 도로시도 나도 교회를 믿는 사람이 아네요.

— 그렇구나.

— 하지만 제이크 아저씨는 믿어요. 그리고 할머니도요.

침묵이 흘렀다.

— 10분 남았어요?

— 아니.

—9분?

—아니.

—8분?

—그래, 8분 남았어.

—그러면 남은 시간 동안 인형 가족들과 집을 가지고 놀래요.

딥스는 종이 한 묶음을 집어 들었다.

—내 집에 넣어둬야지.

딥스는 인형집의 방 하나에 종이를 집어넣었다.

—누가 다시 문을 고쳤네요.

—그래.

딥스는 다락 쪽을 손가락질하면서 말했다.

—이건 다락방이에요.

—그래, 그런 것 같구나.

—어른들 잘 준비를 시켜야지.

그러면서 딥스는 인형들을 침실에 눕혔다.

—자, 이제는 아이들 차례야. 저건 아기, 요리사 아줌마, 빨래하는 아줌마. 빨래하는 아줌마는 피곤하다고 말해. 그리고 쉬기를 원해. 여기 침대가 있네. 이건 아빠 방이야. 거기 들어가면 안 돼. 귀찮게 해도 안 돼. 아빠는 바쁘니까. 그리고 이건 남자 침대. 이건 엄마방이고, 이건 엄마 침대. 아이들은 각각 침대가 따로 있어. 요리사 아줌마 방과 침대도 있어. 요리사도 피곤하다고 그래. 그런데 빨래하

는 아줌마는 침대가 없어. 아줌마는 세탁기가 돌아가는 것을 지켜보아야 해. 이 아이는 가끔 세탁실로 내려가서 왜 아줌마는 피곤할 때 침실로 가서 쉬지 않느냐고 물어봐. 아줌마는 일하라고 돈을 주지 쉬라고 돈을 주지 않는다고 대답해. 하지만 엄마는 빨래하는 아주머니가 세탁실에서 흔들의자를 사용할 수 있다고 그래. 아줌마가 원할 때는 흔들의자에서 쉬지 말라는 법은 없다고. 요리사 아줌마도 빨래하는 아줌마가 이 집 가족을 위해 사십 년 동안이나 빨래를 해주었기 때문에 가끔 흔들의자에 앉아 쉴 수 있다고 말해. 하지만 빨래하는 아줌마는 흔들의자가 삐걱거리지 않아야만 쉴 수 있다고 그래. 만약 소리가 나면 주인 남자를 방해하게 되고, 그렇게 되면 우리를 도울 사람은 하나님밖에 없기 때문이라고 해. 그러자 요리사 아줌마는 주인 남자의 딱딱한 머리를 비누 거품 속에 담가버리라고 말해. 그리고 세탁실에는 아이가 놀 만한 좋은 것이 없다면서 아이를 위층으로 올려 보내라고 해. 그래서 아이는 이층으로 올라가야 돼.

　그 순간 나는 딥스가 내 발치에 맞추어 놓았던 그림을 실수로 차고 말았다. 나는 허리를 굽혀서 제대로 해놓았다. 딥스가 힐끗 나를 보았다.

　── 뭐 하는 거예요?

　── 네가 해놓은 그림을 차서 피리 부는 사람의 아들 '탐탐'이 흩어졌어.

　── 뭐라고 그랬죠? 조금 전에 뭐라고 말했는지 모르겠어요.

── 내가 실수로 네 그림 맞추기를 발로 차서, 피리 부는 사람의 아들 '탐탐'의 모습이 흩어졌다고 그랬어.

── 아!

딥스는 고개를 끄덕였다. 자신의 놀이에만 열중하는 것처럼 보였지만, 방에서 일어나는 모든 움직임을 인식하고 있었다. 딥스가 무릎을 꿇고 앉아서 내가 그림을 제대로 맞췄는지 살폈다. 다행히 딥스의 검사를 통과했다. 딥스는 일어서서 놀이방 문의 자물쇠를 집었다.

── 잠글까요?

── 문을 잠그고 싶니?

── 그래요.

딥스는 대답하면서 문을 잠갔다.

── 잠겼어요!

잠시 있다가 내가 말했다.

── 그래, 이제 잠겼구나. 자, 이번엔 여는 것을 볼까? 이제는 집에 가야 할 시간이니까.

── 그래요. 선생님은 내가 집에 가는 것을 원하지 않는 것을 알지만요.

── 그래, 나는 네가 집에 가고 싶지 않아 하는 것을 알지만, 그래도 가야 할 때가 있는 거야. 지금이 바로 그런 때야.

딥스는 내 앞에 서서 내 눈을 똑바로 쳐다보며 한숨을 쉬었다.

── 알아요. 내가 여기서 놀 수 있는 것은 한계가 있어요. 항상 돌아가야만 해요.

딥스는 문 쪽으로 다가가기 시작했다.

── 네 모자하고 외투.

"네, 네 모자하고 외투"라고 딥스는 내 말을 반복하면서 다시 돌아와 외투를 입었다. 모자를 눌러쓰고는, 다시 "내 모자하고 외투"라고 말했다. 그리고 나를 쳐다보았다.

── 안녕! A 선생님. 목요일에 다시 올 거예요. 매주 목요일이 있어요. 안녕!

나는 딥스가 복도를 지나 대기실 쪽으로 걸어가는 것을 지켜보았다. 딥스는 돌아서서 손을 흔들면서 "안녕." 하고 다시 말했다.

저렇게 어리고 저렇게 조그만, 그러나 강한 아이. 제이크가 떠올랐다. 자신의 이해심과 따뜻한 친절이 이 어린아이의 성장에 얼마나 중요한 역할을 했는지 그는 알고 있을까? 나는 그 상징적인 나뭇가지 끝부분과 가늘고 말라비틀어진 작은 나뭇잎을 생각했다. 딥스의 말이 떠올랐다.

'아마 아저씨는 내 친군가 보죠?'

놀이방에선 행복해요

그다음 목요일엔 딥스가 놀이방에 올 수 없었다. 홍역에 걸렸었기 때문이다. 어머니가 전화로 약속을 취소했다. 그다음 주에야 딥스는 놀이치료실에 나타났다. 얼굴에 아직 반점이 남아 있고 창백했지만 꽤 회복되어 있었다. 대기실을 거쳐 들어오면서 "홍역 다 나았어요. 이젠 괜찮아요"라고 소리쳤다. 물론 난 완전히 믿진 않았다.

— 홍역은 다 나았구나?

— 네, 다 나았어요. 놀이방으로 가요.

내 연구실을 지나가면서 딥스는 안을 들여다보았다. 남자 두 명이 내 녹음기를 고치고 있었다.

— 우리 연구실에 두 명의 남자가 있네요. 아니, 선생님 연구실에

두 명의 남자가 있네요.

— 그래. 그 사람들은 우리가 놀이방에 있는 동안 일을 할 거야.

— 선생님은 다른 사람들을 선생님 사무실에 들어오게 해요?

— 그래. 가끔 그렇게 한단다.

— 그 사람들 거기서 무얼 하는 거예요?

— 녹음기를 고치고 있어.

놀이방에 들어서자 딥스는 모자와 외투를 의자 위에 던져놓았다.

— 저번 목요일엔 못 왔어요.

— 그래, 알아. 딥스가 홍역 때문에 못 와서 아쉬웠단다.

— 선생님 카드 받았어요. 기뻤어요, 난 카드 받는 거 좋아해요.

— 기뻤다니 좋은데.

— 카드에 빨리 나으라고 써 있었어요. 선생님이 날 보고 싶다고
그랬고요.

— 그래, 그랬어.

— 나는 선생님이 보내주신 버들강아지가 좋았어요. 마치 봄이
온 것 같았어요. 가지마다 큰 꽃봉오리가 달린 훌륭한 버들강아지였
어요. 나는 아주 좋아했어요. 아빠가 물에 오래 담가두면 뿌리가 나
서 뜰에 심을 수 있을지도 모른다고 그랬어요. 그래서 덤불로 자랄
수 있을지도 모른다고요. 그렇게 될 수 있어요?

— 아빠가 그렇게 말씀하셨니? 네 생각은 어때?

— 아빠 말이 맞을 거 같아요. 그렇지만 실제로 그렇게 되나 지켜

볼래요.

── 그러면서 사물을 알게 되는 거란다.

딥스 아버지가 했다는 말이 흥미로웠다. 이 대화만으로는 딥스 아
버지가 새로운 방식으로 딥스를 대한 것인지, 아니면 딥스로부터 정
상적인 반응을 얻지 못했더라도 그냥 사물에 대해 여러 번 설명한
것인지는 알기 어려웠다. 제인 선생님이나 제이크 아저씨도 딥스가
그냥 듣기만 해도 많은 이야기를 들려주었으니까.

── 아빠가 버들강아지에 대해 말해주실 때, 딥스는 뭐라고 했니?

딥스를 이해할 수 있는 또 다른 측면을 발견하기 위해 던진 질문
이었다.

── 아무 말도 안 했어요. 그냥 듣기만 했어요.

딥스는 놀이방을 돌아다니며 물감병도 보고 책상 위에 놓인 물건
들도 보았다. 그러더니 모래 상자로 가서 아주 자유롭고 자연스럽게
뛰어들었다. 두 팔 두 다리를 쭉 뻗고 길게 누웠다.

── 딥스야, 구두 벗고 싶니? 아니.

딥스는 스스로 묻고, 스스로 답했다.

── 좋아, 그럼 뭐 하고 싶니? 딥스야, 마음을 정해!

딥스는 뒹굴면서 얼굴을 모래 쪽으로 가져갔다.

── 바쁠 거 없어. 나는 그냥 이대로 있을 거야!

그러고는 모래 속에서 다른 아이들이 파묻어놓은 조그만 건물들
을 끄집어냈다.

── 야! 모래 속에서 물건들을 발견하기 시작했다. 작은 건물들, 작은 잡동사니들, 물건들.

갑자기 딥스는 모래 상자의 다른 쪽 끝으로 가서 모래를 파기 시작했다. 드디어 삽이 금속으로 된 모래 상자 밑바닥을 긁는 소리가 들렸다. 모래 속으로 손을 뻗어 병정 한 개를 꺼내 높이 들었다. 딥스가 환호했다.

── 야, 랄랄라! 이 사람! 이것 봐요. 이 병정 좀 봐요. 내가 산 밑에 묻었던 사람이야. 지난 몇 주간 묻혀 있던 것을 발견해서 기쁘다. 자, 이제 도로 돌아가세요! 돌아가세요! 무덤으로 다시 돌아가세요!

딥스는 병정을 다시 묻으면서 노래를 부르기 시작했다.

오! 너는 빵 굽는 사람을 아는가?
빵 굽는 사람, 빵 굽는 사람.
오! 너는 빵 굽는 사람을 아는가?
쓸쓸한 오솔길에 누워 있는.

딥스가 날 쳐다보고 히죽 웃었다.
── 유치원에서 배웠어요. 이제 묻힌 사람을 위해 노래할래요.

오! 너는 아무것도 아닌 사람을 아는가?
아무것도 아닌 사람, 아무것도 아닌 사람.

오! 너는 아무것도 아닌 사람을 아는가?

쓸쓸한 무덤 속에서 살고 있는.

큰 소리로 웃으면서 강조하려는 듯 무덤을 삽으로 툭툭 두드렸다.

── 아뇨.

내 물음과의 사이에 시간이 흐르지 않았던 것같이 천연덕스러운 대답.

── 나는 아빠에게 별로 말을 안 해요.

── 그래?

── 네.

── 왜 말을 하지 않니?

── 몰라요. 그냥 안 하니깐 그런가 봐요.

딥스는 다른 노래를 흥얼거렸다.

── 이것도 유치원에서 배운 노래예요.

── 유치원에서도 그 노래를 부르니?

── 유치원에서 배웠어요. 선생님에게 여기서 노래를 불러주는 거예요.

── 아, 그래?

정신치료 시 상대가 정확히 대답해준다면 질문하는 것은 큰 도움이 된다. 그러나 아무도 정확하게 대답하지 않는다. 나는 유치원에서 딥스의 행동에 변화가 있지 않을까 궁금했다. 하지만 아마 별 변화는 없었을 것이다. 왜냐하면 선생님들이 아무것도 보고하지 않았으니 말이다. 변화가 있으면 전화해주기로 약속이 되어 있었다.

그러나 딥스는 유치원과 집 등 가는 곳마다 많은 것을 배우고 있었다. 비록 그 사실을 알아채거나 평가해볼 수 있게 행동으로 보여주지는 않지만.

── 구두를 벗어, 딥스.

딥스는 혼자 말하면서 신발을 벗더니 삽으로 모래를 떠서 신발 속을 채웠다. 양말도 한 짝 벗어서 모래를 채웠다. 다른 양말은 신은 채로 옆을 잡아당기고 양말과 다리 사이에 모래를 퍼 넣었다. 그러다가 양말을 벗고 발을 모래 속에 집어넣은 후 발과 다리의 아랫부분이 모래에 파묻힐 때까지 삽질을 했다.

갑자기 딥스가 모래 속에서 발을 빼고 일어났다. 모래 상자 밖으로 뛰어나와 놀이방의 문을 열더니 문에 걸려 있는 카드를 떼어 와 불쑥 내밀었다.

── 치료가 뭐예요?

나는 깜짝 놀랐다.

── 치료 말이니? 어, 잠깐 생각해볼게.

어째서 이 질문을 하는지 이상했다. 어떤 설명이 적절한 대답이 될까?

── 그건 말이야, 여기에 와서 자기가 하고 싶은 대로 놀고 얘기하는 기회를 갖는 것이라 할 수 있어. 자신이 바라는 사람이 될 수 있

다는 뜻이야. 자기가 하고 싶은 대로 할 수 있는 시간, 자기가 자기 자신이 될 수 있는 그런 시간을 갖는 거야.

이것이 당시 내가 할 수 있는 최선의 설명이었다. 딥스는 내 손의 카드를 뺏어 들어 뒤집었다.

— 나는 이게 무얼 말하는지 알아요. '방해하지 마시오'란 '혼자 있게 내버려두세요'라는 뜻이에요. '귀찮게 하지 마시오', '들어가지 마시오', '노크하지 마시오' 그런 거예요. 그냥 둘만 있도록 놔두라고요. '안에 사람이 있으니까 함께 있게 그냥 두시오'란 뜻이에요.

— 그래, 그런 것 같구나.

누군가 복도를 걷는 소리가 들렸다.

— 누가 복도를 걸어가요. 그렇지만 이 방은 우리 방이죠? 저 사람들 여기 안 들어오죠? 그렇죠?

— 물론, 안 들어올 거야.

— 이 방은 저를 위한 방이죠? 그렇죠? 나를 위한 방, 다른 사람은 말고요, 그렇죠?

— 네가 원한다면 매주 이 시간에 이 방은 너만을 위한 방이란다.

— 딥스하고 A 선생님, 나만을 위한 방이 아녜요. 선생님도예요.

— 그렇다면 우리 둘을 위한 방이야.

— 카드를 다시 걸어놓을게요. 그럼, 사람들이 방해하지 않을 거예요.

딥스는 카드를 제자리에 놓은 뒤 들어와서 문을 닫았다. 행복한 미소가 떠올랐다. 딥스는 화판이 있는 곳으로 걸어갔다.

　─ 딥스야, 지금은 모래 상자에서 나왔는데, 신발과 양말을 신어야 하지 않을까?

　─ 맞아요. 홍역을 앓을 때는요, 근데 양말 먼저 신고 신발 신어야죠.

　─ 아이 참, 그렇구나. 내가 신발하고 양말이라고 말했지?

　─ 그래요.

딥스는 웃으면서 양말을 신고 신발을 신은 후 끈을 단단히 매고는 다시 모래 상자로 갔다.

　─ 홍역을 앓을 때는요, 침대에만 있어야 했어요. 그리고 사람들이 블라인드를 모두 내려놨기 때문에 아주 캄캄했어요. 읽지도 못하고 그림도 못 그리고 글씨도 못 썼어요.

　─ 그럼 뭘 했니?

　─ 엄마 아빠가 음악을 틀어주셨어요. 엄마는 이야기를 해줬어요. 난 이야기 테이프가 아주 많아요. 듣고 또 듣고 해요. 하지만 음악 테이프가 제일 좋아요.

　─ 이야기와 음악을 들으니까 지루하지는 않았겠구나?

　─ 하지만 책을 못 봐서 섭섭했어요.

　─ 딥스는 책 읽는 걸 좋아하는구나?

　─ 그럼요, 아주아주 좋아해요. 그리고 본 거랑 생각한 걸 글로 쓰기를 좋아해요. 그림 그리는 것도 좋아해요. 하지만 읽는 것이 제

일 좋아요.

— 어떤 책을 좋아해? 어떤 책들을 가지고 있니?

— 아, 여러 가지요. 새, 동물, 나무, 식물, 바위, 물고기, 사람, 별, 기후, 다른 나라에 대한 책들이 있어요. 또 백과사전 두 종류, 사전 한 권이 있어요. 그림으로 된 사전은 오래전부터 가지고 있었어요. 그리고 제일 큰 사전은 원래 아빠 거였어요. 아주 긴 책장이 몇 개 있고요. 시집도 있고 옛날 이야기책도 있어요. 하지만 과학책이 제일 좋아요. 그런데 더 좋았던 건 선생님이 나한테 보내주신 카드였어요. 엄마가 내 침대로 갖다주었어요. 카드를 내가 먼저 뜯게 해주셨고 내가 먼저 읽게 해주셨어요. 그리고 카드를 내 옆에 놓고 또 읽게 해주셨어요.

— 내 생각에 딥스는 많은 시간을 책 읽는 걸로 보낸 것 같구나?

— 그럼요. 많은 시간을요. 그게 지금까지 내가 해온 전부예요. 하지만 나는 좋아요. 내가 본 것들에 대해서 읽는 걸 좋아해요. 그리고 읽은 후엔 그 물건을 보는 걸 좋아해요. 난 돌도 여러 종류가 있고, 나뭇잎도 많고, 표본으로 된 곤충과 나비들도 가지고 있어요. 배터리와 카메라도 있고요. 어떤 때는 마당에서 여러 가지를 사진으로 찍어요. 내 방 창문 밖에 있는 나무도 찍어요. 그런데 별로 잘 찍진 못해요. 그림을 더 잘 그려요. 그렇지만 그런 거 전부보다도 선생님 네 놀이방이 더 좋아요.

딥스는 강조하듯이 고개를 끄덕였다.

— 이 놀이방이 더 좋아? 여기서 노는 거랑 읽기나 쓰기, 그림 그리는 거랑은 아주 다르지 않니?

— 네, 아주 달라요.

— 어떤 면이 다른데?

대화를 발전시키고 싶은 마음에 참지 못하고 더 깊이 질문해버렸다.

— 선생님이 말한 대로요. 선생님이 말한 대로 아주 달라요.

딥스는 아주 심각하게 말했다. 난 거기서 멈추었다.

딥스가 어떤 식으로 읽고, 쓰고, 철자법을 배우고, 그림 그리는 것을 배웠는지는 여전히 알 수 없었다. 현대 학습 이론에 따르면 이런 것을 배우기 전에 말로 표현하는 것을 먼저 배워야 하고, 이런 학습들을 가능하게 하는 경험 배경을 가져야 하는데, 딥스는 그런 배경이 없음에도 불구하고 이러한 것을 아주 수준 높게 구사했다.

매주 이 시간에 오는 트럭이 놀이방 창문 밖에 멈춰 섰다.

— 창밖을 내다봐.

딥스는 자신에게 말하면서 조심스럽게 남자들이 트럭에서 짐을 부리는 것을 쳐다보았다. 창문을 열어 얼굴을 내밀고는 남자들이 트럭에 다시 올라타고 사라질 때까지 보았다. 그리고 창문을 닫았다.

교회 종이 울리기 시작했다. 딥스는 돌아서서 나를 보았다.

— 들어보세요. 이제 곧 네 시가 될 거예요. 하나, 두-울, 셋, 넷, 얼마나 남았어요?

─── 15분 남았어.

─── 그래요?

딥스는 구두쇠처럼 손가락을 천천히, 열심히 열다섯까지 셌다.

─── 15분이요? 5분하고 10분이죠? 10분하고 5분도 되고요?

─── 그래.

─── 어떤 순간들은 행복하고, 어떤 순간들은 슬퍼요. 슬플 때도 있고 행복할 때도 있어요.

─── 그래, 슬플 때도 있고 행복할 때도 있지.

─── 난 지금 행복해요.

─── 행복하니?

─── 네, 행복해요.

딥스는 창문을 열고 밖을 내다보았다.

아, 아름다운 날!

아, 행복한 날! 하늘은 푸르고 새가 날고.

아, 비행기 소리를 들어봐요.

아, 행복한 하늘.

아, 서쪽으로 날아가는 행복한 비행기,

오, 행복한 새.

오, 행복한 딥스. 오, 딥스야!

버들강아지 가지를 심어서 자라는 걸 보렴!

오, 딥스야!

나에게 말해봐, 얼마나 행복한지?

딥스는 "너무 행복해서 창문을 다시 닫기 전에 침을 뱉을래요"라고 소리치며 창문 밖으로 침을 뱉었다.

─ 종이 다시 울리면 집에 갈 시간이란다.

─ 그래요?

딥스는 얼른 다가와선 말없이 내 손을 잡았다. 그런 후에 화판 쪽으로 걸어가서 물감통을 재빨리 바꿨다. 또 가축과 동물 놀잇감이 든 상자를 가져와서 울타리 조각들을 살폈다.

─ 아주 멋진 농장을 만들래요.

그리고 노래를 부르기 시작했다.

오, 난 농장을 만들 거예요! 오, 난 농장을 만들 거예요!

행복한 농장을! 너와 나의 농장을!

─ 몇 분이나 더 남았어요?

나는 종이 위에 5라고 써서 딥스가 볼 수 있게 쳐들었다. 딥스가 보더니 웃어댔다. 그러더니 내 연필을 들고 몇 초 기다리다가 4를 쓰고, 1초쯤 기다렸다 3을 쓰고, 또 1초쯤 있다가는 2를 썼다. 1초 후에는 1을 쓰고는 "나갈 시간이다"라고 소리쳤다.

── 교회 종만 아직 울리지 않았을 뿐이에요.

── 교회 종보다 네가 빨랐구나.

── 네, 그랬어요. 보세요!

── 긴 울타리구나.

── 와, 이것 봐요! 정말 길지요?

딥스는 다시 노래하기 시작했다.

나는 울타리를 세웠다네.

울타리는 너무나 길어,

그 끝은 볼 수 없네.

왜 울타리가 있을까?

어디에 울타리가 있을까?

나는 울타리가 필요 없다네!

── 울타리 안에 동물들을 집어넣어야지.

딥스가 웃으면서 울타리 속에 말 한 마리와 젖소 한 마리를 집어넣었다. "자, 이 젖소는요." 하면서 내가 볼 수 있게 젖소를 집어 들었다.

── 이 젖소는 우유를 줘요. 친절한 젖소예요. 모든 젖소는 우유를 짜기 위해서 일렬로 죽 서 있어요.

그러고 나서 날카로운 목소리로 말했다.

── 줄 서, 젖소야! 똑바로. 내가 말하는 걸 들었지. 그렇게 멍청하

게 바보같이 굴지 마!

이번엔 수탉을 집어 들었다.

— 이건 수탉이에요.

그때 종이 울리기 시작했다.

— 들어봐, 딥스야!

— 네, 1시예요. 4시까지는 3시간이나 남아 있어요.

— 오, 딥스야, 선생님을 놀리는구나? 집에 갈 시간이잖니?

— 네, 그래요. 하지만 그런 척 꾸미잔 말이에요.

— 그런 척하자고?

— 네, 지금이 1시인 것처럼 생각하자고요.

— 그런 척 꾸미는 것이 정말 시간을 바꿀 수 있을까?

— 아…… 아뇨. 그런 척 꾸미는 것에는 두 가지가 있어요.

— 어떤 것들이니?

— 그런 척하는 것이 옳은 것과 그냥 바보스러운 것이요.

딥스는 말하면서 일어서서 내게로 걸어왔다.

— 그런데 때로는 두 가지가 섞여서 어느 것이 어느 것인지 모를 때가 있어요. 나는 이제 의사 선생님한테 갈 거예요. 사실은요, 의사 선생님한테 가는 길에 여기 온 거예요. 내가 무척 오고 싶었기 때문이에요. 엄마도 선생님은 어렸을 때 홍역을 치렀으니까 괜찮다고 생각한 거예요. 그러나 의사는 아마 안 된다고 그랬을지도 몰라요.

딥스는 모자를 쓰고 외투를 입었다.

── 그러나 이제 다 나았어요. 나는 이제 아무에게도 홍역을 옮길 수 없어요.

딥스는 나를 안심시키더니 행복하게 히죽 웃었다.

── 안녕! 다음 목요일에 선생님을 보러 올게요.

딥스가 떠나고, 나는 그대로 앉은 채로 딥스와의 대화를 곰곰이 떠올려보았다. 딥스는 엄마와의 관계가 좀 편안해진 것 같았다. 집에서 더 많은 보살핌, 이해, 존중을 받는 것으로 느껴졌다. 아빠까지도 좀 더 인격적으로 바뀐 것 같았다. 그러나 딥스의 부모가 딥스를 대하는 행동을 실제로 바꾸었는지, 혹은 딥스의 감정 전달 능력이 변화되어 그들의 접근을 좀 더 자연스럽게 받아들이는지는 명확하지 않았다.

딥스의 부모는 딥스가 뛰어난 지적 능력을 키울 수 있도록 과학 자료, 그림책 등 자료들을 충분히 마련해주고 있었다. 또한 딥스에게 대화로 많은 것을 가르치려고 시도했다. 아이에게 정신적 결함이 있다고 말하면서도 같은 연령대의 보통 아이들에게는 어려운 놀잇감이나 물건들을 제공하는 모순된 행동을 해왔다. 딥스의 부모는 아들의 문제가 지적 능력의 부족에서 온 것이 아님을 알고 있을 가능성이 높았다.

하지만 딥스는 왜 아직도 완전히 상반된 두 가지 행동을 보이는 걸까? 재능이 있고 뛰어나다가도, 돌연 걱정이 될 만큼 모자라는 행동을 하는 이유는 뭘까?

파티는 끝났어

다음 주 목요일 딥스는 행복한 얼굴로 놀이방에 들어왔다.

— 엄마가 오늘 좀 늦게 데리러 오실지 몰라요.

— 그래, 그럴지도 모른다고 하시더라.

— 엄마는 심부름 가셨어요. 나보고 엄마 올 때까지 여기서 기다리라면서 선생님과도 그렇게 약속한댔어요.

— 그래, 사실이야.

딥스는 미소 지으며 놀이방 안을 돌아다녔다.

— 노래 부를래요.

— 네가 하고 싶으면 하려무나.

그러나 딥스는 노래 대신 웃었다.

── 내가 조용하고 싶으면 조용하고요.

이번엔 큰 소리로 말했다.

── 그리고 내가 생각하고 싶으면 생각하고요. 내가 놀고 싶으면 놀고요. 그렇죠? 네?

── 그럼, 그렇고말고.

딥스는 화판 쪽으로 걸어가서 물감병들을 보았다. 파란 물감을 집어 들더니 노래를 부르면서 리듬에 맞춰 좌우로 흔들어댔다.

아, 파란 물감아!

네가 할 수 있는 일이 뭐니?

너는 하늘을 칠할 수 있지?

너는 강물을 칠할 수 있지?

너는 꽃을 칠할 수 있지?

너는 새를 칠할 수 있지?

모든 것은 파랗다.

네가 그들을 파랗게 할 수 있다면,

아, 파란 물감아, 아, 파란 물감아!

이건 엎질러진다. 이건 넘친다.

이건 흐른다. 이건 떨어진다.

내 사랑스러운 파란 물감. 너는 그러리라.

이건 움직이는 색이다.
이건 움직이고 움직인다.
아, 파란색! 아, 파란색! 아, 파란색!

딥스는 노래하는 동안 계속 물감병을 흔들어댔다. 파란 물감병을
화판에 놓더니 이번에는 초록 물감병을 집어 들었다.

아, 초록색 물감아!
너는 조용하고 좋구나.
봄에도 내 둘레를 맴돌고,
여름에도 내 둘레를 맴돌고,
나뭇잎에 잔디에, 그리고 담장에.
아, 초록색! 아, 초록색! 아, 초록색!

이번에는 초록 물감병을 놓고 검정 물감병을 집어 들었다.

아, 검은색! 아, 밤이야!
아, 칠흑 같은 밤이야!
나를 삥삥 둘러싸는구나.
아, 그림자와 꿈이,
그리고 폭풍우와 밤이!

아, 검은색! 아, 검은색! 아, 검은색!

이번에는 붉은 물감병. 내게로 가지고 와서 두 손으로 들고 강조하듯이 노래했다.

아, 빨간색아, 성난 물감아!
아, 찡그리는 물감아!
아, 붉은 피 색아!
아이 미워, 아이 미쳐, 아이 무서워.
아이 시끄러운 싸움과 얼룩덜룩한 빨강,
아이 미워, 아 피여, 아 눈물이여!

딥스는 붉은 물감병을 든 손을 내리고 아무 말 없이 서서 그것을 들여다보았다. 이윽고 깊은 한숨을 내쉬더니 이번엔 노란 물감병을 집어 들었다.

아, 미운 색의 노랑아!
아, 성난 미운 색아!
아, 나무를 못 들어오게 하는 창문과 철창,
아, 잠긴 문과 돌려진 열쇠,
나는 네가 싫어. 노랑아!

미운 고물 같은 색아,

감옥 같은 색아,

외로워하고 무서워하는 색아, 아, 미운 노란색!

딥스는 그것을 화판에 다시 놓았다. 창가로 가서 밖을 내다보며 "아, 날씨 참 좋다!" 하고 중얼거렸다. 나는 "그렇구나." 하고 대꾸해 주었다. 딥스는 그대로 서서 한참 동안 밖을 내다보았다.

나는 왜 딥스가 여러 가지를 연상했는지 생각했다. 왜 부정적인 연상을 노란색과 결부시켰을까?

딥스가 다시 화판이 있는 쪽으로 갔다.

── 이 남색은 새것인데요?

── 그래.

딥스는 큰 종이 두 장을 화판 위에 올려놓고 붓으로 남색 물감을 조심스럽게 휘젓더니, 개수대로 가서 물을 틀어놓고 붓 위에 흐르게 했다.

── 와, 이것 보세요. 물이 파래져요.

딥스가 소리쳤다. 딥스가 수도꼭지 안으로 손가락을 집어넣자 물줄기가 방 안으로 뻗쳤다. 아이는 크게 웃었다.

── 물이 나왔어요! 나왔어요! 내가 분수를 만들 수 있고, 물을 파랗게 만들 수 있어요.

── 그럼, 할 수 있지.

딥스가 붓을 떨어뜨렸다. 붓은 하수도 구멍으로 미끄러져 들어갔다. 재빨리 잡으려 했지만 붓은 이미 배수관으로 들어갔다.

— 아, 큰일 났다. 꺼낼 수가 없네. 보이지 않는 곳으로 내려가버렸다. 하지만 파이프 속에 있어. 저 아래 있다.

개수대 밑의 문을 열어 배수관을 확인하면서 "에이, 안 되겠다." 하며 크게 웃었다. "그래, 붓은 파이프 속에 있을 거야"라고 내가 말했다.

딥스는 물이 온 방 안에 튈 만큼 수도꼭지를 세차게 틀어놓고 물장난을 했다. 젖병을 꺼내 물을 가득 채우고 젖꼭지를 씌우려 했는데, 미끄러워서 잘 안 됐다. 딥스는 젖꼭지를 씹으면서 병을 수도 밑에 놓아서 물줄기가 그 위에서 튀기게 했다. 젖병으로 하수도 구멍을 막자 물이 개수대에 고이기 시작했다. 옆에 있는 물 마시는 수도꼭지(물이 분수처럼 뻗쳐 나오는 것)를 틀어놓고 젖꼭지를 씹으며 얼굴을 들이대니, 분수같이 솟는 물이 딥스의 얼굴을 적셨다.

— 물이 위로 올라온다. 씻자, 씻자, 씻자!

딥스는 다 쓴 물감병 두 개를 골라서 개수대로 가져갔다. 선반에 있는 플라스틱 접시들을 발견하자 물감병은 꺼내고 접시를 개수대에 넣었다. 깡충깡충 뛰면서 몹시 즐거워했다.

— 설거지를 해야지. 접시들은 헤엄을 쳐서 젖는다. 모든 것이 젖는다. 물이 튄다. 수세미는 어딨지? 비누는 어디 있지? 행주는 어디 있지? 튀긴다, 튀긴다, 튀긴다. 야, 재미있다!

— 아주 재미있나 보구나!

— 네, 물이 가득해요. 젖었어요. 엎어진 그릇도 있어요. 비누 좀 주세요.

나는 비누와 수세미, 행주를 갖다주었다. 딥스는 조심스럽게 접시들을 씻고 헹구고 행주로 닦았다.

— 이렇게 예쁜 접시들을 본 적 있어요? 할머니가 보내주신 놀잇 감들 같아요. 내가 잊어버리고 놓고 온 놀잇감을 할머니가 다시 보내주셨어요.

— 그래? 할머니가 네게 이런 놀잇감을 보내주셨어?

— 네, 내가 할머니를 보러 갔다가 돌아올 때 할머니가 깜빡 잊고 내 동물 놀잇감을 안 싸주셨어요. 그래서 나를 기쁘게 해주려고 접시도 함께 부쳐주셨는데, 이것과 똑같아요.

— 기대하지 않았던 것을 보내주셔서 기뻤지?

— 네, 그럼요. 그리고 5월 12일이면 할머니가 집에 오실 거예요.

딥스의 반짝이는 눈이 나를 보며 환하게 웃었다. "할머니가 오세요"라고 또다시 말하고는 "아이 좋아. 할머니가 오신다!" 하고 소리쳤다.

— 참 좋겠구나. 할머니가 오시면 반갑겠지?

— 그럼요. 기뻐서 가슴이 터질 것 같아요.

딥스에게 사랑을 가지고 할머니가,

딥스에게 사랑을 가지고, 사랑을 가지고,
할머니가 오신다. 할머니가 오신다.
할머니가 사랑을 가지고 집으로 오신다.

딥스는 손뼉을 치며 노래하면서 좋아했다.

── 파티를 열 거예요.

컵을 나란히 놓더니 컵마다 물을 채웠다.

── 모든 아이에게 마실 음료수를. 나는 파티를 연다. 내 파티에는
아이들이 올 거다.

── 지금 아이들을 위해서 파티를 열려고?

── 네, 그럼요. 아이들, 많은 아이들. 정다운 아이들이 올 거예요.

컵을 세어보았다.

── 컵이 일곱 개네. 내 파티에는 일곱 명의 아이들이 올 거예요.

── 일곱 명의 아이들이 네 파티에 온다고?

── 여섯 명하고 딥스하고.

── 아, 여섯 명의 다른 아이들이랑 너랑?

── 네, 맞아요. 여섯 명의 다른 아이들이랑 나랑 합하면 일곱 명
이지요.

── 그렇지.

딥스는 다른 아이들과 함께 놀고 싶은 욕망을 표현하고 있었다.

개수대 하수구에 막아놓은 젖병이 약간 밀리자, 하수구에서 꾸르

륵하는 소리가 났다. "와, 재밌는 소리가 난다." 하며 딥스는 웃었다.

— 아이, 벌써 네 시야. 벌써 어둡기 시작하네. 컵의 물을 버리고 파티 음료로 바꾸어 담아야지. 지금이 컵에 담을 시간이야.

1번 컵아, 여기 네 물이 있어.

2번 컵. 3번 컵. 조심해, 쏟아질라. 그러나 물을 튀기는 건 괜찮아.

4번 컵, 5번 컵, 6번 컵, 7번 컵은 튀긴다, 튀긴다, 튀긴다. 흐른다, 흐른다, 흐른다.

개수대에도 가득, 방바닥에도 가득, 물이 사방에 가득, 온통 물난리로 가득.

딥스는 플라스틱 주전자에 물을 채운 뒤 컵에 따르면서 노래했다. 주전자 물을 다시 채워서 개수대에, 방바닥에, 책상 위에 물을 부으며 노래했다. 물방울이 튀길 때마다 즐거워했다. 컵을 두 개 더 발견하자 소리쳤다.

— 야! 컵이 두 개 더 있다! 내 파티에 아홉 명이 올 거예요. 나는 다과회를 열래요. 모두 오라고 해야지. 컵을 비우고 파티를 준비해야지.

딥스는 물을 조금 더 튀기면서 "이제 다과회를 열어야지"라고 말했다.

— 몇 분 남았어요?

―― 8분 남았어.

―― 8분짜리 다과회가 될 거예요. 오늘은 좋은 그릇을 써야지.

딥스는 말투를 바꾸어 엄마 목소리와 억양을 정확히 흉내 냈다.

―― 다과회를 하려면 제대로 잘해야지. 그렇지, 차를 담아야지. 컵마다 차를 조금씩만 담고 우유로 채워야지. 그건 너무 많아. 컵마다 차를 조금씩만 담고 우유로 채우라고 했잖아. 물을 더 넣는 것은 몰라도 차는 더 넣으면 안 돼. 떼쓰지 마.

딥스는 일일이 숟가락으로 물을 떠서 컵에 넣었다.

―― 6번 컵에 차가 너무 많다.

제법 엄격한 목소리였다.

―― 제발 6번 컵의 차를 조금 덜어내고, 설명을 잘 듣고 따라 하려무나. 아이들에게 설탕은 그 정도면 충분해. 설탕 그만. 내가 말을 되풀이하지 않게 해줘. 다과회를 하려면 이 책상에 조용히 앉아서 모든 사람이 차를 받을 때까지 기다려야지. 차와 함께 계피 토스트를 한 쪽씩 먹는 건 좋아. 그러나 음식을 입에 넣고 말하면 안 돼.

딥스는 상을 차렸다. 의자를 끌어당겨 앉아서 작은 컵의 차를 마셨다. 온순하고 순종적이고 조용했다. 딥스는 주전자를 집어 들고 천천히 상 주위를 돌아다니며 얌전하게 컵마다 물을 조금씩 부었다.

―― 컵마다 차를 조금씩 부을 거야. 그 컵에는 차가 너무 많구나. 좀 덜어내야겠다.

정확하고 분명한 목소리였다. 딥스는 물을 조금 쏟아냈다.

── 컵마다 설탕을 조금씩 넣어도 된다.

딥스는 부지런히 일했다. 두 번째 주전자는 우유가 들어 있다고 정해졌다. 그래서 설탕 대신인 모래를 한 숟가락씩 넣었다.

── 설탕 넣을 때 조심해.

여전히 엄마 흉내를 냈다.

── 6번 컵에 차가 너무 많다. 덜어내야지. 설탕 조심해. 애들은 설탕을 너무 먹으면 안 돼. 팔꿈치를 상 위에 놓으면 안 되지. 말 안 들으면 네 방으로 가는 거야. 네 방에 가둬버릴 거야.

딥스는 식탁에 앉았다. 두 손을 얌전하게 모아 식탁 위에 놓았다.

── 토스트를 얌전하게 먹어야 해.

딥스가 토스트를 집으려고 팔을 뻗다가 컵 하나를 쓰러뜨렸다. 그러자 용수철처럼 일어서며 겁에 질린 표정으로 소리쳤다.

── 파티는 더 이상 할 수 없어. 파티는 끝났어. 내가 차를 엎질렀어.

딥스는 재빨리 컵들을 비워서 선반에 갖다 놓았다.

── 네가 차를 엎질러서 파티가 끝났니?

── 바보! 바보! 바보!

── 그건 단지 실수였는데 뭐.

── 바보니까 실수를 하지요.

딥스가 소리쳤다. 아이 눈에 눈물이 고여 있었다.

── 파티는 끝났어요. 아이들도 다 갔어요. 파티는 이제 끝났어요.

딥스는 흐느낌으로 목이 메었다. 너무도 현실적이었다. 마음을 아프게 했던 경험을 표현하는 것이었다.

— 정말 실수였어요. 하지만 파티는 끝났어요.

— 그래서 정말 겁나고 불행했구나. 네가 차를 엎질러서 파티가 끝났니? 차를 엎지른 아이는 방에서 쫓겨났니?

딥스는 두 손을 비틀면서 방 안을 돌아다녔다.

— 네, 그럼요. 그 애는 조심했어야지요. 그렇게 구는 건 바보지요.

딥스가 의자 하나를 걷어찼다. 선반에 있는 컵도 몽땅 치웠다. 소리쳤다.

— 에이, 파티는 하고 싶지 않았어. 나는 다른 애들이랑 같이 있고 싶지 않았다고!

— 그런 일이 일어나면 굉장히 속상하지.

딥스는 내게로 걸어와서 말했다.

— 아래층 사무실로 가요. 여기서 나가요. 나는 바보가 아니에요!

— 물론 딥스는 바보가 아니야. 누구나 그런 일이 일어나면 속상하지.

우리는 함께 사무실로 갔다. 딥스는 한동안 침묵을 지키며 의자에 앉아 있었다. 이윽고 나를 보더니 약간 웃음 띤 얼굴로 "미안해요"라고 했다.

— 미안해? 뭐가 미안해?

— 차를 엎질러서요. 좀 더 조심해야 했는데. 내가 조심하지 않았

어요.

　── 넌 네가 좀 더 조심했어야 한다고 생각하니?

　── 네. 좀 더 조심했어야죠. 그렇지만 바보는 아니에요.

　── 조금 부주의하긴 했지만, 바보는 아니지.

　── 그래요.

딥스의 얼굴에 작은 미소가 피어났다. 마음속 폭풍우를 잘 이겨낸 것이다. 마음의 상처를 이겨낼 힘을 발견한 것이다.

　── 나 편지 쓸래요.

딥스는 연필과 종이를 집어 들고는 철자를 하나씩 크게 말하면서 글씨를 썼다.

사랑하는 딥스에게

나는 찻잔을 다 씻어놓고 하수구도 막았어.

나는 파티를 했어. 애들도 왔었단다.

사랑한다. 나.

딥스는 내 책상 위의 탁상일기를 보더니 페이지를 넘기기 시작했다. 4월 8일을 찾아 '8'에 동그라미를 치고 '딥스'라고 썼다.

　── 4월 8일이 내 생일이에요.

또 몇 장을 넘기더니 다른 날짜를 골라 '엄마'라고 썼다. 또 넘기더니 '아빠'라고 쓰고, 더 넘기더니 '도로시'라고 썼다.

─ 이게 엄마, 아빠, 도로시 생일이에요.

'아빠'라고 쓴 쪽을 다시 찾아서는 또 '할머니'라고 썼다.

─ 아빠 생일과 할머니 생일은 같은 날이에요.

─ 그래?

─ 네, 한 사람이 나이가 더 많을 뿐이에요.

─ 누가 더 많지?

─ 할머니요. 2월 28일. 그날은 워싱턴의 생일이기도 해요.

─ 28일이?

─ 아니요. 워싱턴은 22일에 태어났어요. 같은 달일 뿐이지요. 나
이것 지워버릴래요.

'아빠' 글자를 가리켰다.

─ 그럴래?

─ 아니에요.

딥스가 한숨을 쉬었다.

─ 아니에요, 그냥 둬야지요. 그날이 생일은 생일이니까요.

─ 네가 원하든 원치 않든 그날이 생일은 생일이지. 응?

─ 그래요. 그리고 필요해요.

─ 무슨 뜻이지?

─ 아빠에게도 그게 필요하고 내게도 그게 필요해요.

─ 아, 그래.

나는 중얼거렸다. 딥스가 탁상일기 뒷장의 빈 장을 발견했다.

── 이것 떼도 돼요?

── 네가 원한다면.

── 일 년 중에 빈 날은 없잖아요? 모든 날이 날짜와 이름이 있고 누군가에게 속하고 있지요.

── 그래?

── 그럼요. 아무에게도 속하지 않은 날은 하나도 없어요.

딥스는 9월 23일을 찾았다.

── 나는 이날을 '가을의 첫날'이라고 부를래요.

그러고는 '가을 환영'이라고 썼다. 그런 다음 내 카드 파일을 자기 앞으로 당겼다.

── 이 속에 내 이름도 있어요? 의사 선생님들처럼 내 이름도 썼어요?

── 찾아보려무나.

그는 자기 성의 첫 글자가 있는 칸에서 찾아보더니 "여기 없는데요, D자 칸을 봐야지." 하며 계속 찾았다.

── 여기도 없어요.

── 거기 있으면 좋겠니?

── 네.

── 그럼 네가 직접 써넣으면 어떨까?

딥스는 빈 카드 한 장을 꺼내어 자기 이름을 조심스럽게 활자체로 쓰고, 주소와 전화번호를 적었다. 그리고 자기 성의 첫 문자 칸에 정확히 끼워 넣었다. 그는 빈 카드 한 장을 더 꺼내 내 이름을 적었다. 주소는 놀이방이라 쓰고, 내 사무실의 전화번호를 물어서 적었다. 그러고는 A칸을 찾아서 끼워 넣었다.

교회의 종이 울렸다.

—— 벌써 저녁 먹을 시간이네요.

딥스는 창가로 걸어갔다. 창 너머로 지하철 입구에 몰려드는 사람들을 물끄러미 바라보면서 말했다.

—— 사람들이 직장에서 집으로 간다. 직장에서 집으로 간다. 직장에서 집으로 간다. 집에 갈 때는 동쪽으로 간다. 저녁밥 먹으러 집으로 간다. 내일이면 또다시 오겠지. 내일이면 또 서쪽으로 오겠지. 아침이면 서쪽으로 일하러 오겠지.

—— 그래.

—— 모든 사람이 집으로 가고 있어요. 일한 사람들이 모두 집으로 가고 있어요. 저녁밥 먹으러 집으로 가고 있어요. 밤을 지내러 집으로 가고 있어요. 모든 사람이 동쪽으로 가고 있어요. 아침에 일하러 올 때는 서쪽으로 올 거예요.

—— 그래, 맞아. 사람들이 지하철이나 버스로 온다면 그래. 지금은 집으로 가고 아침이면 일하러 오겠지.

—— 네. 날마다 왔다 갔다, 날마다 왔다 갔다. 너무 똑같아요.

딥스는 한동안 조용히 창밖을 내다보더니 돌아서서 물었다.

—— 엄마는 어디 있어요?

── 아직 안 오셨어. 오시면 사무원이 초인종을 눌러서 알려줄 거야.

── 그럴까요?

── 그럼.

── 정말 그럴 거라고 생각하세요?

── 그럼, 그렇고말고.

── 저 방에서 누군가가 알려준다고 했어요?

── 그래! 너는 그렇게 생각하지 않니?

── 사람들이 꼭 약속을 지키나요, 뭐.

── 가끔 실망할 때가 있니?

── 네, 그럴 때도 있지요. 하지만 선생님이 꼭 그렇게 믿으시면 내가 지금 할 일이 있어요.

── 할 일이라니?

딥스가 탁상일기를 끌어당겨 페이지를 넘기더니 오늘 날짜를 펼쳤다.

── 이게 오늘이지요. 나는 여기다 크게 ×자 표시를 할래요.

── ×자 표시? 왜?

── 왜냐하면 오늘은 내게 가장 중요한 날이니까요.

── 왜 오늘이 가장 중요한 날이지?

── 글쎄, 오늘이 내게 가장 중요한 날이에요.

심각하게 말했다. 다시 달력을 넘기다가 "부활절이다!" 하고 소리쳤다. 정확했다.

— 그렇구나.

— 이날은 참 아름다운 날이에요.

— 그래?

— 그럼요. 부활절에는 꽃도 많고 교회에 가고. 안 그래요?

— 그래.

이때 초인종이 울렸다. "말씀하신 대로군요." 하며 딥스는 문 쪽을 가리켰다.

— 그래, 어머니가 오셨나 보다.

— 알아요. 안녕히 계세요.

딥스는 내게 와서 수줍은 듯이 내 손을 만졌다.

— 안녕히 계세요. A 선생님.

우리는 함께 대기실로 갔다. 딥스 어머니가 아주 정다운 표정으로 인사를 했다. 딥스는 말없이 어머니 옆으로 가서 섰다. 방을 나가며 어머니가 "선생님께 인사해야지"라고 하자 딥스는 아주 기계적으로 "안녕히 계세요"라고 했다.

— 저 방에서 나올 때 벌써 인사했어요.

내가 어머니에게 말하자 딥스의 얼굴이 밝아졌다.

— 선생님, 안녕히 계세요. 행복하게 안녕히 계세요.

나는 나를 좋아해요

다음 주, 딥스와 어머니가 함께 왔을 때 나는 대기실에 있었는데, 무늬 있는 실크 드레스를 입고 있었다. 딥스가 소리쳤다.

— 저것 보세요, 엄마의 저 예쁜 색의 드레스를! 참 예쁜 색이지요? 드레스 참 예쁘지요?

— 그래, 참 예쁜 드레스구나.

— 색 좀 봐요. 참 고운 색들이에요.

평소에 조용하게 들어서던 것과 비교하면 이것은 큰 변화였다. 어머니가 미소 지으며 말했다.

— 딥스가 생일 선물 중 하나를 꼭 보여드리고 싶다고 해서 가지고 왔는데 괜찮을까요?

— 괜찮고말고요. 딥스가 가지고 오고 싶었다면 괜찮지요.

— 정말 가지고 오고 싶어 했어요.

딥스는 놀이방에 빨리 가고 싶은 눈치였다. 큰 상자를 들고 있었다.

— 딥스가 다 설명해드릴 거예요. 말씀드릴 게 있는데요, 딥스가 모든 해답을 가지고 있다고 생각하게 되었답니다.

딥스 어머니의 목소리에는 분명 자랑스러움이 엿보였다.

딥스가 놀이방으로 앞서서 갔다. 나도 뒤따라갔다. 딥스는 모래 상자 가에 앉아서 선물 상자를 풀고 있었다. 딥스가 날 보고 소리쳤다.

— 여기요. 저 여기 있어요.

— 그래, 안다. 네 집처럼 편안하게 생각하렴.

— 아니죠! 놀이방처럼 편안히 생각해야지요!

— 그래. 놀이방처럼.

— 내 생일이었어요.

— 그래, 생일날 즐거웠니?

— 네.

딥스는 선물 상자로 눈을 돌렸다.

— 이것 보세요. 이건 건전지가 달린 국제 전신기예요. 여기요, 이건 점이고 이건 막대긴데, 이걸로 부호를 만들어서 메시지를 보내요. 글씨는 없고 부호만 있을 뿐이에요.

딥스가 전신기를 만지는 동안 건전지가 빠져나왔다. 딥스가 재빨리 건전지를 제자리에 집어넣었다.

— 건전지가 자꾸 빠져요. 잘 안 맞아서 그래요. 이 소리 좀 들어보세요. 내가 부호를 누를 때마다 소리가 나요. 이것이 내용이에요. 좋지요?

— 그래, 참 좋다.

— 참 재미있어요.

그는 부호를 눌러서 메시지를 보냈다.

— 이렇게 하는 거예요. 이것은 국제 부호이기 때문에 부호만 알면 누구든지 읽을 수 있어요.

— 그렇구나.

창밖에서 트럭이 지나가는 소리가 났다.

— 딥스야, 트럭 좀 봐. 딥스야, 창문을 열어.

딥스가 예전의 말투로 자기 자신에게 말했다. 창밖을 내다보고는 "에이, 트럭이 갔어." 했다.

— 트럭이 갔어?

— 네, 가버렸어요. 저기 또 하나 오네요.

또 다른 트럭이 와서 멈추었다. 딥스가 나를 쳐다보며 웃었다. 이렇게 아기 때의 말투로 되돌아가는 것은 어쩌면 생일 선물에 따른 부모의 기대에 대한 압박에서 벗어나기 위한 것인지도 모른다.

— 트럭이 있어요. 지금 섰네요. 가요. 지금은 뒤로 가요. 사람이

내려요. 무엇인가 날라요. 상자 네 개를 한꺼번에 들고 건물로 들어가요. 건물에서 나와요. 또 상자 네 개를 날라요. 건물로 들어가요.

　창가에 기대고 서서 트럭을 유심히 관찰하더니 어깨 너머로 나를 힐끔 보며 말했다.

　— 아주 큰 트럭이에요. 빨간색인데 더러워요. 상자를 가득 실었어요. 상자 속에 무엇이 있는지는 몰라도 트럭에 상자가 가득하네. 사람이 트럭으로 들락날락하며 짐을 건물로 날라요. 왔다 갔다 하면서 들락날락하면서 물건을 날라요.

　여대생 두 명이 책을 들고 창 밑을 지나가다 딥스를 쳐다보았다. 한 명이 "안녕." 하고 말을 걸었으나 딥스는 모르는 척했다.

　— '안녕'이라고 인사했잖니?

　딥스는 역시 대꾸를 안 했다.

　— '안녕'이라는 말도 못 하니? 너 말 못 해? 왜 그래? 갑자기 꿀먹은 벙어리가 돼버린 거야?

　딥스는 바라보기만 했다. 그들이 시야에서 사라지자 딥스가 말했다.

　— 그냥 지나가는 것을 볼 뿐이에요. 말은 안 해요. 대답도 안 해요. 저 트럭 운전기사가 가네요. 그에게도 나는 말을 안 해요. 저기 아주머니 한 사람이 가지만 그에게도 말은 안 해요. 아무에게도 아무 말 안 해요. 아, 트럭이 가네요. 트럭아, 잘 가라!

　트럭이 엔진 소리를 크게 내며 사라졌다.

　— '안녕'도 못 하니? 너 말 못 해?

딥스는 여대생의 말투를 그대로 흉내 냈다. 창문을 쾅 닫고 돌아
서는데, 눈에 분노가 가득했다. 딥스가 소리쳤다.

— '안녕' 하기 싫은걸! 여자들에게 말하기 싫은걸! 말 안 할 거야!

— 그냥 보고 있는데 그 사람들이 말을 걸고 화나게 해서 말하기
싫었구나?

— 그래요. 그 사람들은 나빠요. 그래서 말하기 싫어요. 그러나 트
럭에게는 말했어요. '잘 가'라고 했어요.

— 트럭은 너를 화나게 하지 않니?

— 트럭은 좋아요.

딥스는 모래 상자 곁으로 가서 앉은 뒤 손가락으로 모래를 갈퀴질
했다. 놀잇감 병정을 하나 꺼내 들고 한참 동안 들여다보았다. 그러
고는 모래 상자에 앉아서 두 손으로 흙을 파 병정을 묻었다. 그 무덤
위에 놀잇감 트럭을 올려놓았다. 말 한마디 없이 자기감정을 극화해
서 표현했다. 그리고 놀잇감 양동이, 플라스틱 그릇, 숟가락, 쿠키 굽
는 팬, 체 등을 모아다가 상 위에 놓았다.

— 내가 쿠키를 구울 거야. 오늘은 가정부가 안 오는 날이니까 내
가 쿠키를 구워야지. 그러면 내 머리에서 걱정도 사라질 거고.

딥스는 모래의 양을 재서 그릇에 담아 섞기 시작했다.

— 밀가루와 설탕과 쇼트닝을 써야지. 그리고 체로 쳐야지. 세 번
쳐야지. 이렇게 체로 쳐야지. 딥스야. 그러면 밀가루가 고와져서 쿠
키가 더 맛있어. 다음엔 쇼트닝을 넣어야지. 때로는 버터를 쇼트닝

이라고 불러. 다른 것들도 쇼트닝이라 부르기도 해. 돼지기름, 마가린, 식물성 기름 따위 말이야.

딥스는 놀이에 몰두하고 있었다.

— 이제는 우유를 넣어야지. 내가 오븐을 미리 데우기 위해서 불을 켠 것 봤지요? 쿠키를 굽기 전에 오븐을 미리 데워놓아야 해요. 그리고 쿠키 틀을 꺼내야지요. 쿠키 틀에는 여러 가지 모양이 있어요. 이건 토끼 모양, 이건 별, 이건 호박이에요. 선생님은 어느 모양이 좋아요? 원하는 게 있으면 집어주세요. 아니면 탁자 이쪽으로 밀어놓으세요. 무슨 말인지 아시겠죠? 쿠키 틀에 대해서 이해하셨지요? 토끼 모양 쿠키를 만들고 싶다고요? 우선 반죽을 방망이로 밀어서 납작하게 하고 원하는 모양으로 잘라낼게요.

모래로 된 반죽이라서 잘 엉기지 않았다. 아이는 나를 쳐다보았다.

— 진짜 쿠키는 잘 되는데. 하여간 나는 잘 됐다고 생각하고 토끼 모양으로 자를래요. 우선 굽는 팬에다 넣고 모양을 잡아야겠어요. 진짜 쿠키는 먼저 자르지만요.

— 그럴듯한데.

— 자, 이제는 미리 데워놓은 오븐에 넣어야지요.

딥스가 토끼 모양 쿠키를 놀잇감 오븐 속에 넣었다.

— 이젠 앉아서 쿠키가 구워질 때까지 기다려야지.

딥스는 모래 상자 가에 걸터앉아 구두끈을 풀고 구두를 벗고 모래 상자로 기어들어갔다.

아, 쿠키가 구워진다, 내가 여기 앉아 있는 동안에.

아, 쿠키가 구워진다, 내가 양말을 벗는 동안에.

내가 모래를 발등에 붓는 동안에.

내가 발가락을 세는 동안에.

하나, 둘, 셋, 넷, 다섯.

한 발에 발가락이 다섯.

하나 다음에 뭐지? 내가 뭐라고 했지?

생각해, 생각해, 생각해.

내가 다시 해볼게. 자, 나를 잘 보고 들어.

하나, 둘, 셋, 넷, 다섯.

내가 뭐라고 했지? 다시 들어봐.

하나, 둘, 셋, 넷.

하나, 하나, 하나.

들어보라니까,

이 바보 자식아.

하나, 둘, 둘, 둘.

자, 다시 말해봐.

하나, 둘, 셋, 넷, 다섯.

그래, 그래, 그래. 막 구워진 쿠키를 주마.

아이가 소리 내 크게 웃었다. 그러더니 자신에게 물었다.

── 그래, 발 하나에 발가락이 다섯이고 또 한 발에 발가락이 다섯이면 모두 합해서 두 발에 열 발가락이지. 너는 아무것도 배울 수가 없니? 아니면 알면서도 대답을 안 하는 거니?

── 때로는 답을 알면서도 말을 안 했구나? 이번에도 그런 거니?

── 글쎄요, 언제 알고 언제 모르는지 알 수가 없어요.

딥스가 자신이 종종 부딪혀온 혼란을 말로 표현했다. 누워서 발을 입술에 갖다 댔다.

── 이것 보세요. 나는 이렇게 할 수 있어요. 나는 몸을 반으로 꺾을 수 있는데, 이건 누가 가르쳐준 게 아니에요.

딥스가 모래 위에서 한 번 홀렁 굴렀다. 일어서서 깡충깡충 뛰었다. 책상으로 뛰어가서 젖병을 집어 들더니 모래 상자로 갔다. 다시 드러누워서 아기처럼 젖병을 빨아댔다. 딥스는 눈을 감았다.

── 내가 아기였을 때는.

말문을 열었지만 딥스는 더 이상 얘기를 계속하지 않았다. 마침내 내가 물었다.

── 네가 아기였을 때 어땠다고?

── 내가 아기였을 때는.

딥스는 다시 한번 말하려다 말고 벌떡 일어나 앉았다.

── 아냐, 아냐, 아냐.

그러고는 모래 상자에서 얼른 나왔다.

── 나는 아기가 아니에요. 나는 아기였던 적이 없어요.

— 너는 이제 아기가 아니지만, 아기였던 적이 있었다고도 생각하고 싶지 않구나?

딥스는 화판 쪽으로 걸어갔다.

— 여기 열한 가지 색깔의 물감이 있어요. 이 색들은 모두 다른 재료로 만들어진 것을 아세요?

— 그러니?

— 네.

딥스가 불안한 듯 방 안을 돌아다녔다.

— 모래 상자에 다시 안 들어갈 거면 양말과 구두를 신는 게 좋지 않겠니?

— 네, 발이 시려요. 오늘은 바닥이 차요.

딥스는 양말을 신고 구두와 구두끈을 내게 내밀었다.

— 내가 도움이 필요하면 도와주시고, 도움이 필요 없지만 도움을 원한다면 그래도 도와주시지요?

— 내가 그렇게 하니?

— 네.

딥스는 고개를 끄덕였다.

— 그래.

나는 구두끈을 끼워서 딥스에게 돌려줬다.

— 고맙습니다.

— 괜찮아You are welcome!

딥스가 미소 지었다. "아이, 좋아라! 선생님이 절 환영하셨어요."
하고 소리치며 수탉처럼 두 팔로 활개를 쳤다.

— 행복한 딥스야.

딥스는 소리치며 웃었다.

— 가라, 딥스야. 물가로, 개수대 쪽으로!

딥스는 구두끈을 단단히 매고 개수대로 깡충깡충 뛰어가 물을 세
게 틀었다. 젖병을 꺼내 속에 들어 있는 물을 쏟아 버리고 다시 채웠
다. 물살이 방 안으로 뻗쳤다. 음료용 분수를 틀어놓고, 손가락으로
구멍 일부를 막아 일부러 그렇게 한 것이다.

— 내가 물살을 뻗치게 해요.

딥스가 소리쳤다. 소매를 걷고 젖병을 채웠다. 젖꼭지를 끼우려
했지만 미끄러워서 잘 되지 않았다.

— A 선생님이 해주실 거야. 딥스야, A 선생님은 너를 실망시키
지 않을 거야.

— 내가 해줄 거라고?

— 네. 꼭 해주실 거예요.

딥스는 젖꼭지와 젖병을 나에게 주었다. 내가 끼워주었다. 딥스는
내 앞에 서서 나를 빤히 쳐다보며 젖병을 빨았다.

— 선생님은 나를 바보라고 하지 않아요. 내가 도와달라고 하면
도와주시고, 내가 모르는 것도 아시고, 내가 못하는 것도 하세요.

— 내가 그렇게 하면 어떤 느낌이 드니?

―― 그렇게요. 그냥 그렇게 느껴요.

딥스는 심각한 표정으로 나를 뚫어지게 쳐다보았다. 이윽고 돌아서서 개수대로 가더니 병에 물을 담았다 쏟았다 했다. 수돗물을 확 틀어놓고 물장구를 치고 웃으며 좋아했다.

―― 물장구를 막 쳐라. 진짜 엉망진창으로 만들자.

딥스가 선반 위에 있는 깡통을 발견하곤 올라가 꺼내왔다.

―― 이 속에 뭐가 있어요?

―― 개수대 닦는 가루.

냄새를 맡고 손바닥에 조금 쏟아서 들여다보더니 갑자기 입에 대어 맛을 보았다.

―― 안 돼. 딥스야!

내가 놀라서 소리쳤다.

―― 그건 개수대 닦는 가루야. 맛이 없어.

딥스는 돌아서서 나를 쳐다보았다. 나의 반응이 갑작스러웠던 것이다. 아이는 경직된 듯했다.

―― 맛보지 않고 어떻게 맛을 알죠?

―― 글쎄다. 하지만 삼키면 안 돼. 맛이 안 좋아.

딥스는 가루를 개수대에 쏟아 버렸다.

―― 물로 양치질을 좀 하렴.

딥스는 내 말대로 했지만, 나의 갑작스러운 반응에 약간 화가 난 듯했다. 깡통을 선반에 다시 얹더니 냉정하게 나를 쳐다보았다.

— 미안해, 딥스야. 내가 그만 소리를 질렀구나. 하지만 네가 개수대 닦는 가루를 한 움큼이나 먹는 걸 보고만 있을 수는 없었단다.

아이는 입술을 깨문 채 창가로 갔다. 딥스는 감정이 상하면 예민하게 갑옷을 두른다. 침묵이 흘렀다.

딥스는 다시 개수대로 갔다. 주전자에 물을 담아 그릇을 씻어 엎어놓는 곳에 부었다. 수도를 크게 틀어 개수대를 채운 뒤, 거기에 젖병들을 넣어 휘저었다. 젖병들이 서로 부딪치자 소리 내 웃었다. 그중 하나를 일부러 떨어뜨려서 수도꼭지에 부딪히게 했다.

— 이것이 깨질 수도 있어요. 내가 깰까 봐 겁나세요?

— 네가 조심스럽게 잘할 수 있겠지.

조금 전의 경험에서 배운 바가 있는지라 나는 이렇게 말했다. 딥스는 유리로 만든 젖병들을 꺼내고 플라스틱 그릇들을 물에 넣었다.

— 빙빙 돌면서 내려간다. 조그만 컵들, 조그만 접시들, 물장구친다, 물을 던진다.

딥스는 컵으로 물을 떠서 방으로 던졌다.

— 물러서요, 물러서. 옷 조심해요. 물러서지 않으면 옷이 젖어요.

나는 안전한 구석으로 피했고 딥스는 웃으면서 계속 물을 뿌렸다.

— 이제까지 이렇게 신나게 어질러본 적은 없어요. 저 물 좀 봐요! 폭포 같을 거예요. 넘칠 거예요.

개수대는 넘치기 직전이었다. 딥스는 좋아서 깡충깡충 뛰면서 소리쳤다. 손과 팔을 물에 깊숙이 넣었다가 얼굴에 물을 끼얹었다.

— 야, 젖는다. 아이, 시원해.

아이는 얼굴이 물에 닿을 때까지 구부렸다. 물이 막 넘치려는 순간 수도꼭지를 잠갔다.

— 물을 좀 빼야지.

물을 휘저으며 플라스틱 칼과 포크와 숟가락 등을 꺼냈다.

— 이런 것들은 하수구로 빠지기 쉬우니까.

딥스가 하수구 마개를 뺐다. 물이 요란한 소리를 내며 하수구로 빠졌다. 이번엔 더운물 꼭지를 틀려 했다.

— 그건 너무 뜨거워 딥스야, 찬물부터 틀어야지.

딥스는 포크를 나란히 놓다 말고 갑자기 더운물 꼭지를 틀어 손가락을 댔다.

— 앗, 뜨거워!

— 스스로 진짜인지 알아보고 싶었니? 이젠 알았지?

— 네, 너무 뜨거워요.

딥스는 젖병을 집어 들고 의자에 앉아 빨기 시작했다.

— 나는 나이가 많지 않아요.

— 많지 않다고?

— 나는 겨우 여섯 살이에요.

— 지금은 나이가 많지 않다고 생각하는구나.

— 네, 많지 않아요.

딥스는 젖병을 계속 빨며 나를 쳐다보다가 이윽고 젖병을 내려놓왔다.

── A 선생님은 이 큰 벽돌 건물에 계세요. 17호실에 사세요. 여기 가 선생님 방이에요. 선생님은 여기 있어요. 17호실이 선생님 방이 에요. 그리고 내 방이기도 해요.

── 이 방이 우리 두 사람의 것이라고?

딥스는 고개를 끄덕였다.

── 여기는 참 좋아요. 선생님 사무실도요. 지금 사무실로 가요. 전 신기로 통신을 할 거예요.

우린 함께 사무실로 갔다. 딥스는 책상 옆 의자에 앉았다. 새로 설 치한 전등을 살펴보더니 불을 켰다. 그리고 전신기가 든 상자를 열 었다.

── 이걸로 통신을 할 수 있어요.

── 어떤 통신?

── 그냥 통신이요. 이 부호가 a고요, 이 부호가 b예요. 알파벳의 모든 부호를 보여드릴게요.

딥스는 부호를 하나하나 쳐나갔다.

── 내 팔이 텄어요. 그래서 피부가 거칠어요. 오일을 좀 발라야 해요. 와! 이 좋은 책 좀 봐!

딥스는 책을 집어 들었다.

── 옥스퍼드 사전이네요. 내가 단어를 하나 찾아볼게요. 자, 와 이 – 이 – 에이 – 에스 – 티. 이스트yeast(누룩). 내가 찾아보고 뜻을 읽

어드릴게요.

딥스는 그 단어를 찾아내어 정의를 읽었다.

— 그건 빵 만들 때 쓰는 거예요. 나는 사전 찾아보기를 좋아해요. 이 전신의 부호를 아시나요?

— 그 상자 위의 설명을 보면 알 수 있지.

내가 자기가 보내는 통신문을 읽을 거라는 기대가 서자 딥스는 종이 위에 부호를 적어놓고 전신을 보냈다.

— 들려요? 들려요? 무슨 말인지 아시겠어요?

— 설명서를 봐야지.

— 자, 보세요. 이건 아주 중요한 말이에요.

— 응, 알았어.

— 뭐예요?

— 「나는 딥스예요, 나는 딥스예요. 나는 딥스예요」라고 하는데.

— 맞았어요!

딥스가 좋아라 소리쳤다.

— 이번엔 이걸 맞춰보세요.

— 「나는 딥스를 좋아해요. 선생님도 딥스를 좋아해요. 우리는 둘 다 딥스를 좋아해요.」

— 맞았어요! 우리가 해냈어요!

딥스는 손뼉을 치며 좋아했다.

— 이번에는 선생님이 뭔가 쓰시면 내가 칠게요. 무엇이든 물어

보세요.

— 「몇 살이니?」

— 「여섯 살이에요.」 나는 막 생일이 지났어요. 나는 나를 좋아하고 선생님도 나를 좋아해요. 나는 이 통신문을 간직할 거예요.

딥스는 통신문이 적힌 종이를 접어서 서류 상자 안에 들어 있는 이름 카드 뒤에다 넣었다.

— A자 칸에 있는 것은 모두 선생님 것이고, 내 카드 뒤에 있는 것은 모두 내 거예요. 다른 카드는 다 꺼내고 선생님 카드와 내 카드만 남길 거예요. 우리 두 사람의 카드만 여기 함께 있고 다른 사람 것은 필요 없어요.

— 이 상자 속에 네 카드와 내 카드만 있으면 좋겠니?

— 네. 우리 둘만요. 다른 건 싫어요.

딥스는 전신기 뚜껑을 덮었다.

— 난 이게 참 좋아요. 생일 선물로 받았어요. 엄마가 주셨지요. 아빠는 화학 기구 세트를 주셨어요. 도로시는 책을 주고요. 할머니는 음악 소리가 나는 큰 팽이를 주셨어요. 우편으로 보내주셨어요. 공 주머니와 풍선도 그 속에 있었어요. 작년에는 할머니가 곰 인형을 보내주셨어요. 난 그것도 참 좋아해요.

딥스가 행복하게 웃었다.

— 그 곰을 참 좋아하는구나.

— 네, 좋아해요. 그리고 생일 카드도 좋아해요. 선생님이 보내주

신 카드 참 좋아요. 올해의 내 생일은 참 좋았어요.

— 좋았다니 참 기쁘구나.

— 이제 집에 갈 시간이에요.

딥스가 탁상시계를 자기 쪽으로 돌리며 말했다.

— 그래.

— 3분만 이렇게 하고요.

딥스는 두 손을 모아 책상 위에 놓고, 시곗바늘을 들여다보았다.

— 나는 지금 행복해요.

3분이 지나자 그는 전신기를 들고 일어섰다.

— 안녕히 계세요, A 선생님!

— 잘 가라, 딥스야.

— 여기 그냥 계세요. 다음 주에 다시 올게요.

엄마를 구했어요,
불에 타게 하지 않았어요

　　── 안녕하세요! 무슨 놀이든 마음대로 할 수 있는 이 요술방에
오늘 또 왔어요. 오늘은 무슨 일을 할지 생각해두었어요.
　　── 오늘 할 일을 계획했다고? 무엇이든 마음대로 하렴.
　　딥스는 방 안을 걸어 다니며 모래 상자를 둘러보았고 인형집을 자
세히 살폈다. 그리고 그 안에 있는 인형 가족들을 하나하나 집어 들
었다.
　　── 아빠는 여기 있고, 엄마는 여기 있고, 또 오빠와 여동생이 여
기 있네. 모두 집에 있네.
　　인형들을 모두 제자리에 놓더니 창가에 서서 말없이 밖을 내다보
았다.

── 그래, 가족이 모두 집에 있어.

나도 창가로 가서 밖을 내다보았다. 마침내 딥스는 깊은 한숨을 쉬며 뒤를 돌아보았다.

── 세상에는 참 많은 것이 있어요. 그냥 이 창밖만 내다보아도 훌륭한 것들을 많이 볼 수 있어요. 크고 튼튼하게 자라는 나무들, 하늘로 치솟은 교회, 사람들이 지나가는 것도 보여요. 여러 종류의 사람이 있어요. 자동차와 트럭들도 있어요. 그런데 저 사람들, 여러 종류의 사람들, 나는 때때로 사람들이 무서워요.

── 때때로 사람이 무섭다고?

나는 딥스가 계속 말하기를 기대하며 물었다.

── 그렇지만 때로는 안 무서워요. 선생님은 안 무서워요.

── 나하고 같이 있을 때는 안 무섭니?

── 안 무서워요.

딥스가 한숨을 쉬었다.

── 지금 선생님하고 같이 있으니까 안 무서워요.

그러고는 모래 상자로 가서 손가락으로 모래를 훑더니, 꽃삽을 집어 들고 큰 구덩이를 파기 시작했다.

── 모래는 참 쓸모가 많아요. 누군가가 여기에 묻힐지도 몰라요.

── 누군가가 묻힐지도 모른다고?

── 하지만 안 묻힐지도 모르지요.

생각을 전환하는 듯했다.

― 아직 마음을 정하지 않았구나.

딥스는 모래 상자에서 책상이 있는 쪽으로 걸어가 무심히 크레용을 만졌다. 그러다가 천천히 말했다.

― 나는 아빠가 있고 엄마도 있어요. 여동생도 있지요. 그리고 할머니가 있어요. 할머니는 나를 사랑해요. 할머니는 언제나 나를 사랑해요. 아빠는 아니야. 언제나 나를 사랑하지는 않았어요.

― 할머니는 언제나 귀여워해주시지만 아빠는 그렇지 않다고 생각하니?

딥스는 두 손을 꼬면서 대답했다.

― 요새는 아빠도 나를 좀 좋아해요. 아빠가 나에게 말도 걸어요.

― 요즘은 아빠가 좀 좋아하시는 것 같니?

나는 이것이 매우 민감한 주제임을 깨달았다. 너무 캐물으면 딥스가 재빨리 움츠리고 말을 하지 않을 것 같았다.

― 조금 나아졌어요.

딥스는 마음이 흔들리는 듯 다시 손을 꼬았다.

― 나는 현미경이 있어요. 그걸 가지고 많은 재미있는 것들을 관찰해요. 현미경으로 보면 실제보다 크게 보이고, 잘 알 수 있어요. 눈으로 안 보이는 것들도 현미경으로 보면 보여요.

딥스는 다시 안전한 지적 대화를 시작했다. 현미경은 물건이다. 무서워할 필요도 없고 얽히고설킨 감정을 불러일으키지도 않는다.

― 현미경이 재미있다고 생각될 때가 있지.

나는 딥스의 반응을 기다렸다. 딥스는 크레용을 집어 들고 종이 위에 힘없이 아무 의미도 없는 그림을 그렸다.

— 여기는 안전해요. 선생님은 내 감정이 상하는 일은 안 하시니까요.

— 여기 있으면 안전하게 느끼는구나.

무언가 중요한 이야기를 할 것 같았다. 성급하게 재촉하지 않도록 조심해야 했다. 딥스는 인형집으로 가서 인형을 모두 꺼내고 가구를 재배치했다. 엄마 인형을 꺼내어 자신이 공원이라고 생각하는 곳에 놓았다.

— 엄마는 공원에 산책하러 가려고 해요. 엄마는 혼자 있고 싶어서 나무와 꽃과 새를 볼 수 있는 공원으로 가요. 그리고 연못까지 가서 물을 내려다봐요. 엄마는 벤치를 발견하고 거기에 앉아요. 엄마는 햇볕을 좋아하기 때문에 햇볕을 쬐려고 앉아요.

딥스는 엄마 인형을 블록 위에 놓고 인형집으로 돌아갔다.

— 동생은 유치원에 가요. 식구들이 가방을 챙겨 집에서 내보냈기 때문에 동생은 먼 곳에 있는 유치원으로 혼자서 가요.

딥스는 동생 인형을 놀이방 한쪽 구석에 가져다 놓았다. 인형집으로 돌아와서 아빠 인형을 집었다.

— 아빠는 집 안에 혼자 있어요. 아빠는 책 읽고 공부해야 해서 방해하면 안 돼요. 아빠는 언제나 혼자예요. 귀찮게 하는 걸 싫어해요. 아빠는 무엇을 해야 할지 모르기 때문에 파이프에 불을 붙이고

담배를 피워요. 그러고는 아이 방에 가서 잠긴 문을 열어요.

딥스는 재빨리 아빠 인형을 놓고 소년 인형을 집었다.

— 아이는 문을 열고 빨리 뛰어나가요. 왜냐하면 잠긴 문을 싫어하니까요.

딥스는 소년 인형을 인형집에서 꺼냈지만 그다지 멀리 데려가지는 않았다. 딥스는 두 손에다 자기 얼굴을 파묻고 잠시 조용히 있었다. 이윽고 깊은 한숨을 쉬고 아빠 인형을 집었다.

— 아빠도 산책하러 나가죠. 무엇을 해야 할지 몰라서요. 아빠가 거리로 나갔을 때 버스들이 요란한 소리를 내며 지나가요. 아빠는 이 소리를 참 싫어해요. 그렇지만 아들에게 좋은 선물을 사주기 위해 가게로 걸어가요. 아빠는 아들이 현미경을 좋아할 거라고 생각했어요. 그래서 그것을 사서 집으로 돌아와요.

딥스는 방 안을 돌아다니며 말하다가 이따금 나를 쳐다보았다. 그리고 다시 인형집 앞에 무릎을 꿇고 앉았다.

— 아빠가 아들을 부르고 또 불렀어요. 그래서 아들이 뛰어 들어왔어요.

딥스는 소년 인형을 아빠 인형 옆에 세웠다.

— 그런데 너무 빨리 뛰어오다가 책상에 부딪혀서 램프가 넘어졌어요. 아빠는 아들을 보고 '바보'라고 소리쳤어요. "이 바보 같은 놈! 왜 그렇게 조심성이 없어?" 아들은 대답하지 않았어요. 아버지는 화가 나서 아들보고 방으로 들어가라고 했어요. 아빠는 아들보고 바보

멍청이라 했고, 네가 부끄럽다고 말했어요.

딥스는 매우 긴장한 채 스스로 꾸며낸 이 놀이에 빠져들었다. 나를 쳐다보았고 나 역시 자기처럼 이 놀이에 빠져 있다고 느끼는 것 같았다.

— 아들은 집에서 빠져나와 숨었어요.

속삭이듯 말했다.

— 아빠는 그런 줄도 몰라요. 그때…….

딥스는 엄마 인형을 집어다가 인형집에 넣었다.

— 엄마가 공원 산책을 마치고 집에 왔어요. 아빠는 아직도 화가 안 풀려서 엄마보고 그 멍청한 애가 어떤 일을 저질렀는지를 말했어요. 엄마는 "아이, 저걸 어째! 저걸 어째! 그게 웬일이지?" 해요. 그때 갑자기 거인 아이가 나타났어요. 그 아이는 어찌나 큰지 아무도 그를 이길 수가 없었어요.

딥스는 일어섰다.

— 거인 아이는 엄마와 아빠가 집에 있는 것을 보았고, 그들이 말하는 걸 들었어요. 그래서 이때 한번 혼내줘야 한다고 생각하고 집 안을 돌아다니며 문이란 문은 모조리 다 잠갔어요. 그래서 못 나가게 만들어버렸지요. 그들은 꼭 갇혀버렸어요.

딥스가 나를 쳐다보았다. 얼굴이 창백하고 우울했다.

— 무슨 일이 일어났는지 아시죠?

— 그래, 나도 알아. 거인 아이가 엄마와 아빠를 집 안에 가둬버

렸구나.

— 그때 아빠가 담배나 피워야겠다고 하면서 파이프와 성냥을 꺼내어 불을 붙이다가 성냥이 방바닥에 떨어져서 그만 불이 붙어요. 집에 불이 났어요! 집에 불이 났어요! 그런데 그들은 나올 수가 없어요. 엄마와 아빠는 집에 갇혀 있고 불은 점점 타올라요. 아이는 엄마와 아빠가 불이 난 집 안에 있는 걸 알면서도 "그냥 타게 둬! 그냥 타게 둬!" 하고 소리쳤어요.

딥스는 재빨리 손을 넣어 인형집에서 엄마와 아빠 인형을 꺼내어 구하려 했으나, 다시 뒤로 물러나며 두 손으로 얼굴을 가렸다. 마치 진짜 불을 만지는 것처럼 뜨거워했다.

— 소리를 막 지르면서 문을 두드려요. 나오고 싶어 해요. 그러나 집은 불타고 문은 잠겼고 나올 수가 없어요. 살려 달라고 소리질러요.

두 손을 꼭 마주 잡은 딥스의 볼에 눈물이 흘렀다.

— 나는 울어요! 울어요! 나는 울어요!

— 엄마 아빠가 불타는 집에 갇혀서 나오지 못하니까 우는 거니?

— 아뇨.

대답은 했지만 딥스는 곧 흐느끼기 시작했다. 비틀거리며 방을 가로질러 와서는 내 목에 팔을 두르고 울었다.

— 방 안에 갇혀 있을 때가 생각나서 그래요.

— 갇혀 있을 때 괴로웠던 마음이 되살아난 거구나.

딥스는 흐느꼈다. 나는 두 팔로 딥스를 안아주었다. 딥스는 인형 집을 돌아보았다. 눈물을 닦으며, 숨을 헐떡이면서 그 앞에 섰다.

— 아이가 그들을 구할 거예요.

딥스는 소년 인형을 데려다가 집 앞에 세웠다. 그러고는 소리쳤다.

— 내가 구해드릴게요! 내가 구해드릴게요! 내가 문을 열고 내보내드릴게요! 그래서 아이가 문을 열고 불을 꺼서 엄마와 아빠는 무사했어요.

딥스는 내게로 와서 내 손을 만졌다. 창백한 얼굴이었지만 웃고 있었다.

— 내가 구했어요. 불에 타게 하지 않았어요.

— 네가 구했구나. 그래, 딥스가 구했어.

딥스는 책상 곁에 앉아서 앞을 뚫어지게 바라보았다.

— 나를 방에 가두곤 했어요. 지금은 아니지만 전에는 그랬어요.

— 전에는 그랬지만 이제는 안 그런다고?

— 이제는 가두지 않아요.

딥스는 대답할 때 진저리치며 한숨을 쉬었다.

— 아빠가 정말로 현미경을 주셨어요. 나는 그걸 가지고 놀아요. 재미있는 일이 많아요.

딥스는 방을 가로질러 가서 저쪽 구석에 놓아두었던 여동생 인형을 인형집으로 가지고 왔다. 네 식구를 거실의 의자에 앉혔다. 그리고 책상으로 가서 검정 크레용을 집어 들고 도화지에 그림을 그렸는데, 한복판에 작은 동그라미 하나만을 남기고는 모조리 까맣게 칠했다. 그 동그라미는 노랗게 칠했다. 그림에 대해서는 아무 설명도 하지 않았다. 그림을 다 그리자 다시 모래 상자로 갔다. 그러곤 꽃삽을 집어 들고 아까 만들어놓은 구덩이를 서서히 메웠다.

이번 시간은 딥스에게 정말로 힘든 시간이었다. 감정이 딥스를 사정없이 찢어놓았다. 어린 시절에 방 안에 갇혀 있던 기억이 딥스에게는 큰 고통이었다. 잠겨 있던 건 방문만이 아니었다. 딥스에게 필요한 부모의 사랑, 존중, 배려, 경청이 모두 닫혀 있었던 것이다.

딥스가 젖병을 집어 들고 빨았다. 이윽고 내려놓고는 나를 가만히 바라보았다.

— 나는 이제 아이가 아니에요. 나는 이제 큰 어린이예요. 그래서 이제 젖병 따위는 필요 없어요.

— 이제 젖병은 필요 없니?

딥스는 환하게 웃었다.

— 내가 다시 아기가 되고 싶을 때만 빼고요. 나는 내가 느끼는 대로 살 거예요. *꼬꼬댁 꼬꼬! 꼬꼬댁 꼬꼬!*

딥스는 두 팔을 크게 벌리며 소리쳤다. 긴장이 모두 풀리고 기분이 좋아진 것 같았다. 방문을 나설 때는 스스로 파헤친 과거의 서러움을 모두 뒤로하고 가는 듯 보였다.

엄마! 엄마가 좋아요

딥스는 놀이방에 들어서자 환하게 웃으며 주위를 둘러보았다. 그
러다가 모래 상자에 다른 아이가 만들어놓은 담장을 발견했다.
— 저기 담장이 있어요. 이걸 치울래요. 난 담장이 싫거든요.
딥스는 재빨리 담장을 헐어냈다. 그리고는 총을 집어다가 책상 서
랍에 넣었다. 그리고 선반 위에 있는 깨진 작은 인형집을 발견하곤
자세히 보았다.
— 내가 고쳐야지. 테이프가 어디 있어요?
나는 테이프를 꺼냈다.
— 얼마나 필요하니?
— 25센티미터요.

딥스는 재빨리 대답했는데, 정말로 그 정도가 필요했다. 나는 25센티미터가량의 테이프를 끊어서 딥스에게 주었다.

— 감사합니다.

— 더 필요하면 말해.

— 네, 선생님.

딥스가 큰 소리로 외치더니 이번에는 창문을 열었다.

— 창문을 좀 열어야지. 신선한 공기가 들어오게. 들어와라, 공기야! 들어와서 우리와 함께 있어.

딥스는 나를 쳐다보며 더 환하게 웃었다. 딥스의 눈이 반짝였다.

— 아빠는 내가 공기에게 말하는 걸 좋아하지 않아요. 그렇지만 여기서는 내가 하고 싶은 대로 할 거예요.

— 그래, 여기서는 하고 싶은 대로 하렴.

— 아빠는, 사람은 사람에게만 말을 해야 된대요. 아빠는 내가 아빠에게 말을 해야 된대요. 그렇지만 나는 안 해요. 나는 듣기만 해요. 나는 아빠에게는 말을 안 해요. 절대로요. 때로는 대답도 안 해요. 그러면 아빠는 화를 내요.

두 사람 사이의 대화가 문제였다. 딥스는 자신에게 비판적인 아빠를 괴롭히려고 말을 하지 않았던 것이다.

— 아빠가 "잘 잤니?" 하고 인사해도 나는 대답도 안 하고 쳐다보지도 않아요. 그러면 아빠가 "어쩐 일이니, 말을 할 줄 아는 아이가?" 하고 말하지만, 나는 쳐다보지도 않고 대답도 안 해요. 그러면 아빠

는 몹시 화를 내요.

딥스는 소리 내어 웃었다. 책상 서랍을 열더니 총을 꺼냈다. 그것을 가지고 창가로 가서 밖을 내다보았다. 큰 트럭이 지나가는 것을 보자 돌아서서 내게 물었다.

— 이걸 밖으로 던질까요?

— 그러면 찾을 수 없을걸.

— 창문 바로 밑에 떨어뜨릴 건데요.

— 그렇지만 지금은 내려갈 수 없어. 지금은 여기 있어야 할 시간이잖아.

— 조금 후에 내려가면 누군가 집어 갈지도 몰라요.

— 그럴 수도 있지.

— 에이, 그렇다면 던지지 말아야지.

딥스는 인형집 주위를 돌아다니며 인형 가족을 들여다보았다. 아빠 인형을 세워놓더니 그것을 향해 총을 겨누었다.

— 다시 입을 열었담 봐.

그리고 '짤깍' 하고 권총을 장전했다.

— 조심 안 하면 쏠 테야.

딥스는 인형집 아래층을 열고 총을 넣었다.

— 여기 지하실에다 총을 감춰놔야지. 아무도 다치지 않게.

딥스가 내 앞에 와 섰다. 미소를 띤 환한 얼굴이었다. 그리고 한동안 말이 없었다.

── 우리 유치원에 가면 아이들이 있어요. 잭이랑 존이랑 데이비드, 칼, 보비, 제프리, 제인 그리고 캐럴이 있지요. 교실에 아이들이 많아요.

── 유치원에 애들이 많구나. 딥스는 친구들 이름을 다 알고 있네.

── 아이들 이름 다 알아요. 남자애도 있고 여자애도 있어요. 그 애들은 참 재미있어요.

유치원 친구들 가운데 누군가에 대해서 이야기하거나 관심을 보인 건 처음이었다. 나는 언제 한번 다른 아이들을 데려다가 딥스가 그들과 어울릴 수 있게 집단 치료를 해볼까 생각했었다. 유치원에서 딥스가 요즘 어떻게 지내는지는 전혀 들은 바가 없어서 알 길이 없었다.

── 딥스야, 다음 목요일부터 여기에 남자 친구든 여자 친구든 네 친구 한 명을 데려와 같이 놀면 어떻겠니?

딥스는 거의 숨넘어갈 듯 흥분했다. 화난 눈으로 나를 바라보았다.

── 안 돼요! 안 돼요! 아무도 여기 오면 안 돼요!

── 다른 아이가 오는 게 싫으니?

목소리가 좀 누그러졌다.

── 아무도 안 올 거예요.

── 아무도 안 올 거라고 생각해? 그래서 싫다고 했니?

── 네, 아무도 안 올 거예요. 아무도 나를 좋아하지 않아요.

── 그렇지만 만일 누군가가 온다고 하면, 와서 너하고 놀려고 한

다면 그래도 싫은 거야?

다시 한번 물었다.

── 안 돼요. 이건 내 거예요! 여기는 나 혼자 있을 거예요. 누구도 여기 오게 하기 싫어요. 여기서는 선생님과 나만 있고 싶어요.

딥스는 소리쳤다. 거의 울 듯했다. 내게 등을 보이며 돌아섰다.

── 알았다, 딥스야. 나하고 단둘이만 있고 싶다면 그렇게 할 거야.

── 그래야 돼요. 나는 아무도 여기 오는 것을 원치 않아요.

── 그래, 네가 원하는 대로 하자.

딥스는 창가로 가서 밖을 내다보았다. 우리는 아무 말도 하지 않았다. 긴 침묵 끝에 딥스가 머뭇머뭇 돌아서서 나를 쳐다보았다.

── 유치원에 많은 아이가 있어요. 나는…… 나는…… 그 아이들을…… 좋아…… 해요. 나는 친구들이 날 좋아했으면 좋겠어요. 그렇지만 여기 오는 것은 싫어요. A 선생님은 나만의 선생님이에요. 나한테만 있는 특별한 선생님이에요. 우리 두 사람뿐이에요.

── 다른 아이들을 좋아하지만 여기서는 우리 단둘이 있고 싶다는 거지?

── 네, 그래요.

이때 종이 울렸다.

── 네 시군요. 네 시 종과 네 시 꽃, 그리고 하늘에는 해가 있어요. 해바라기도 있지요. 세상에는 참 각각 다른 많은 것이 있어요.

── 그래.

딥스는 개수대로 가서 물을 세게 틀었다. 그러곤 수도꼭지를 줄여서 물이 졸졸 흐르게 했다.

— 나는 물이 콸콸 나오게 할 수도 있고 졸졸 나오게 할 수도 있어요. 내가 원하는 대로 할 수 있어요.

— 그럼. 너는 물을 네 마음대로 관리할 수 있지.

— 나는 물을 흐르게도 하고 멈추게도 할 수 있어요.

— 너는 조절할 수 있지.

— 네.

딥스는 힘주어 말했다.

— 나는 할 수 있어요. 나는, 나는, 나는…….

딥스는 자기 가슴을 부드럽게 치며 "나, 나, 나……"라며 놀이방을 빙빙 돌다가 내 앞에 멈춰 섰다. 그리고 행복하게 활짝 웃었다.

— 나는 딥스예요. 나는 무엇이든 할 수 있어요. 나는 딥스를 좋아해요. 나는 내가 좋아요.

딥스가 물장난을 시작했다. 젖병을 개수대에 넣고 물을 세게 트니까, 물이 온 방 안에 튀었다. 딥스는 껑충 뒤로 물러서면서 유쾌하게 웃었다.

— 내게는 안 튀어요. 나는 뒤로 뛰어 물러설 수 있어요. 나한테는 물이 안 튀게 할 수 있어요.

딥스는 작은 병을 큰 병 속에 넣기, 큰 병을 한 손으로 높이 들기, 작은 병은 다른 손으로 낮게 들기, 큰 병에서 작은 병으로 물을 붓기 등 다양한 방법으로 놀았다.

— 야! 나는 일을 할 수 있어. 나는 이것도 하고, 이것도 하고, 이 것도 할 수 있어. 나는 실험을 할 수 있어. 야! 재미있다!

딥스는 여러 가지 그릇과 물을 가지고 실험을 했다.

— 여러 가지 물건이 있으면 재미있는 놀이를 할 수 있어. 이 방에 있으면 난 세상처럼 커져. 나는 무엇이든 하고 싶은 일을 할 수 있어. 나는 크고 힘이 세. 나는 물이 나오게도 할 수 있고 멈추게도 할 수 있어. 무엇이든 원하면 할 수 있어. 안녕! 작은 병아! 넌 어떠니? 너도 재미있지? 작은 병에게 말하지 마. 병은 물건일 뿐이야. 사람에게 말을 해야지. 사람에게 하란 말이야. 안녕 존! 안녕 보비! 안녕 칼! 사람에게 말해. 그렇지만 나는 작은 병에게 말하고 싶어. 그리고 여기서는 내가 하고 싶으면 할 수도 있어!

딥스는 재빨리 젖병과 꼭지를 집어 들었다.

— 이것 좀 끼워주세요.

내가 끼워주자 딥스는 나를 쳐다보며 선 채로 꼭지를 빨았다.

— 아기가 되고 싶을 때는 아기가 될 수 있어요. 어른이 되고 싶을 때는 그렇게 할 수도 있어요. 내가 말하고 싶을 때 말해요. 내가 가만히 있고 싶을 때는 가만히 있어요. 그렇지 않아요?

— 그럼, 그렇고말고.

딥스는 입에서 꼭지를 떼더니 병에 입을 대고 물을 마셨다.

— 재미있는 거 하나 보여드릴게요.

그러더니 유리컵 몇 개를 꺼내어 일렬로 세워놓고 물의 양을 각각 다르게 부었다. 그리고 숟가락으로 컵을 하나씩 가볍게 쳤다.

— 소리가 다르죠? 나는 컵마다 다른 소리를 내게 할 수 있어요. 컵에 담은 물의 양을 다르게 하면 돼요. 들어보세요. 내가 타자기를 칠 테니까 소리를 들어보세요. 이 양철 상자 소리도요. 소리가 다 달라요. 내가 안 만들어도 나는 소리가 있어요. 천둥소리 같은 거요. 또 물건이 떨어져도 소리가 나요. 네, 나는 모든 종류의 소리를 낼 수 있어요. 그리고 나는 아주 조용히 할 수도 있어요. 아무 소리도 안 낼 수 있어요. 나는 침묵도 만들 수 있어요.

— 소리를 낼 수도 있고 침묵할 수도 있구나.

딥스가 손을 물에 담갔다. 한참 지난 후에 손을 꺼내 내게 내밀었다.

— 보세요, 손이 온통 쭈글쭈글해요.

— 그렇네.

— 이제는 아주 중요한 일을 할 거예요.

딥스가 물감병들을 화판 위에 아무렇게나 늘어놓았다.

— 보세요. 빨간색, 파란색, 노란색, 회색, 오렌지색, 보라색, 초록색, 흰색, 모두 뒤섞였어요. 이제 색마다 다른 색이 묻은 붓을 넣으면 돼요.

딥스는 그렇게 해놓고 물러서서 화판을 쳐다보며 웃었다.

— 아무렇게나 될 대로 돼라. 다 섞여버렸다. 붓을 모두 뒤섞어 잘못 꽂았지. 전부 내가 그렇게 했어. 내가 뒤죽박죽으로 만들었어.

딥스가 큰 소리로 웃었다.

── 그래, 모두 뒤섞어버렸구나. 물감이랑 붓을.

── 네, 아주 더러워요. 엉망진창 뒤죽박죽, 내가 처음으로 더럽게 한 거예요. 그렇지만 지금부터 내가 치울 거예요. 모두 제자리에 놓을 거예요.

딥스는 물감과 붓을 모두 제자리에 바로 놓기 시작했다.

── 순서대로 놓아야 할 것 같니?

── 그럼요. 열두 가지 물감과 열두 개의 붓이 있는데요.

그러더니 가볍게 자신을 힐책하는 듯이 "딥스야, 어서 빨리 바로 놓아라." 했다.

── 모든 일은 바르게 하는 방법이 있는데, 빨리 순서대로 해야지.

── 언제나 순서대로 놓여 있어야 한다고 생각하니?

── 그럼요. 온통 뒤죽박죽되어 있지 않다면요.

── 그렇다면 지금은 괜찮은 거야?

── 여기서는요. 여기서는 그냥 있기만 해도 돼요.

딥스는 내게 다가와서 미소 지으며 내 손을 토닥거렸다.

── 선생님, 선생님 사무실로 가요. 거기서 선생님이랑 같이 있고 싶어요.

── 나머지 시간을 거기서 보내는 것도 좋지.

딥스는 서둘러서 사무실로 갔다. 책상 위에 장서표 한 묶음이 있었다.

— 이것 좀 써도 돼요?

— 원한다면.

딥스는 책장으로 가서 거기 꽂힌 책들을 자세히 들여다보았다. 그리고 책 한 권을 골라서 제목을 읽기 시작했다.

—《어린이가 바깥세상을 만나다》.

이번엔 창가로 가 창밖을 내다보았다.

— 안녕, 세상? 바깥세상은 참 날씨가 좋구나. 좋은 냄새가 난다. 아! 저기 나랑 친한 트럭이 온다.

딥스는 오래오래 내다보았다.

— 안녕, 트럭아! 안녕, 사람들! 안녕, 세상아!

딥스는 행복하게 웃었다. 그리고 책상으로 돌아와 옥스퍼드 소사전을 들었다.

— 단어로 꽉 찬 책아! 나는 여기다가 두 개만 더 적어야지. 내 작은 사전. 파란색 표지의 단어 책.

딥스는 책상 위의 장서표 두 장을 책 사이에 넣었다. 그러고는 의자 뒤에 기대앉아서 나를 쳐다보며 활짝 웃었다.

— 이제 곧 집에 갈 시간이에요. 집에 갈 때 나는 속으로 행복할 거예요. 그리고 다음 주 목요일에 다시 올 거예요. 그리고 나만 온다는 것을 기억해주세요. 나 말고 다른 사람은 아무도 안 돼요. 선생님만 빼고요.

— 그래, 기억할게. 네가 이 시간을 꼭 너만을 위한 시간으로 하

자고 하면, 선생님도 그렇게 할게.

── 그래요. 나만을 위해서요. 아직은 아무도 싫어요.

딥스가 속삭였다.

── 그럼, 그렇게 하자꾸나. 아직은 아무도 못 오게 하자.

아마도 이것이 장차 딥스가 친구를 데리고 올 계기를 마련할 씨
앗이 될지도 모른다. 여기에 안 데리고 오더라도 유치원에서 친구를
갖게 되겠지.

그때 딥스 어머니의 도착을 알리는 초인종이 울렸다.

── 안녕히 계세요. 다음 주 목요일에 와서 또다시 행복으로 채울
게요.

딥스는 방문을 나서면서 어머니가 보는 앞에서 다시 한번 나를 쳐
다보았다. "선생님 안녕!" 하고 인사하고 뒤돌아서서 긴 복도를 쏜살
같이 뛰어가더니 두 팔로 느닷없이 엄마를 껴안았다.

── 엄마! 엄마가 좋아요.

딥스가 소리쳤다. 딥스의 어머니도 나도 이 돌발적인 표현에 깜짝
놀랐다. 그녀의 눈에 갑자기 눈물이 그렁그렁 고였다. 그녀는 나에게
말없이 고개를 끄덕여 인사하고는 딥스의 손을 꼭 쥐고 돌아갔다.

딥스가 자랑스러워요

다음 날 딥스 어머니로부터 만나고 싶다는 전화가 걸려 왔다. 나 역시 그녀의 연락이 반가웠다. 그녀는 흥분을 애써 감추면서 내 사무실로 들어왔다. 전날 딥스의 자발적인 애정 표현이 엄마의 닫힌 마음을 열게 한 것이다.

— 저희가 얼마나 감사해하는지 알려드리고 싶어서요. 딥스는 참 많이 변했어요. 예전과 다른 아이가 되었어요. 달라졌어요. 어제 이곳을 떠날 때 제게 하던 그런 자유로운 감정 표현은 한 번도 보지 못한 거예요. 저…… 전 아주 감동했어요.

— 네, 그러신 줄 알아요.

— 딥스는 아주 좋아졌어요.

그녀의 눈은 행복으로 차 있었고, 입가에는 미소가 떠올랐다.

── 전보다 침착하고 행복해 보여요. 이제는 신경질도 안 부려요. 손가락도 안 빨고 우리를 볼 때도 똑바로 바라보고요. 우리가 말을 걸면 대답도 곧잘 한답니다. 집 안에서 일어나는 일들에 관해서도 관심을 보여요. 동생이 집에 있을 때는 가끔 데리고 놀기도 해요. 애정 표현도 하고요. 때로는 내게 먼저 다가와 말을 붙여요. 얼마 전에는 제가 부엌에서 쿠키를 만들고 있는데 들어오더니, "엄마, 쿠키 만드시느라 바쁘시네요. 엄마가 만든 쿠키는 참 맛있어요. 우리를 위해서 쿠키를 만드시죠." 하지 않겠어요. '우리'란 말을 썼어요. 딥스도 이젠 자신이 가족의 일원이라는 것을 느끼나 봐요. 하긴 저도…… 저도 이제야 딥스가 우리 가족의 한 사람이라는 걸 느끼기 시작한 것 같아요.

전 처음부터 딥스를 어떻게 대해야 좋을지 몰랐어요. 지독한 패배감과 위협감에 휩싸여 있었어요. 딥스는 제 모든 것을 망쳤거든요. 그 아이는 제 결혼을 위협했고, 직장도 잃게 했어요. 지금에야 내가 어떻게 했기에 우리 사이에 이러한 문제가 생겼을까 하고 저 자신에게 물어본답니다. 왜 이런 일들이 생겼을까? 어떻게 해야 문제가 해결될까? 제 자신에게 '왜? 왜? 왜?' 하고 수없이 물었어요. 왜 그렇게도 서로 싸웠을까요? 얼마나 싸웠던지 딥스가 거의 망가진 거예요. 처음 선생님을 만났을 때 제가 딥스를 지적장애아라고 우긴 것도 기억해요. 사실은 그렇지 않다는 걸 알고 있었어요. 저는 딥스가 두 살

때부터 가르치고 시험하면서, 아이가 큰 아이처럼 행동하도록 강요했어요. 사실 가족끼리 사랑을 표현하지 않으면서 많이 요구했어요. 언제나 사물을 통해서 했지요. 여기 놀이방에서 딥스가 무엇을 했는지 모르지만, 선생님께서는 딥스가 뭘 알고 뭘 할 수 있는지 혹시 아시나요? 딥스는 읽을 줄 알아요. 무엇이나 손에 잡히는 대로 읽지요. 쓸 줄도 알아요. 제법 의미 있는 글을 써요. 자기가 좋아하는 일은 기록으로 남깁니다. 그 아이는 나무껍질이나 잎사귀들의 스크랩북을 분류해서 만들었어요. 꽃도 눌러서 모아놓고요. 딥스는 방 안 가득히 책과 그림과 교육적인 놀잇감과 과학 재료들을 가지고 있어요. 또 전축과 대단히 많은 레코드판도 가지고 있어요. 그 아이는 음악을 좋아해요. 특히 클래식을. 그리고 그것들을 어느 부분이든 상세히 알고 있어요. 틀어놓고 곡의 이름을 물어보면 딥스가 대답하는 식으로 익힌 거예요. 사실 저는 많은 시간을 그 아이를 위해 음악을 틀어주면서 일일이 다 이야기해주었지만 딥스가 듣고 있었는지는 자신이 없었어요. 수백 권의 책을 읽어줬지만, 딥스는 책상 밑에 숨어 있었어요. 전 잠시도 쉬지 않고 딥스에게 주위의 사물에 대해서 설명해주었지요. 그래도 딥스가 들릴 만한 거리에 있었기 때문에 보여주는 것을 본다고 가정했었지요. 이를 위안 삼아 하고 또 했어요. 제 자신에게 증명해야 했거든요. 딥스는 배울 수 있고 내가 가르칠 수 있다는 걸 증명해야 했어요. 그러나 아이의 행동이 워낙 이상해서 얼마나 알아들었는지, 이런 일이 과연 의미 있는 것인지는 알 길이 없었어요. 가끔 딥스가 방에 혼자 있을 때 제가 준 물건들을 엎드려 들여다보고 있으면, 그걸 보고 무언가 의미가 있기는 있나 보다 하고 스스로를 위안했지요. 하지만 확신은 없었어요.

그녀가 한숨을 쉬며 절망적으로 머리를 흔들었다.

── 딥스 때문에 몹시 불안하고 혼란스러우셨군요. 시험하고 관찰하고, 어머니 자신과 딥스에 대해서 의심하고, 희망을 품었다가 절망하기도 하고, 낭패감 속에서도 딥스에게 뭔가 해주고 싶으셨고요.

── 네. 늘 시험했지요. 그 아이의 능력을 언제나 의심했어요. 그래서 딥스에게 가까이 가려고 노력할수록 우리 사이엔 벽만 쌓였어요. 그 아이는 정말 제가 시키는 시험을 언제나 해냈어요. 아마도 딥스만큼 시험에 시달린 애도 없을 거예요. 딥스는 언제나 자신의 능력을 증명해야만 했어요. 딥스에겐 평화라곤 없었죠. 할머니가 오셨을 때는 예외였어요. 할머니와 딥스는 사이가 좋았어요. 할머니 앞에선 딥스가 긴장을 풀었어요. 할머니에게도 별로 말은 안 했지만, 하여간 할머니는 그 애를 있는 그대로 받아들였고 믿었으니까요. 나만 좀 누그러져서 애를 가만 놔두면 애는 괜찮을 거라고 어머님이 늘 말씀하셨지만, 전 믿질 않았어요. 전 딥스의 모든 결함을 다 보상해주어야만 한다고 생각했거든요. 딥스가 이상한 것이…….

그녀가 갑자기 울음을 터뜨렸다.

── 제 책임이라고 믿었어요. 전 죄책감에 시달렸어요. 어떻게 딥스한테 그렇게 심하게 했는지 모르겠어요. 이성이 없어졌던가 봐요.

제 행동은 강압적이었고 이성적이지 못했어요. 전 제가 원하는 증거만 보려고 했던 거예요. 이상한 행동 뒤에 능력이 감춰져 있을 거라고요. 하지만 딥스가 이상한 것이 제 책임이라는 생각은 견딜 수가 없었어요. 내가 내 아이를 거부한다는 사실도 인정할 수 없었죠. 이제는 그 애를 거부하지 않으니까 말할 수 있어요. 딥스는 내 아들이고, 나는 그 아이를 자랑스럽게 생각한다고요.

딥스 어머니가 말을 맺으면서 날 살폈다.

── 한동안 딥스에 대한 감정을 솔직하게 받아들이기 매우 힘드셨을 겁니다. 그러나 지금은 감정이 변했고, 딥스를 자연스럽게 받아들이고 또 믿고 자랑스럽게 여기시지요?

그녀는 힘주어 고개를 끄덕였다.

── 딥스가 할 수 있는 것을 또 한 가지 보여드릴게요. 딥스는 읽고 쓸 수 있을 뿐만 아니라 그림도 잘 그려요. 아주 독특하지요.

딥스 어머니가 가지고 온 그림을 풀어 보였다.

── 이것 보세요. 매우 섬세하고 원근감도 느껴져요.

정말 여섯 살 된 아이가 그렸다고 하기에는 굉장히 뛰어난 그림이었다. 물체들은 구석구석 아주 섬세하게 묘사되어 있었다. 그중 하나는 공원을 그린 그림이었는데, 공원 안에 돌계단이 구불구불 언덕까지 올라간 것을 상세히 그려 원근감을 살리고 있었다.

── 정말 훌륭하네요!

딥스 어머니가 걱정스러운 눈으로 나를 보았다.

— 너무 훌륭해요. 그래서 오히려 걱정이었어요. 정신분열이면 어쩌나 하는 걱정으로 스스로를 고문했지요. 만일 그렇다면 그 비범한 능력들이 다 소용없거든요. 그러나 이젠 그런 걱정 안 해요. 점점 나아지고 있으니까요.

딥스 어머니는 의사였으니 그녀의 진단이 옳을 수도 있다. 엄마에게 강요당해서 생긴 이상한 행동은 아이를 가족, 친구들, 유치원의 다른 어른들로부터 격리시키기에 충분했다. 아이에게 자신의 능력을 보이라고 계속 강요하면 그 결과는 매우 참담해질 수 있다. 어린이는 사랑과 수용과 이해를 필요로 한다. 만일 심리적인 거부와 끊임없는 의심과 시험에 시달리면 아이는 황폐해지고 만다.

— 전 아직도 여러 가지가 혼란스러워요. 하지만 딥스에게 비상한 능력이 있다면, 그것이 묻혀서는 안 된다고 생각해요. 딥스가 해낸 것들이 자랑스러워요.

— 딥스가 해낸 일들이 어머니에게는 큰 의미가 있군요. 물론 아직은 아이의 발전된 모습이 좀 혼란스럽긴 합니다만. 그렇지요?

— 네, 그래요. 딥스가 해낸 일들은 매우 중요해요. 딥스에게도, 또 제게도요. 딥스가 두 살 때 일이 생각나는군요. 딥스는 두 살 때 읽기 시작했어요. 남편은 정신 나간 소리라고 했죠. 두 살짜리가 읽는 법은 없다고요. 그러나 저는 분명히 알았어요. 제가 가르쳤거든요.

— 어떻게 가르치셨어요?

— 알파벳 글자 세트를 두 개 샀어요. 글자마다 오려낸 것 말이

에요. 그것을 하나씩 보여주며 무슨 글자인지 말해주고, 어떻게 읽는지 알려줬어요. 그 글자들을 차례대로 늘어놓으면 딥스는 가만히 앉아서 쳐다보고만 있었죠. 제가 그것을 흩어놓고 딥스더러 제대로 맞춰보라고 했더니 방에서 뛰쳐나가버렸어요. 그래서 전 다시 글자들을 순서대로 맞춰놓고는 다른 글자 세트 상자를 옆에 놓아두고 방을 나갔지요. 그랬더니 딥스가 다시 돌아와서 들여다보더라고요. 그래서 제가 둘째 상자의 글자들도 하나씩 보여주며 이름을 말해주고 순서대로 놓았지요. 나란히 맞춰보라고 하니까 또 도망쳤어요. 가만 놓아두면 또 돌아와서 들여다보겠지 하고 저도 방에서 나왔어요. 이렇게 세 번 되풀이했더니 아이가 글자를 순서대로 맞추는 거예요. 얼마 안 가서 딥스는 혼자서도 알파벳을 순서대로 놓게 되었어요.

그다음에는 물건의 그림을 구해서 하나하나 보여주며 이름을 가르쳐주고, 그 이름을 써주며 설명했지요. 그러고는 알파벳 글자로 단어의 철자를 알려주었어요. 딥스는 금방 배워서 단어도 쓰고, 그 옆에 맞는 그림도 갖다 놓았어요. 그렇게 해서 읽게 된 것이지요. 다음에는 그림과 단어가 있는 책들을 많이 사주었어요. 쉬운 동화책을 사서 여러 번 읽어주었어요.

노래, 게임, 이야기, 시가 담긴 레코드도 사주었어요. 하여간 늘 새로운 것을 가르쳤어요. 딥스는 전축을 다룰 줄 알아요. 내가 "'작은 기차' 레코드 좀 가져오렴." 하면 많은 것 중에서 정확하게 그것을 찾아와요. 언제나 정확했어요. "나무 글자를 갖다주렴." 하면 틀림없이 그것을 가져왔어요. 무슨 단어든지요. 나중에는 남편도 딥스가 읽는 다는 사실을 인정했어요. 딥스는 책을 뚫어지게 들여다보곤 했어요. 때로는 남편이 읽어주기도 했어요. 집에 물건들을 가져와서 딥스에 게 자세히 설명해주고, 또 더 보라고 놓아두곤 했어요.

그다음엔 숫자를 가르쳤는데 금세 배웠어요. 딥스는 혼자서 중얼대 는 일이 많았는데, 난 그 애가 자기 자신에게 얘기하는 것으로 여겼 어요. 하지만…… 우리 사이에는 거의 아무런 의사소통이 없었어요. 그래서 제가 그렇게 걱정을 많이 했지요.

딥스 어머니의 목소리가 점점 작아지더니 그만 침묵에 빠져버렸 다. 그녀는 오랫동안 창밖을 내다보았다. 나도 잠자코 있었다.

그녀가 이제껏 딥스와 보낸 인생의 그림은 오싹할 정도로 두려운 것이었다. 어린아이가 그만큼이나마 자기 통제와 감수성을 유지했 다는 것이 사실 기적이었다. 어떤 아이든 딥스만큼의 압력을 받았다 면 자신을 보호하기 위해 상당히 위축되고 만다. 딥스 어머니는 자 기가 가르치는 것을 딥스가 모조리 배울 수 있다는 확신은 얻었지 만, 아들과 친밀한 관계를 맺지 못한다는 사실 때문에 힘들었을 것 이다. 균형 있는 감정생활을 해칠 정도로 아이의 능력만 개발하는 것은 오히려 아이를 파괴시킬 수 있다.

── 딥스의 여동생을 유치원 기숙사에 보냈어요. 그래야 딥스에게 관심을 집중시킬 수 있을 것 같아서요. 아직도 전 왜 그렇게 딥스의 성취를 중시했는지 제 자신에게 물어봐요. 딥스가 아직 아기였을 때

부터 능력을 증명하라고 강요하다니. '왜 나는 딥스를 아이답게 행동하도록 놓아둘 수 없었을까?' 내 아이인 걸 그냥 기뻐하면서 말이에요. 언젠가 선생님께 딥스가 저를 거부한다고 말씀드린 일이 생각나는군요. '왜 나는 내 자신의 감정을 거부하는 것일까? 왜 나는 감정적인 인간이기를 겁냈을까? 왜 나는 남편과 나 사이에 일어난 긴장된 관계를 모두 딥스에게 퍼부었을까?' 하고요.

그녀는 나직한 목소리로 말을 이었다.

— 정말 그랬어요. 아마 평범한 엄마 역할만 해서는 명석한 남편의 관심을 끌거나 유지하기 힘들다고 생각했나 봐요. 게다가 그 사람은 아이를 원하지 않았으니까요. 딥스가 우리 때문에 그렇게 됐다는 생각을 떨치려고 얼마나 싸웠는지 모릅니다. 죄책감, 패배감, 좌절감, 실패감에 휩싸여 견딜 수가 없었지요. 우린 딥스를 원망했어요. 무엇이든 우리 사이에 잘못되는 것은 딥스 탓을 했어요. 딥스에게 지은 죄를 보상해줄 길이 있을지 모르겠어요.

— 딥스와의 관계에는 매우 곤란하고 격한 감정이 얽혀 있었네요. 지난날의 감정에 대해서 많이 말씀하셨는데, 지금은 어떠세요?

그녀가 신중하고 조심스럽게, 그러나 분명하게 말했다.

— 제 감정이 변했어요. 지금도 변하고 있어요. 저는 딥스가 자랑스러워요. 그리고 사랑스러워요. 이제 딥스는 매 순간 능력을 증명할 필요도 없어요. 딥스가 변했기 때문이죠! 그 아이가 먼저 변해야만 했어요. 딥스가 저보다 커져야만 했지요. 그러자 남편의 감정과

태도도 변했어요. 우리는 모두 우리 주변에 높은 담을 쌓고 살았어요. 딥스뿐 아니라 저나 남편도요. 이 벽만 무너진다면…… 지금 무너지고 있지만요…… 우리는 모두 보다 행복하고, 보다 가까워질 거예요.

— 태도나 감정은 변할 수 있는 것이지요. 이미 경험하셨지만요.

— 네, 경험했고말고요. 하나님께 감사해요.

아마도 그녀는 엄마로서의 자존감을 위협받지 않고 받아들여졌다고 느꼈기에 자기 자신의 깊은 감정 속으로 파고들어갈 수 있었으며, 거기서 중요한 통찰과 이해를 할 수 있었던 게 아닐까.

부모 자신들이 치료에 참여하지 않는 한, 아이의 치료는 진전되지 않는다. 얼마나 많은 어린이가 이 때문에 치료의 효과를 보지 못했는지 모른다. 물론 부모도 함께 와서 자기 몫의 치료를 받으면 더욱 도움이 되겠지만, 치료를 받겠다고 하고도 사실상 거부하는 경우가 많아서 대개는 별로 진전이 없다. 준비되어 있지 않다면 치료도 별로 효과를 못 보기 마련이다. 위협당한 사람의 방어란 굉장할 수도 있다. 딥스의 경우에는 다행히도 부모가 아이에게 신경을 많이 썼기 때문에, 아이의 성장을 기뻐하고 이해했으며 함께 변할 수 있었다.

자아를 되찾은 것은 딥스뿐 아니라 그의 부모도 마찬가지였다.

나는 바람, 아무도 못 보는 바람

다음 주 월요일, 제인 선생님으로부터 전화가 왔다. 딥스의 유치원 생활이 너무 궁금하던 터였다. 제인 선생님이 전화한 걸로 봐서는 딥스의 변화가 유치원에서도 일어난 것이 분명했다.

—정말 기뻐요. 딥스의 행동에 많은 변화가 일어나서요. 딥스는 아주 서서히 변화하고 있어요. 이제는 저희의 물음에 대답도 하고 가끔은 먼저 말을 걸기도 해요. 행복해 보이고 침착하고 친구들에게도 관심을 보입니다. 보통 때는 말도 꽤 잘하는데, 무엇인가 잘 안 되면 전처럼 짤막한 아기 말투로 돌아가기는 해요. 그리고 이제는 자기 자신을 '나'로 표현해요. 헤다 선생님은 너무 좋아서 제정신이 아니에요. 모두 다 기뻐하고 있어요. 이런 소식을 들으면 좋아하

실 것 같아서 전화드렸어요.

— 네, 너무 기뻐요. 언제 한번 만나뵙고 좀 더 자세한 이야기를 듣고 싶네요. 조만간 선생님들과 점심 식사라도 하고 싶어요.

— 좋아요. 헤다 선생님도 좋아할 거예요. 지금 딥스의 담임이세요. 그분이 가장 적임자일 것 같았어요. 그녀도 딥스와 함께 있고 싶어 했고, 딥스를 많이 도와주었지요.

우리는 다음 날 점심 식사를 함께 했다. 셋이서 나눈 이야기를 통해 나는 딥스를 더 잘 알게 되었다.

딥스는 서서히 자기가 선택한 고립 상태에서 빠져나오기 시작했다. 우리는 딥스가 주변의 일들에 대해서 알고 있다는 걸 의심하지 않았는데, 우리의 추측은 들어맞았다. 다른 친구들과 어울리지 않고 등을 돌리고 있거나 책상 밑에 숨어 쭈그리고 있는 동안에도 딥스는 항상 주변에서 일어나는 일을 듣고 배우고 있었던 것이다.

딥스는 서서히 다른 아이들에게 다가가기 시작했다. 처음엔 묻는 말에 간단히 대답하는 정도였지만, 다음에는 다른 애들이 하는 일을 하기 시작했다. 아침에 교실에 들어서면 인사를 했고, 자기 외투와 모자를 벗어서 자기 옷걸이에 걸었다. 이야기나 음악을 듣기 위해 차츰차츰 의자를 끌고 가까이 다가갔고, 때때로 묻는 말에 대답도 했다. 선생님들은 딥스의 변화에 다른 아이들의 관심이 갑자기 쏠리는 것을 막으려고 매우 신중하게 대처하면서도, 딥스에게 항상 기회를 열어두는 걸 잊지 않았다.

— 딥스가 요즘은 신경질을 부리지 않아서 언제 그랬나 싶어요. 이젠 다른 애들이나 우리를 보고 웃기도 해요. 처음에 우리 반으로 오게 되었을 때 내게 다가와서 손을 잡고 잠깐 이야기한 일이 있어요. 저는 딥스가 하려고 하는 만큼만 반응하려고 조심했어요. 절대로 재촉하지 않았답니다. 딥스가 하는 일이나 말을 정답게 받아들이는 동시에 더 해보게 할 수 있도록 조용히 도왔습니다. 물론 다른 애들이 자기 일에 열중하니까 딥스에게 별로 신경 쓰지 않아 자기 나름대로 적응하게 됐어요. 딥스는 점차 잘 따라 했고, 설명에 따라서 훌륭하게 해냈어요. 참, 화판으로 가서 그림을 그린 것이 스스로 나서서 한 첫 번째 일이었지요. 화가들이 대작을 그리는 것처럼 아주 집중해서 그리더라고요.

헤다 선생님이 웃으면서 딥스의 그림을 보여주었다.

— 예술적인 소질은 없는 것 같아요. 하지만 무엇인가를 했다는 것이 중요하니까요.

아주 단순하고 전형적인 여섯 살짜리 아이의 그림이었다. 원시적인 집과 나무와 꽃. 색은 맑고 밝았다. 딥스가 왜 이렇게 그렸을까? 훨씬 더 예술적인 그림을 그릴 수 있는데? 집에서 그린 그림은 지나칠 만큼 잘 그렸었는데?

— 다른 작품도 좀 가지고 왔어요. 여기 딥스가 쓴 글도 있고요. 딥스는 알파벳도 알고 몇 마디 말도 쓸 줄 알아요.

헤다 선생님은 종이 몇 장을 내게 보여주었다. 거기에는 딥스가 힘들여 쓴 글이 있었다.

　나는 고양이를 봅니다.
　나는 개를 봅니다.
　나는 당신을 봅니다.

　── 우리 교실에는 그림글자 카드가 붙어 있어요. 아이들이 철자
를 알고 싶으면 그것을 보면 되지요. 우리가 도와주기도 하고요. 어
떤 아이들은 벌써 읽기를 시작했고, 더러는 꽤 잘 읽어요. 딥스도 요
즘 읽기에 한몫하기 시작했어요.
　딥스가 썼다는 엉성한 글씨. 여러 가지 감정이 교차했다. 단순한
그림, 단순한 글. 왜 딥스는 자기 능력을 줄여서 표현했을까? 어쩌면
딥스는 이렇게 행동하며 또래 아이들에게 적응하고 있는 게 아닐까.
　헤다 선생님이 흥분해서 말을 이었다.
　── 딥스도 읽어요. 읽기 모임에 들었어요. 다른 아이들과 함께 앉
아서 읽느라고 애를 써요. 자기 차례가 되면 자신 없는 듯이 천천히,
그렇지만 곧잘 읽어요. 제 생각에 더 잘 읽을 수 있는 것 같지만, 하
여간 다른 아이들만큼은 읽어요. 그리고 열심이에요.
　나는 매우 당황했다. 여기엔 몇 가지 의미가 담겨 있었다. 틀림없
이 딥스에 대한 선생님들의 성의는 중요하다. 만일 내가 딥스는 그
보다 훨씬 더 잘할 수 있다고 하면 선생님들은 실망할 것이다. 사실

오랫동안 차원이 다른 두 종류의 세계에서 살아온 딥스가 갑자기 통합되기를 기대하는 건 무리일 것이다.

지금은 딥스의 사회성 발달이 다른 어떤 발달보다 중요한 때이다. 지적 능력은 의심할 바가 없다. 능력을 죽이고 있다면 문제가 된다. 그러나 이 시점에서 딥스에게는 다른 아이들보다 더 잘 읽고 쓰고 그리는 것을 드러내는 것보다는 사회적으로 적응하는 일이 더 중요하지 않을까? 높은 지적 성취가 개인이나 타인에게 유익하게 건설적으로 쓰이지 않는 한 무슨 소용이 있단 말인가?

— 그러니까…… 딥스가 유치원에서 나아지고 있단 말씀이시죠?

말하고도 너무 애매하고 적절하지 못한 표현 같았다. 제인 선생님이 말했다.

— 딥스는 음악도 좋아해요. 언제나 제일 먼저 일어나고 모든 노래를 다 알아요. 리듬 악기 연주부에도 참여한답니다.

— 아유, 그 아이가 춤추는 것을 보셔야 해요. 딥스는 자진해서 코끼리나 원숭이 흉내도 내고, 바람처럼 움직이기도 해요. 혼자서 말이에요. 처음에는 어색해했지만 점점 빠져들면서 리듬에 맞춰 우아하게 움직여요. 우리가 강요한 게 아니에요. 딥스가 조금씩 발전할 적마다 딥스나 우리나 모두 느끼고 있어요. 딥스 어머니의 태도도 엄청나게 변했어요. 딥스를 데리고 올 때나 갈 때 보면 다정하고 명랑하고 행복해 보여요. 딥스 역시 어머니 손을 잡고 즐거운 듯이 집에 가곤 해요. 정말이지 딥스는 아주 관심이 가는 아이예요.

헤다 선생님의 칭찬에 내가 간단히 대꾸했다.

— 네. 딥스는 참 흥미로운 아이지요. 그 애는 최선을 다해서 한 개인이 되고, 유치원 한 반의 한 사람이 되려고 애쓰고 있는 것 같네요.

— 변화를 가장 뚜렷하게 느꼈던 건 딥스 생일날이에요. 우리는 아이들의 생일을 꼭 챙겨서 축하해줘요. 생일 케이크도 준비하고요. 동그랗게 앉아서 이야기를 나누고 케이크에 촛불을 켜요. 그러면 아이들이 생일 축하 노래를 부르고, 생일인 사람은 제 곁에 서서 촛불을 '후' 불어 끈 후에 케이크를 함께 나눠 먹어요. 딥스의 생일이 되었는데 예전엔 전혀 참여를 안 했기 때문에 과연 어떻게 행동할지 무척 궁금했어요. 모두가 동그랗게 설 때 딥스는 제 옆에 있었어요. 노래를 부를 때는 누구보다도 큰 소리로 "생일 축하합니다, 생일 축하합니다, 사랑하는 딥스야, 나를 사랑해!"라고 불렀어요. 그리고 모든 어린이에게 케이크를 한 조각씩 나눠 주며 활짝 웃었고 "오늘은 내 생일이야. 내 생일. 난 오늘 만 여섯 살이 돼." 했답니다.

선생님들은 딥스에 대하여 매우 만족스러워하고 있었다. 나도 마찬가지였다. 하지만 아직 할 일이 남아 있었다. 딥스가 자기 능력을 있는 그대로 받아들이고 거부감 없이 사용할 수 있도록 해야 한다. 그러나 우선은 사회적, 정서적으로 새로운 한계에 도전하는 중이다. 전인적 발달을 위해 꼭 필요한 과정이다. 딥스가 놀이방이나 집에서 사용하는 능력이 반드시 유치원에서도 발휘되리라는 것을 나는 의심치 않았다.

지금까지는 그 능력이 오히려 걸림돌이 되었고 그가 두려워하는 세계로부터의 도피처를 형성해주었다. 자신을 보호하기 위한 방어적 행동이 한편으론 딥스를 격리시켰다. 그런데 다른 아이들보다 훨씬 일찍 말하고 읽고 쓰고 그림을 그리는 사실까지 드러나면 아이들이 그를 피했을 것이고 또 다른 면으로 격리되었을 것이다.

많은 영재가 한쪽으로만 치우쳐 발달해 자신만의 외로운 세계에 고립되어 우울하게 지낸다. 높은 지능은 때론 심각한 개인적 혹은 사회적 문제를 일으킬 수 있다. 어린이의 모든 기본적 욕구를 충족시킴으로써 그들의 우수한 지능이 적절한 돌출구를 찾을 수 있도록 해야 한다. 영재를 위한 특수 학급도 있지만 딥스의 행동은 거기 넣기에는 미성숙했다. 지금으로서는 크게 도움이 되지 않을 것이다.

딥스는 자기를 찾는 일에 깊이 골몰해 있다. 한꺼번에 여러 가지를 시도하는 것은 위험하다. 자신의 잠재 능력에 대해 자신감을 가지는 게 필요하다. 즉, 편안하고 낙천적이면서도 세심한 배려가 있는 환경이 절대적으로 필요하다.

── 얼마 전에 유치원에 행사가 있었어요. 강당에서 했는데, 딥스보다 더 어린아이들을 위한 행사였어요. 아이들은 참가 여부를 스스로 결정해요. 이야기를 꾸며서 연극처럼 사람들에게 보여주는 것인데, 대사도 음악도 즉석에서 만들어내는 거예요. 같은 것을 되풀이하는 법은 없고, 매일 다른 모양으로 진행이 되죠. "나무 할 사람? 바

람 할 사람? 해님은 누가 할래?" 그런 연극 아시죠? 정식으로 공연할 때는 아이들끼리 배역을 정하도록 했어요.

딥스가 이걸 어떻게 받아들일지 전혀 판단이 안 섰어요. 전에는 이런 일에 무관심했거든요. 그런데 하루는 모임에 끼어들어 춤을 추겠다고 자원하는 거예요. 스스로 춤을 만들어서 추었는데, 아이들이 모두 좋아했어요. 바람을 했는데요, 딥스가 바람 소리를 내며 교실 안을 휘젓고 돌아다니니까, 다른 아이들이 모두 딥스가 잘한다며 강당에 내보내자고 했어요. 딥스도 그러겠다고 하고요. 정말 잘하더라고요. 춤추다가 갑자기 노래를 했어요. 작사 작곡을 직접 해서 말이에요. 대충 이런 거예요.

나는 바람. 부는 바람. 부는 바람. 올라가자, 올라가.
산을 오르고 구름을 움직이고 나뭇가지를 구부리고 풀을 나부끼게.
아무도 바람을 막을 수 없어.
나는 바람. 정다운 바람. 아무도 못 보는 바람.
나는 바람이야.

── 딥스는 관중을 별로 의식하지 않는 듯했어요. 아이들은 놀라면서도 좋아했어요. 너무 기뻤어요. 우리는 마침내 딥스가 자기 자신을 찾고 학급의 일원이 되었음을 알았지요.

딥스가 제 길을 찾은 것은 확실해 보였다. 그러나 아직 완전히 자신을 찾았다고는 말할 수 없다. 여전히 갈 길이 남아 있다.

자기를 찾는 과정이 딥스에겐 지루하고 고통스러운 경험일 것이다. 딥스는 그 과정을 통해서 자신의 감정과 태도 그리고 주위 사람들과의 관계에 대해서 차츰 눈뜨고 있었다. 하지만 아직도 과거의 경험 가운데 파헤쳐지지 않은 숨은 감정들이 있음이 확실하다. 그 감정들까지도 더 잘 이해하고 제어할 수 있어야 한다.

딥스는 앞으로 남은 놀이방에서의 경험을 통해 아직도 숨어 있는 미움이나 공포 같은 숨은 감정을 의식 세계로 끌어올려서 해소시켜야 한다.

나는 딥스입니다

── 사무실에 녹음기가 있던데, 내가 녹음 좀 해도 돼요?

물론 괜찮았다. 우리는 내 사무실로 들어갔다. 녹음기에 테이프를 끼고 전원을 연결한 후에 사용법을 일러주었다. 딥스는 마이크를 들고 녹음하기 시작했다.

── 나는 딥스야. 녹음기야, 들어봐. 넌 내 말을 받아서 담을 거야. 나는 말하는 딥스야. 나는 딥스야. 이것은 나야.

테이프를 되감아서 다시 틀고 듣더니, 내게 씩 웃어 보였다.

── 이것은 내 목소리예요. 내가 말했더니 그것이 녹음됐어요. 나는 길게 녹음할 거고, 우리는 그것을 영원히 간직할 거예요. 우리 둘만을 위해서요.

딥스가 다시 녹음하기 시작했다. 이름, 주소, 전화번호를 말했다. 다음에는 집안 식구들의 이름을 모두 말했다. 할머니도 들어 있었다.

— 나는 딥스입니다. 나는 말을 하고 싶습니다. 나는 A 선생님과 함께 사무실에 있는데, 여기에 녹음기가 있어서 내가 녹음하는 중입니다. 나는 유치원에 다닙니다.

유치원 이름과 주소도 말했다.

— 유치원에는 선생님들이 계십니다.

선생님들 이름도 한 명씩 말했다.

— 아이들도 있습니다. 나는 모든 아이의 이름을 말할 겁니다.

정말로 모든 아이의 이름을 말했다.

— 마시멜로는 우리 토끼의 이름입니다. 아주 멋진 토끼인데 우리 속에 갇혀 있습니다. 너무도 가엾습니다. 나는 유치원에 가면 읽고 쓰고 셈도 합니다. 어떻게 세느냐고요? 하나, 둘, 셋, 넷.

딥스는 약간 머뭇거리며 숫자를 천천히 말했다.

— 넷 다음은 뭐지? 내가 도와주마. 딥스야, 넷 다음엔 다섯이지 뭐. 하나, 둘, 셋, 넷, 다섯이지. 야, 어쩌면 그렇게 잘 세니?

딥스는 손뼉을 쳤다.

— 누군가 문으로 들어오는 소리가 나네요. 너무 시끄러워요. 집 안에 있을 때는 좀 조용히 하세요. 아, 아빠군요. 왜 그렇게 문소리를 요란하게 내시죠? 너무 바보 같고 부주의해요. 그렇게 행동하시면 내 곁에 있는 것도 싫어요. 뭐라고 해도 소용없어요. 그렇게 하면 방

안에 가두고 잠글 거예요. 그래야 바보 같은 사람의 시끄러운 소리
를 안 듣지요.

딥스가 녹음기를 끄고 창가로 갔다.

── 날씨가 참 좋아요. A 선생님, 왜 내가 여기 올 때마다 날씨가
좋지요? 네. 아무리 춥고 비가 와도 여기는 언제나 날씨가 좋아요.
녹음한 것 들려드릴게요.

딥스는 스스로 묻고 대답하더니 테이프를 또 되감아 처음부터 다
시 틀었다. 진지하게 들었다. 다 듣더니 내게 말했다.

── 아빠는 자기 방에 갇히는 걸 싫어해요. 바보라고 불리기도 싫
어해요.

딥스는 다시 창가로 갔다.

── 이 창문에선 나무가 보여요. 여덟 그루 정도 되는 것 같아요.
나무가 있으면 참 좋아요. 저 나무들은 참 키가 크고 정답네요.

딥스는 녹음기로 돌아가서 다시 틀었다.

── 옛날에 한 남자아이가 아빠, 엄마, 여동생과 함께 큰 집에 살
고 있었습니다. 하루는 아빠가 집에 돌아와 서재에 들어갔을 때 아
이가 노크도 안 하고 서재에 들어갔습니다. "당신은 나쁜 사람이에
요!"라고 아이는 소리쳤습니다. "나는 당신이 미워요. 당신이 미워요.
들려요? 당신이 미워요." 그러자 아빠는 울기 시작했습니다. "제발
그만해. 미안하다. 미안해. 내가 다 잘못했어. 제발 나를 미워하지 말
아다오." 그렇지만 아이는 말했습니다. "나는 당신을 벌해야겠어요.

이 바보 같은 사람. 당신이 곁에 있는 게 싫어요. 당신이 없어졌으면 좋겠어요."

딥스는 녹음기를 끄고 내게로 왔다.

— 이건 그냥 지어낸 얘기예요. 아빠에 관한 이야기를 만들어봤을 뿐이에요. 난 유치원에서 아빠에 대한 기록장을 만들어서 빨간 리본으로 매놓았어요. 그리고 진흙으로 재떨이를 만들어서 구웠고, 예쁘게 칠해서 아빠에게 드렸어요.

— 아빠께 선물을 만들어드렸니? 그리고 얘기는 그냥 지어낸 거고?

— 네. 그렇지만 한번 들어보세요.

딥스가 녹음기를 다시 틀었다.

— 이것은 딥스가 말하는 것입니다. 나는 아빠를 미워합니다. 아빠는 내게 몹시 심하게 굽니다. 아빠는 나를 싫어합니다. 그는 내가 자기 주변에 있는 것을 싫어합니다. 내가 그에 대해서 말할 것이니 잘 들으세요. 그는 아주 나쁜 사람입니다.

그리고 아버지의 이름과 주소를 말했다.

— 그는 과학자입니다. 그는 매우 바쁩니다. 그는 조용한 것을 좋아합니다. 그리고 아이를 싫어하고, 그 아이도 아빠를 싫어합니다.

딥스는 녹음기를 끄고 내게로 왔다.

— 아빠는 이제 그리 심하지 않아요. 그러나 참 심했어요. 지금은 날 좋아하는지도 모르겠어요.

그러고는 다시 녹음기에 대고 소리쳤다.

— 아빠가 미워요! 아빠가 미워요! 다시는 나를 감옥에 가두지 마세요. 또 그러면 죽여버리겠어요. 어쨌든 죽일 거예요. 그동안 맨날 야단만 쳤으니까!

딥스는 테이프를 돌려 감아 꺼내서 내게 주었다.

— 잘 간직해주세요. 상자에 넣어서 우리만을 위해서 간직하세요.

— 그래, 꼭 우리만을 위해서 간직할게.

— 놀이방에 가고 싶어요. 이번엔 다 해결할 거예요.

우리는 놀이방으로 갔다. 딥스는 모래 상자로 뛰어들어 깊은 구덩이를 파더니 인형집에서 아빠 인형을 들고 왔다.

— 할 말이 있습니까? 내게 화내고 심한 말 한 걸 후회하지 않습니까?

딥스는 인형에게 대답하라고 강요하며 인형을 흔들어 모래 상자에 내던지고 삽으로 때렸다.

— 나는 아빠를 가둘 감옥을 만들겠어요. 그리고 큰 자물쇠를 걸어야죠. 나에게 한 모든 심한 일을 후회하게 되실 거예요.

딥스는 벽돌을 가져다 구덩이 둘레에 쌓아서 아빠를 가둘 감옥을 만들었다. 신속하고 효율적으로 움직였다. 그리고 아빠가 말하는 것처럼 자기가 대신 말했다.

— "제발 이러지 말아다오. 내가 잘못했다. 한 번만 용서해다오." 나는 아빠가 한 모든 일에 대해서 벌을 줄 거예요.

딥스는 아빠 인형을 모래 상자에 내려놓고는 내게로 왔다.

── 나는 아빠를 무서워했어요. 내게 아주 심하게 굴었으니까요.

── 아빠를 무서워했다고?

── 이제는 심하게 안 하지만 그래도 벌을 줘야 해요.

── 심하게 안 해도 벌줘야 한다고?

── 네, 벌줘야 해요.

딥스는 다시 모래 상자로 가서 감옥을 지었다. 그리고 아빠 인형을 넣었다. 그 위에 판자를 얹고 모래로 덮었다.

── 이제 누가 널 돌봐주니?

딥스는 나를 돌아보았다.

── 이건 아빠 말이에요. 아빠가 미안하다고 하는 거예요. "내가 네 아빤데 이렇게 하면 누가 너를 돌보고 물건을 사주겠니? 잘못했으니 제발 한 번만 용서해다오. 정말 미안하다. 용서해다오"라고요.

딥스가 계속 모래를 덮자 아빠 인형은 감옥 속에 묻혀버렸다. 딥스는 내게로 걸어와서 내 팔을 자기 허리에 두르게 했다.

── 우리 아빠예요. 아빠는 나를 돌봐줘요. 그렇지만 아빠가 나를 서럽고 불행하게 만들었기 때문에 벌주는 거예요.

── 아버지가 너를 불행하게 해서 벌주는 거구나.

딥스가 인형집으로 가서 남자아이 인형을 가지고 왔다.

── 아이가 아빠 얘기를 듣고 도우러 왔습니다.

딥스는 인형이랑 같이 모래 상자에 뛰어들었다.

── 보세요. 얘가 딥스예요. 얘가 광야에 뛰어들어 아버지가 묻혀 있는 산을 찾아 감옥에서 구해내는 거예요. 아이는 파고 또 파요.

딥스는 부삽으로 모래를 파더니 판자를 들어 올려 구멍 안에 손을 넣었다.

── 앗! 여기 있어요. 아빠는 과거의 모든 일을 후회하고 있어요. 그리고 "딥스야! 나는 널 사랑한다. 제발 도와다오. 네가 필요하다" 라고 말하고 있어요. 그래서 아이는 감옥 문을 열쇠로 열고 아버지를 구해내요.

딥스는 조심스럽게 아빠 인형을 꺼냈다. 아빠 인형과 남자아이 인형을 손에 들고 유심히 들여다보다가, 둘 다 인형집으로 데리고 가서 벤치 위에 나란히 앉혔다.

딥스는 손에 묻은 모래를 털고 다시 창가로 가서 밖을 내다보았다.

── 아이가 아빠를 구해냈고, 아빠는 상처 줬던 일들에 대해 미안하다고 했구나. 또 딥스를 사랑한다고도 하셨고.

내 말에 딥스가 엷은 미소를 지으며 나를 돌아다보았다. 그리고 조용히 말했다.

── 오늘 아빠에게 말을 했어요.

── 그래? 무슨 말을?

── 음, 오늘 아침에 아빠가 아침을 드시고 커피를 마시며 신문을 보고 계셨어요. 나는 정면으로 걸어가서 "아빠 안녕히 주무셨어요? 오늘 하루 잘 보내세요." 했지요. 그랬더니 아빠는 신문을 내려놓으

시며 "잘 잤니? 딥스야, 너도 좋은 시간 보내렴." 하셨어요. 그리고 난 오늘 진짜로 좋은 시간을 보냈지 뭐예요!

딥스는 즐거운 듯이 놀이방 안을 걸어 다녔다.

── 지난 일요일에 아빠가 우리를 차에 태우고 해변으로 데리고 갔어요. 멀리 롱아일랜드까지 가서 바다를 봤어요. 아빠와 나는 물가까지 걸어갔고, 아빠가 나에게 밀물과 썰물에 대해서 얘기해주었어요. 바다, 호수, 강, 시내, 연못의 차이에 대해서도 설명해주었어요. 그리고 내가 모래로 성을 쌓을 때 도와주려고 하셔서 내 부삽을 드렸고 우리는 교대로 했어요. 물속에 발을 담그기도 했는데, 너무 차서 오래 있지는 않았어요. 우리는 차 안에서 점심으로 샌드위치도 먹었어요. 우리는 즐거운 시간을 보냈고, 엄마는 계속 웃고 계셨어요.

── 엄마, 아빠와 아주 즐거운 시간을 보냈구나?

── 네, 참 좋았어요. 해변까지 즐거운 여행을 했는데, 아빠는 나에게 심한 말을 안 했어요. 한 마디도.

── 너에게 화를 내지도 않으셨구나.

딥스는 모래 상자 가에 걸터앉아서 말했다.

── 여기서 내가 아빠를 가둘 감옥을 만들어 거기에 넣고 묻어버렸지요. 나는 왜 내가 아빠를 풀어줘야 하는지 내 자신에게 물었어요. 그때 내 자신이 말했어요. 그냥 풀어주라고, 풀어서 자유롭게 해주라고.

── 그래서 아빠를 자유롭게 해드렸니?

— 네, 아빠를 가둬서 묻어두고 싶지는 않았어요. 그냥 교훈을 드리고 싶었을 뿐이에요.

— 알겠다. 그냥 교훈만 드리고 싶었구나.

— 오늘 나는 아빠에게 말을 걸었어요.

아이가 평안한 듯 행복하게 웃었다. 아빠와의 관계가 개선된 뒤에야 비로소 아이의 마음에 있던 미움과 복수심이 밖으로 표현된 것은 매우 흥미로운 일이다. 아빠가 바다와 강과 호수에 대해서 알려주었을 뿐만 아니라, 딥스와 함께 모래성을 쌓았다는 얘기를 듣는 것은 나로서도 즐거운 일이었다.

그림의 제목은 '행복'

　── 또 왔어요.

딥스가 소리치며 대기실로 들어섰다.

　── 여름 방학 전에 여기 올 날이 몇 번 안 남았어요.

　── 참 그렇구나! 오늘까지 해서 세 번뿐이구나. 그 후엔 너도 나도 휴가를 떠나야지.

　── 우리는 멀리 섬으로 갈 거예요. 올해는 방학이 즐거울 것 같아요. 할머니도 올해에는 우리와 함께 여름을 보내기로 했어요. 참 좋은 생각이지요?

딥스는 놀이방 안을 돌아다니다가 인형을 하나 집어 들었다.

　── 야, 여기 여동생이 있구나.

딥스는 마치 그 인형을 처음 보는 듯이 소리쳤다.

— 에이, 나쁜 놈 같으니! 이 애를 없애버려야겠다. 쌀로 만든 맛있는 푸딩 속에 독약을 넣어서 먹이면 영원히 사라질 거야.

— 여동생을 없애고 싶니?

— 그 애는 때때로 나를 할퀴고 때리고 소리를 질러요. 그래서 무서워요. 때로는 나도 때리고 할퀴지요. 그러나 집에 많이 있지는 않아요. 하지만 곧 집으로 와서 우리와 여름휴가를 함께 갈 거예요. 지금 다섯 살이에요.

— 때로는 서로 때리고 할퀸다는 말이지. 흠.

— 네. 하지만 그 애는 집에 별로 없어요. 지난 주말에는 집에 왔었어요.

— 그래, 그땐 어떻게 지냈니?

— 글쎄요.

딥스는 어깨를 으쓱했다.

— 괜찮았어요. 가끔 같이 놀아요. 그렇지만 내 방에 들어오지는 못하게 했어요. 방 안에 보물이 너무 많거든요. 여동생은 그것들을 모두 건드려서 망가뜨려요. 그러면 우리는 싸우게 돼요. 그런데 요즘은 좀 덜해요. 내년에는 아주 살러 올 거예요. 그리고 나와 같은 유치원에 다닐 거예요.

— 그것에 대해서 어떻게 생각하니?

— 괜찮지요, 뭐. 집에 오는 게 좋아요. 멀리 떨어져 있어서 외로

왔을 거예요. 고모할머니네 유치원에 가 있었어요. 모두 이제는 집에 와야 한다고 생각하고 있어요.

— 딥스도 동생이 집에 오는 것이 좋은가 보구나.

— 네, 정말이에요. 전처럼 귀찮게 굴진 않거든요. 내가 블록이나 기차나 자동차나 집 짓는 세트를 가지고 놀 때면 옆에 와서 놀아요. 블록이나 집 짓는 나무토막을 하나씩 집어서 내게 주고 그래요. 이제는 내가 짓는 것을 부숴버리지는 않아요. 가끔 내가 놀아주기도 해요. 지난 일요일엔 책을 하나 읽어주었어요. 아빠가 사다 주신 위인전을요. 동생은 별로 재미없다고 했지만 난 재미있었어요. 나는 동생에게 뭐든지 관심 있게 보고 모조리 배워야 한다고 말해줬지요. 나는 그 책이 참 재미있어요. 아빠가 그러는데, 책방에 들렀다가 아이들을 위한 새 책 가운데서 그 책을 보고, 내가 좋아할 것 같아 사오셨대요. 진짜 좋았어요.

딥스는 탁자가 있는 데로 가서 진흙을 가지고 두드리며 놀기 시작했다.

— 머지않아 여름이 되면 나는 해변에서 재미있게 놀 거야. 그렇지만 그전에 할 일이 있어.

혼잣말로 중얼거리더니 선반으로 가서 물감병과 유리컵을 집었다. 물감을 컵에 담고 물을 좀 타서 천천히 조심스럽게 저었다. 다른 색들도 조금씩 넣어가며 저었다.

— 이게 동생에게 줄 독약이에요. 걔는 이걸 쌀로 만든 푸딩인 줄

알고 먹을 거고, 그러면 끝장이지요.

    ── 그것이 동생에게 줄 독약이고, 그것만 먹으면 끝일 거라고?

    ── 그렇지만 아직은 안 줄 거예요. 좀 더 생각해봐야겠어요.

    딥스가 인형집으로 가서 엄마 인형을 꺼냈다. 그리고 준엄하게 말했다.

    ── 아이에게 무슨 짓을 했지요? 아이에게 무슨 짓을 했냐고요? 이 바보 같으니. 내가 같은 말을 몇 번이나 했냔 말이에요. 부끄럽지도 않아요?

    딥스는 엄마 인형을 모래 상자로 데리고 가더니 명령했다.

    ── 산을 하나 만들어요. 여기서 떠나지 말고 산을 만들어요. 똑바로 해요. 여기 서서 똑바로 하는지 지켜볼 거예요. 조심해요. 내가 계속 지켜보고 있을 거니까요. "세상에, 하나님 맙소사! 내가 무슨 죄를 지었기에 이렇게 당해야 해?" 자, 산을 만들어요. 못한다고만 했단 봐요. 이렇게 하라고요, 이렇게. 몇 번이라도 보여줄 거예요. 자, 꼭 이렇게 만들어요.

    그러다가 엄마 인형을 모래 상자에 버리고는 창가로 갔다.

    ── 사실 너무 힘들 거야. 아무도 산을 만들 수 없는데. 그렇지만 나는 시키고 말 테야. 엄마는 산을 만들어야 하고 또 바로 만들어야지. 모든 일을 하는 데는 올바른 방법과 틀린 방법이 있는데, 엄마는 바르게 해야 해.

    딥스는 탁자로 가서 젖병을 집어 들었다. 오랫동안 그것을 빨면서 엄숙한 표정으로 나를 쳐다보았다.

　── 나는 아기예요. 아무것도 못해요. 누군가가 나를 돌봐주어야
해요. 나는 아기예요. 아기는 무서워할 것이 없어요. 할머니가 돌봐
주니까요.

　젖병을 입에서 떼어 자기 앞의 책상 위에 놓았다. 그리고 조용히
말했다.

　── 엄마는 산을 만들 수 없을 거야. 아기도 산을 만들 수 없고, 아
무도 산을 만들지 못할 거야.

　── 엄마도 못하고 아기도 못한다고? 너무 힘겨운 일이구나.

　── 폭풍우가 오면 모두 날아가지요.

　── 그럴 테지.

　── 하지만 그건 싫어요. 누가 날아가는 건 싫어요.

　딥스는 나지막하게 말했다.

　── 그렇구나.

　── 왜 산을 안 만드는 거죠?

　딥스가 돌연 소리쳤다.

　── 왜 하라는 대로 안 하죠? 울거나 소리치면 방 안에 가둬버릴
거예요.

　딥스는 나를 쳐다보았다.

　── 엄마는 애를 써요. 방에 갇히는 것이 무서우니까요. 나보고 도
와달래요.

딥스는 모래 상자 가에 서서 엄마 인형을 내려다보며 서 있었다.

— 엄마가 방에 갇히는 것이 싫어서 산을 만들려고 하신다고? 그리고 너보고 도와달라고 하셔?

— 네.

그리고 동생이라고 부르던 인형을 품에 안았다.

— 무섭니? 가엾은 동생, 내가 돌봐줄게. 내가 젖병을 주면 안 무서울 거야.

딥스는 젖병을 인형의 입에 대고 인형을 품에 안은 채 가볍게 흔들었다.

— 아이, 가엾어라! 내가 돌봐줄게. 내 파티에 오게 해줄게. 아무도 너를 해치지 못할 거야.

동생 인형을 인형 침대에 데려다가 부드럽게 내려놓더니 조심스럽게 이불을 덮어주었다. 그리고 젖병을 집어 와서 빨았다.

— 동생을 도와줄 거니?

— 네, 도와줄 거예요.

딥스는 대답한 뒤에 오랫동안 침묵했다.

— 유치원에 있는 붕어 두 마리가 오늘 죽었어요. 이유를 모르겠어요. 헤다 선생님이 그러시는데 오늘 아침에 보니 죽어 있더래요.

— 그래?

— 오늘 유치원에서 엄마께 드릴 책을 만들었어요. 엄마는 꽃을 좋아하세요. 그래서 씨앗 광고에서 꽃을 오려서 색종이에 하나씩 붙

이고 그 아래에 꽃 이름을 썼어요. 그걸 모두 하나로 묶어 초록색 실로 꿰맸어요.

— 그거 재미있구나. 지금 가지고 있니?

— 아직은 유치원에 두었어요. 아빠 것도 한 가지 만들고, 동생 것도 한 가지 만들고 나면 그것을 모두 집으로 가지고 갈 거예요.

— 그래? 식구들에게 한 가지씩 선물하려고?

— 네, 그럴 생각이에요. 그런데 아직 동생을 위해서는 무엇을 만들지 결정하지 못했어요. 아빠에게는 서진(책장이 바람에 안 날리도록 누르는 물건)을 만들어드릴 거예요.

— 식구마다 선물을 만들어주고 싶니?

— 네, 아무도 빼놓고 싶지 않아요. 할머니께는 내가 가장 좋아하는 늙은 나뭇가지 끝을 잘라 드릴 거예요.

— 할머니가 좋아하시겠구나.

— 그럼요. 내 보물 가운데 하나니까요.

딥스는 모래 상자로 되돌아갔다.

— 아니! 엄마, 여기서 혼자 뭐 하세요? 산은 안 만들어도 돼요. 이리 오세요. 내가 도와드릴게요.

그러고는 엄마 인형을 공손히 안고 내게로 오더니 아주 낮은 목소리로 말했다.

— 엄마는 가끔 울어요. 엄마 눈에 눈물이 고여서 얼굴에 흘러내리면 엄마가 우는 거예요. 엄마는 슬픈가 봐요.

— 그러신가 보구나.

— 엄마를 식구들과 함께 집에 있게 해야겠어요. 모두 함께 있게 식탁 둘레에 앉혀야겠어요.

딥스가 인형 가족을 조심스럽게 식탁 주위에 둘러앉혔다. 그리고 인형집 옆에 꿇어앉더니 조용히 노래를 불러주었다.

— 우리가 이렇게 모두 모여서 하나님의 축복을 빕니다.

갑자기 노래가 뚝 멎었다.

— 아이, 이 노래 못 부르겠어. 이 노래는 할머니만을 위한 거예요. 교회에 안 다니는 사람은 안 돼요.

딥스는 화판이 있는 곳으로 가서 밝은색 그림을 그렸다.

— 이 그림의 제목은 '행복'이에요. 색들이 모두 밝고 행복해요. 그들은 정답게 모여 있어요. 오늘 이후에 목요일은 두 번뿐이에요.

— 그래. 딥스가 두 번만 오면 여름 방학이야. 가을에 오고 싶으면 한 번 더 오렴.

— 선생님이 보고 싶을 거예요. 오고말고요. 선생님도 내가 보고 싶을까요?

— 그럼. 보고 싶겠지, 딥스야.

딥스가 내 손등을 토닥이며 웃었다.

— 우리는 둘 다 여름에 멀리 가 있을 거예요.

— 그래, 너도 나도.

— 여기는 참 좋은 놀이방이에요. 아주 행복한 곳이에요.

사실 이곳이 딥스에게 행복한 곳이기도 했지만, 예전에 겪었던 아픈 감정을 떠올릴 때는 슬픈 곳이기도 했다. 지금은 딥스가 내 앞에서 고개를 당당히 들고 선다. 마음 깊은 곳에 안정감이 생긴 것이다. 증오감과 복수심은 너그러운 용서로 바뀌었다.

딥스는 엉킨 감정들과 씨름하면서 자아 개념을 구축해왔다. 딥스는 미워할 수도 있고 사랑할 수도 있다. 저주할 수도 있고 용서할 수도 있다. 딥스는 감정이 서로 얽히고설키면서 그 날카로운 모서리가 깎일 수 있음을 경험했다. 딥스는 감정을 표현하는 일과 책임감 있게 조절하는 방법도 배웠다.

딥스는 이렇게 자기 자신에 대해 하나씩 알아가면서 자기 능력과 감정을 보다 건설적이고 효율적으로 사용할 수 있게 될 것이다.

내가 만든 세계로 오세요

그다음 주에 나는 미리 '인성人性 검사 세트'를 빌려놓았다. 여기에는 섬세하게 축소된 사람, 동물, 건물, 나무, 울타리, 자동차, 비행기 등의 모형이 많이 들어 있었다.

본래 인성 검사를 목적으로 만들어진 것이지만, 딥스를 검사할 생각은 아니었다. 단지 딥스가 이 모형들을 재미있어 할 것 같아서 사용 여부에 관계없이 갖다 놓았을 뿐이다.

— 어? 못 보던 게 있네? 이 꼬마 놀잇감 좀 보세요.

역시나 딥스는 방에 들어서자마자 그 세트를 금세 알아챘다.

— 사람이랑 건물이 있고, 동물도 있고. 이건 뭐예요?

— 원한다면 세계도 지을 수 있는 거란다. 방바닥에 이 헝겊을 펴

놓고 하는 거야. 이 파랗게 줄 친 부분은 물이지.

— 야, 재미있다. 놀잇감 마을이군요! 내 마음대로 해도 되죠?

— 물론이지.

딥스는 헝겊을 바닥에 펴놓고 옆에 앉았다. 그리고 모형들 중 교회, 집, 트럭을 골라냈다. 즐거워 보였다.

— 내 마을을 지을 거예요. 이 놀잇감들이 참 마음에 들어요. 내가 어떻게 지을지 이야기할 테니 보고 계세요.

딥스는 먼저 자그마한 흰색 교회를 집어 들었다.

— 이건 교회입니다. 희고 큰 교회, 하나님과 사람들을 위한 교회예요. 그리고 이건 마을의 물건들입니다.

그다음은 집과 트럭과 자동차를 집었다.

— 이 마을의 물건, 집, 트럭에는 시끄러운 소리가 가득 차 있습니다. 도시의 소음 말입니다.

이번엔 길을 놓기 시작했다.

— 건물을 높이 짓습니다. 이것은 큰 마을입니다. 여긴 작고 조용한 뒷골목입니다. 자! 여기는 비행장으로 나가는 길이고, 비행장은 물가에 있습니다. 비행장에 비행기를 놔야지요. 여기 물에는 배를 놓고요. 보이세요? 이것들은 도로 표지예요. '2'라고 쓰여 있으니까, 여기가 뉴욕의 2번가입니다. 신호등도 있습니다.

딥스는 어느새 자기 세계를 만드는 일에 흠뻑 빠져 있었다.

— '가라'는 표지판이랑 '멈춤' 표지판도 있어요. 여기는 벽, 여기

는 울타리. 이 비행기는 빙빙 하늘을 돌고 있어요. 휭!

딥스는 비행기를 힘차게 휘둘렀다.

── 여기 강에는 배가 있어요. 강을 올라갔다 내려갔다 하죠. 비행장에는 비행기가 세 대 있어요. 호텔은 어디 세울까? 옳지, 여기! 그 앞에는 차를 세워야지. 이쪽에 집이랑 가게를 세우고. 사람들은 가게가 필요하니까요. 어디 갔지? 아! 여기 있네. 여기 병원과 차고도 있어요. 내 마을을 만드는 데 필요한 것이 뭐든지 다 있네요.

── 정말 그렇구나!

── 병원은 커요. 1번가에 세워야지. 이게 도로 표지고, 그래, 이것이 병원입니다. 아픈 사람들을 위한 약 냄새가 나는데, 갈 곳은 못 돼요. 도로 남쪽에는 좋은 집이 하나 있고. 시끄러운 대도시니까 공원이 필요할 겁니다. 바로 여기쯤요. 공원에는 큰 나무들을 놓고, 유치원은 여기, 아니, 아니에요.

딥스는 유치원 건물을 다시 상자에 넣었다.

── 여기 집이 또 하나 있어요. 집들끼리 가까이 있어서 사람들이 함께 살아요. 이웃끼리 정답지요. 이젠 비행장 둘레에 울타리를 쳐야지. 안전을 위해서요. 나무 울타리가 좋겠어요.

그러고는 초록색 고무 스펀지로 만들어진 나무를 집었다.

── 나무들은 모두 잘 자라요. 큰 나무와 울타리 나무들. 나무가 많네. 길에 한 줄로 세울래요. 나무마다 잎이 무성해요. 여름이거든요.

딥스는 잠시 쭈그리고 앉아서 나를 처다보다가 팔을 펴고 웃었다.

── 잎이 무성한 아름다운 여름이에요. 여기 변두리엔 농장이 있어요. 소도 좀 있어야겠죠?

소를 한 줄로 세웠다.

── 지금 소가 축사로 들어갑니다. 젖 짜러 들어갑니다.

그러고는 상자에 엎드리더니 모형을 더 찾아냈다.

── 이제는 사람 차례입니다. 도시에는 사람이 있어야죠. 먼저 우편배달부.

딥스는 배달부 모형을 들어서 내게 보여주었다.

── 우편배달부는 가방 가득 편지를 갖고 집집마다 다녀요. 사람들은 자기에게 오는 편지를 받지요. 딥스도 자기 앞으로 오는 편지를 받지요. 그리고 병원에도 가서 아픈 사람들에게 편지를 전해요. 환자들이 편지를 받으면 마음속으로 미소 지어요. 이 트럭은 비행장까지 갑니다. 비행기가 사람들을 다치게 하지 않게 울타리가 막아줍니다. 비행기가 하늘로 날아갑니다.

딥스는 비행기를 공중으로 날리며 "보세요." 하고 소리쳤다.

── 도시 위로, 도시 위로 이렇게 날아갑니다. 커다란 비행기가 파란 하늘에 '펩시콜라'라는 글씨를 그리면, 그 사이로 하얀 하늘이 보입니다. 그러면 농부들이 보러 나옵니다.

딥스는 놀이를 멈추고 잠시 조용히 앉아서 자기가 지은 세계를 들여다보았다. 그리고 한숨을 쉬더니 다른 모형들을 상자에서 꺼냈다.

── 여기 아이들과 엄마가 있어요. 그들은 농장의 아담한 집에서 함께 삽니다. 어린 양들과 닭들도 있어요. 엄마가 이 샛길을 통해 큰 길로 나가서 도시로 갑니다. 어디로 가는 걸까요? 정육점에 고기를 사러 가는 거예요. 아니죠, 길을 계속 내려가서 병원 옆에 서 있네요. 왜 병원 옆에 서 있을까요?

── 글쎄, 왜지?

딥스는 오랫동안 움직이지 않고 엄마 모형을 들여다보고 있었다.

── 아, 여기 엄마가 있네. 바로 병원 옆에. 그런데 많은 차와 불자동차가 이 길을 달리고 있단 말이야. 불자동차가 지나갈 때는 다들 비켜야지. 불자동차만 다닐 수 있게.

딥스가 차들을 모두 밀어냈다.

── 자, 아이들은 모두 어디 갔을까요? 아, 여기 한 아이가 있어요. 그런데 혼자서 강에 가다니. 아이 가엾어라. 강에는 악어가 헤엄을 치고 큰 뱀도 있는데. 때로는 뱀이 물속에도 사는데. 남자아이가 자꾸만 강 가까이 갑니다. 점점 위험한 곳으로 말입니다.

딥스는 다시 한번 놀이를 멈추고 자기가 지은 세계를 들여다보다가 갑자기 미소 지으며 말했다.

── 나는 도시 건축가예요. 이 여자는 요리사인데 지금 쓰레기를 버리고 있어요. 이 여자는 가게에 가는 중이고, 이 여자는 좋은 여자라서 교회에 노래를 부르러 가요.

다른 소년 모형 하나를 꺼내어 강가의 소년 옆에 세웠다.

— 이 아이는 남자아이에게로 갑니다. 악어가 있는 줄 모르고 강에서 놀고 있으니까요. 경고를 하며 배를 타라고 일러줍니다. 남자아이는 배를 탑니다. 배는 안전합니다. 두 아이는 배를 탔으며, 그들은 친구입니다.

딥스는 두 소년을 배 위에 태웠다.

— 여기엔 교통순경이 있습니다. 모든 사람의 안전을 위하는 사람이죠. 어떤 도로는 양방통행이고 어떤 것은 일방통행입니다.

딥스는 도시 여기저기에 더 많은 도로 표지를 했다.

— 이것은 학교입니다. 학교가 있어야지요.

그러곤 상자에서 유치원 건물 하나를 꺼내 놓더니 웃었다.

— 학교가 있어야 배울 수 있지요. 이 여자아이는 집에 있을 것입니다. 엄마, 아빠, 오빠와 함께 집에 있을 것입니다. 사람들이 그 애가 외롭지 않도록 집에 두기로 했거든요.

딥스는 작은 사람 모형들을 꺼내어 그가 짓고 있는 마을의 구석구석에 세워놓았다. 마을이 사람으로 가득 찼다. 딥스가 많은 집 가운데 하나를 가리켰다.

— 이 집은요, 뒤뜰에 큰 나무가 하나 있습니다. 아주 특별한 나무입니다. 그리고 한 사람이 집에 오고 있습니다. 아빠예요.

딥스는 일어나서 방을 가로질러 가더니 판에 놀잇감 못을 힘껏 박았다.

— 새 놀잇감이 생겼어. 집과 나무와 사람을 가지고 마을을 만들

었지. 아주 크고 복잡한 뉴욕 같은 도시를 말이야. 누군가가 저 사무실에서 타자기를 치겠군.

딥스는 다시 자기 마을이 있는 곳으로 가서 그 옆에 앉았다.

── 쓰레기차가 이 길로 오고 있는데, 신호등이 멈추라고 합니다. 그러나 경찰이 트럭을 보고 파란불을 켜줘서 트럭이 행복하게 자기 길을 갑니다. 개가 이 길로 내려왔을 때도 경찰이 파란불을 켜줘서 개도 기다리지 않고 행복하게 건넜습니다. 멈춰! 가! 멈춰! 가! 이 도시에는 생명이 있어요. 모든 게 움직이고, 사람들이 왔다 갔다 합니다. 집이 있고 교회가 있고 차들과 사람들과 상점들이 있습니다. 그리고 여기 먼 곳에는 시원하고 푸른 농장과 동물이 있습니다.

갑자기 딥스는 불자동차를 집어서 길을 누비게 했다.

── 이 집에 불이 나서 사람들이 2층에 갇혔기 때문에 불자동차가 달려갑니다. 어른들이 갇혔습니다. 그들은 소리소리 지르지만 나올 수가 없습니다. 그러나 불자동차가 와서 물을 끼얹었습니다. 그들은 놀랄 대로 놀라서 겁에 질려 있지만 안전합니다.

── 딥스, 그거 너희 엄마 아빠 아니니?

딥스는 가만히 혼자 웃더니, 탁자 있는 데로 와서 나를 쳐다보며 앉았다.

── 아빠는 아직도 아주 많이 바쁘세요. 빌 박사님이 며칠 전에 엄마를 보러 왔어요. 박사님이랑 엄마는 아주 친해요. 오랫동안 앉아서 이야기를 많이 했어요. 빌 박사님이 내가 좋아졌다고 말했어요.

── 그래?

── 네, 숲속에서 나왔다고 하던데요? 무슨 뜻인진 모르겠어요. 오늘 여기서 나가는 길에 이발소에 갈 거예요. 전에는 소리소리 질렀는데, 이제는 안 그래요. 한 번은 이발사를 물었어요.

── 정말?

── 네, 무서웠거든요. 하지만 이제는 안 무서워요.

── 이젠 안 무서워?

── 아마도 내가 컸나 봐요. 참, 내 마을을 마저 지어야지. 난 마을을 아름답게 만들려고 모든 나무와 숲을 늘어놓을 거예요. 그리고 모든 사람을 도시에 꽉 차게 넣을 거예요. 이 택시는 기차가 들어오는 것을 기다리고 있어요. 이 사람들은 이웃집에 놀러 가는 건데 서로 반가워해요. 여긴 우편배달부가 있어요. 보세요. 이 사람은 거리마다 오르락내리락하며 모든 사람에게 편지를 갖다주어요. 그러나 아빠는 집에 가는 중인데, 신호등 때문에 멈춰 있어요. 아빠는 신호등이 가라고 할 때까지 움직일 수 없는데, 신호등이 계속 멈추라고 해서 가질 못해요. 주변에는 나무가 많아요. 나무들은 시원한 그늘을 만들어주기 때문에 마을에 꼭 필요해요. 내 마을을 보세요. 내 세계를. 내가 지은 마을에는 정다운 사람이 꽉 차 있어요.

집에 갈 시간이 됐을 때 딥스는 자기가 지은 마을을 돌아다보았다. 정다운 사람으로 가득 차 있었으나 아빠만은 신호등에 막혀서 집에도 못 가고 서 있었다. 아빠를 고정해놓고 놀이방을 떠나는 딥스의 입술에 잔잔한 미소가 감돌았다.

딥스는 사람과 행동이 가득 차 있는 마을을 잘 조직했다. 전체와 부분을 파악하는 지능이 매우 뛰어났다. 디자인에는 목적과 통일성과 창의성이 있었다. 그는 고도로 의미 있는 세계를 지은 것이다. 엄마와 아빠에 대한 적개심도 직접적으로 표현되었다. 한편, 책임 있는 자각의 표현도 있었다.

딥스는 성장하고 있었다.

작은 딥스와 큰 딥스

여름 방학 휴가를 떠나기 전의 마지막 목요일.

— 선생님 사무실에 가도 돼요? 마지막 목요일이에요.

— 그래, 나도 알아.

— 나는 여름휴가를 보내러 멀리 해변으로 갈 거예요. 시골에는 나무가 많지만 바닷가에는 나무가 없어요. 물은 참 파래요. 나는 그곳이 좋아요. 그러나 여기 못 오는 것이 서운해요. 선생님이 보고 싶을 거예요.

— 나도 네가 보고 싶을 거야. 너를 알게 되어서 참 좋았는데.

— 내 이름이 선생님 카드 파일 속에 있는지 보고 싶어요.

— 찾아보렴.

딥스가 카드 파일을 뒤졌고 자기 이름이 있는 것을 확인했다.

— 이거, 언제까지라도 보관하실 거예요? 나를 언제까지라도 기억해주시겠어요? 네?

— 그럼, 딥스야. 언제까지라도 기억하고말고.

— 내가 녹음한 테이프도 가지고 계세요?

— 그래, 테이프도 있지.

— 한 번만 더 보고 싶어요.

나는 그 테이프를 꺼냈다. 딥스의 이름이 적혀 있었다.

— 네 소리가 여기 녹음되어 있어, 딥스야.

딥스는 스스로에게 말했다.

— 내가 이 테이프를 말하게 했다. 이 테이프가 내 목소리를 받아서 담았지. 이 테이프에 있는 것이 내 목소리지.

— 그래, 네가 녹음한 것이야.

— 여기 내 목소리 좀 더 넣어도 돼요?

— 네가 원한다면.

— 하고 싶어요. 내 목소리를 테이프에 담고 싶어요. 나는 녹음기가 좋아요.

우리는 테이프를 녹음기에 넣고 딥스가 전에 녹음한 것을 들었다. 다 듣자 딥스가 다시 녹음을 시작했다.

— 오늘이 나의 마지막 놀이방 방문입니다. 이것은 딥스, 나의 목소리입니다. 나는 놀이방에 다녔습니다. 놀이방에서 아주 많은 일을

했습니다. 나는 딥스입니다.

딥스는 한동안 침묵하다가 다시 느리게 "나는 딥스입니다"라고 되풀이했다.

── 아마도 가을에 한 번 더 올지도 모릅니다. 여름이 지나면 꼭 한 번쯤 더 올 겁니다. 나는 여름휴가를 지내기 위해 멀리 바다로 갈 겁니다. 파도 소리도 듣고 모래사장에서도 놀 겁니다.

딥스는 말을 멈추었다. 그리고 녹음기를 껐다.

── 이젠 놀이방으로 가요. 세계 만들기를 한 번 더 하고 싶어요.

우리는 놀이방으로 갔다.

딥스는 상자에서 모형들을 꺼내어 다시 마을을 짓기 시작했다. 건물들과 나무들을 빠르게 세우고 다른 모형들도 시내에 가득 세웠다. 다음에는 건물 네 개를 선택해서 조심스럽게 세웠다.

── 이것들을 보세요. 여기 둘은 집이고, 이건 감옥이고, 저건 병원이에요.

두 집을 나란히 세웠다.

── 이건 선생님 집이고 이건 우리 집이에요. 우리 집은 흰색과 초록색뿐이에요. 둘레에는 나무와 꽃과 노래하는 새가 가득해요. 모든 문과 창문은 활짝 열려 있고요. 선생님이 바로 옆집에 살아요. 선생님 집도 아주 좋아요. 선생님 집에도 나무와 꽃과 노래하는 새가 있어요. 선생님 집과 우리 집 사이에는 담도 없어요.

딥스는 상자 속의 많은 건물 중에서 작은 교회 하나를 찾아냈다.

── 여기 교회가 있어요. 우리 집 뒤에 있어요. 아니, 아니에요.

딥스는 교회를 약간 옮겨서 두 집 사이에 놓았다.

── 두 집의 중간에 있어요. 우리는 함께 교회에 가요. 종소리도 함께 듣고요. 다 같이 교회의 음악 소리를 듣습니다. 자, 여기엔 감옥이 있습니다. 우리 집 건너편예요. 그리고 여기엔 유치원. 보세요, 우리는 교회와 유치원은 함께 갈 수 있지만 감옥만은 내 것입니다. 선생님은 감옥하고는 아무 상관이 없어요. 싫어하고, 필요도 없어요. 그렇지만 나는 필요해요. 우리 집 뒷마당에는 큰 밤나무가 있어요. 지금은 여름이라 나무가 많습니다. 푸른 잎이 무성한 나무숲을 바람이 시원하게 흔들고 지나갑니다.

딥스는 자기 두 팔을 나뭇가지처럼 넓게 벌리고 마치 바람이 지나가듯 가볍게 흔들었다. 그러다가 갑자기 벌떡 일어서서 방 안을 걸어 다녔다. 그리고 창가로 가서 밖을 내다보았다.

── 저기 차들이 주차되어 있어요. 사람은 아무도 없지만요.

딥스는 약간 마음이 흔들리는 듯했으나, 이내 자기 마을로 돌아와 앉아서 모형들을 움직이기 시작했다.

── 이건 감옥 도로예요. 감옥 둘레에는 나무가 없습니다. 이것은 아늑한 집들과 교회에서 멀리 떨어져 있으며, 외롭고 춥습니다. 그러나 교회는 우리의 집 근처에 있습니다.

딥스는 교회 탑을 만지며 말했다.

── 교회 꼭대기에는 십자가가 있습니다. 그러나 여기 이 집은 감

옥입니다. 그리고 아빠가 이 감옥으로 가고 있습니다. 우리 아빠 말이에요. 아빠의 사무실은 감옥 일 층에 있습니다.

딥스는 웃었다. 그러곤 작은 차들을 길 아래위로 굴리며 콧노래를 흥얼거리다가, 엄마, 아빠, 여자아이, 남자아이의 모형을 들었다.

── 이것은 아빠, 엄마, 여동생, 남자아이입니다. 지금 아빠는 선생님 집 옆에 서 있습니다. 그런데 어떻게 해야 할지를 모릅니다. 이건 엄마예요. 이 남자아이는 딥스고요. 이 여동생은 아빠와 함께 있습니다. 아빠도 감옥으로 가고 있습니다. 여동생과 엄마도 감옥으로 가고 있습니다. 왜냐하면 나는 여동생이 필요치 않으니까요.

딥스는 누이동생 모형을 상자 속으로 던졌다. 일어서서 한숨을 깊이 쉬며 방 안을 걸었다.

── 일요일에 나는 하루 종일 집에 있습니다. 일요일은 아무 일도 안 합니다. 정원사인 제이크 아저씨는 일요일이 성스러운 날이라고 했습니다. 하지만 이 감옥을 좀 보세요.

딥스는 감옥 건물을 내 눈앞에 들어 올리며 말했다.

── 그래, 봤어.

── 이것은 일방통행 감옥이에요. 일방통행로에 있는 일방통행 감옥이에요. 그래서 여기 한 번 들어가면 나올 길이 없어요. 여동생은 없어져버렸어요.

── 그래, 여동생이 들어가는구나.

── 도시는 너무 혼잡해요. 그래서 저 먼 데로, 시골로 사람들이

이사를 해요. 모든 집과 사람들이 이사를 가요. 딥스의 집을 지나서, 선생님 집을 지나서 시골로 말이에요.

딥스는 또 하나의 집을 세웠다.

― 이것은 할머니 집이에요. 이 집 둘레에는 나무가 없어요. 할머니는 나무를 좋아하니까 우리 집까지 나무를 보러 오셔야지요.

딥스는 상자 속을 더듬다가 남자 모형 하나를 발견했다. 그것을 자세히 보더니 소리쳤다.

― 이것은 큰 소년입니다. 내 생각에 이것은 딥스입니다. 이 작은 소년을 치우고 대신 큰 딥스를 세워야겠어요.

딥스는 모형을 바꿔놓았다. 또 여자 어른 모형을 거리에 세웠다.

― 이것은 할머니예요. 좋은 할머니, 다정한 할머니예요. 그리고 우편배달부가 딥스에게 편지를 갖다줍니다. 딥스는 이제 큰 사람입니다. 딥스는 아빠만큼 커요.

딥스는 모형들을 찬찬히 재보았다.

― 네, 딥스는 아빠만큼 크고 엄마보다 큽니다. 여기 울타리와 나무들이 많습니다. 이것들이 크면 도시를 아름답게 합니다. 작고 푸른 나무들이 하나하나 도시를 돋보이게끔 합니다. 나는 안전을 위해 비행장 둘레에 담장을 칠 겁니다. 불자동차가 차들을 밀치면서 달려옵니다. 길이 혼잡하기 때문입니다. 그렇지만 이제 불은 안 납니다. 사람들은 안전하고 행복합니다.

딥스가 내게로 다가왔다.

— 다음 주에는 멀리 갈 거예요. 여름 동안 내내 가 있을 거예요. 할머니도 우리와 함께 지내실 거예요. 하지만 9월에 돌아오면 여기 또 한 번 오고 싶어요.

— 그렇게 하자. 여름 동안 잘 지내고 오너라.

딥스는 활짝 웃었다.

— 오늘 유치원에서 앨범을 받았어요. 그 속에 내 사진이 있어요. 새미와 프레디 사이에 끼여서 가장 앞줄에 있어요. 내가 쓴 글도 들어 있어요. 우리 집과 내 방 창밖에 있는 정답고 큰 나무에 대해서 썼어요. 내가 그 나무 얘기한 것 기억나세요?

— 그럼, 생각나고말고.

— 새들이 그 나무에 오면 나는 창문을 열고 새들과 이야기를 하지요. 나는 그들을 세계 각지로 보내요. 캘리포니아, 런던, 로마로 가서 노래를 불러 사람들을 행복하게 해주라고 말해요. 나는 새들이 참 좋아요. 우리는 친구예요. 그렇지만 지금 당장은 다른 할 일이 있어요. 여동생을 상자에서 꺼내서 어떻게 할지 정해야 해요. 그애는 집에 있어야만 해요. 아빠가 사무실에서 집에 돌아오시면 그애를 꾸짖거든요. 그러면 동생은 돼지랑 같이 살아야 하고, 엄마도 그래요.

딥스는 웃었다.

— 진짜 그런 건 아니에요. 다들 집에서 함께 살아요. 엄마도 아빠도 여동생도 남자아이도.

딥스는 '딥스'라고 부른 소년과 '큰 딥스'라고 부른 소년을 집었다.

— 여기 작은 딥스와 큰 딥스가 있습니다. 이것도 나고 저것도 납니다.

— 응, 네가 작은 딥스도 되고 큰 딥스도 되는구나.

— 그리고 여기 길을 걸어 내려가는 여자가 있어요. 우리 집으로 오고 있어요. 누굴까요? 물론 A 선생님이죠. 선생님은 여기서 딥스랑 삽니다. 여동생은 여기서 아빠랑 살고요. 그 애에겐 엄마가 없습니다. 오직 아빠가 필요한 물건을 사주고, 낮에는 혼자 두고 일하러 갑니다. 엄마는 강에 빠졌습니다. 그러나 무사히 나왔습니다. 흠뻑 젖고 매우 겁을 먹기는 했지만요. 엄마는 길을 걸어갑니다. 교회로 가는 중입니다. 엄마는 좋은 일을 하고 있습니다.

딥스는 여자 모형을 교회 옆에 세웠다.

— 그리고 이 남자들은 전쟁터에 나가고 있습니다. 가서 싸울 겁니다. 내 생각에 전쟁은 언제나 있을 것입니다. 그렇지만 이 네 사람은 한 식구이며 함께 놀러 가기로 했습니다. 그들은 차를 타고 바닷가로 가며 행복합니다. 할머니도 오셔서 다섯 사람이 모두 행복합니다.

딥스는 자기 마을 위를 둘러보더니 감옥을 움직였다.

— 이 감옥이 이번에는 A 선생님 집 바로 옆에 있습니다. 선생님은 감옥이 싫다고 멀리 가져다가 모래 속에 묻어버립니다. 그래서 이제는 아무도 감옥에 가지 않아요.

딥스는 감옥을 모래 속에 묻어버렸다.

— 그러면 선생님 집과 우리 집이 있는데 이 집들이 점점 멀어집니다.

딥스는 두 집을 천천히 움직여서 멀리 떼어놓았다.

— 우리 집과 선생님 집이 점점 멀어집니다. 약 1마일쯤 떨어져 있습니다. 그리고 여동생은 A 선생님의 아이입니다. 동생이 선생님 집에 가끔 놀러 갑니다.

딥스는 동생과 나를 그 집 곁에 나란히 세워놓았다.

— 지금은 이른 아침입니다. 큰 딥스가 유치원에 갑니다. 유치원에는 친구들이 있습니다. 이 작은 애는 작은 딥스입니다. 이 소년은 몹시 아픕니다. 병원에 갔는데, 점점 녹아 없어집니다. 점점 줄어들어서 마침내 없어져버립니다.

딥스는 작은 소년을 모래 상자에 묻어버렸다.

— 작은 딥스는 이제 없어졌습니다. 그러나 큰 딥스는 아주 크고 힘세고 용감합니다. 겁내지 않습니다.

— 이제 딥스는 크고 힘세고 용감해져서 겁내지 않는구나.

딥스가 한숨을 쉬었다.

— 오늘은 마지막 인사를 해야죠. 내가 오랫동안 안 오니까요. 선생님도 멀리 가고, 나도 멀리 가고. 우린 방학을 하지요. 하지만 난 겁나지 않아요.

딥스는 스스로 한 고비를 넘겼다. 자신과 화해한 것이다. 상징적인 놀이를 통해서 자신의 상처 입은 감정들을 쏟아놓았고, 자신감과 안정감을 얻어 성장했다. 자신을 찾아 헤맸고, 마침내 자랑스러운 자아를 깨달았다. 이제 딥스는 자기 안의 능력과 맞먹는 균형 있는 자아 개념을 세우기 시작했다. 개인적 통합을 이루어낸 것이다.

아빠, 엄마, 여동생을 향한 적개심과 복수심은 아직도 가끔 일어나지만, 그것이 증오와 공포로 타오르지는 않았다. 딥스는 작고 미성숙하고 겁 많은 딥스를 크고 안정되고 용감한 자아 개념을 가진 큰 딥스로 바꿔놓았다. 어떻게 그들과 대결할 것이며, 어떻게 증오와 공포를 조정할지 그 방법을 터득했다.

딥스는 이미 공포, 분노, 증오, 죄의식 속에 갇혀 있지 않았다. 스스로 인격을 누리는 한 인간이 되었다. 스스로 위엄과 자존감을 발견했다. 딥스는 이제 이 자신감과 안정감을 가지고 자기 세계에 다른 사람들을 받아들이고 존중하는 일을 배울 수 있을 것이다. 딥스는 더 이상 자기 자신을 두려워하지 않는다.

놀이방아, 안녕

여름휴가를 보내고 사무실로 돌아온 것은 10월 1일이었다. 그동안 내게 몇 가지 메모가 남겨져 있었는데, 딥스 어머니 것도 있었다. 나는 딥스가 여름 방학을 어떻게 지냈는지 궁금해서 전화를 걸었다.

— 딥스가 선생님을 한 번 뵙고 싶어 해요. 9월 1일에 선생님을 뵙고 싶다기에 10월이나 돼야 오신다고 했더니 한동안 아무 말도 없었어요. 그러더니 오늘 아침에 "엄마, 오늘이 10월 1일이에요. A 선생님이 돌아오실 거라고 했지요? 내가 꼭 한 번만 더 만나 보고 싶어 한다고 전화해주세요." 그러는 거예요. 그래서 전화드렸어요.

그녀가 가볍게 웃었다.

— 딥스가 얼마나 훌륭했는지 몰라요. 우리는 참 즐거운 여름을

보냈어요. 우리가 정말 감사드리고 있다고 꼭 말씀드리고 싶어요. 그 애는 이제 전 같지 않아요. 아주 행복해하고 의젓해요. 우리 모두와 아주 잘 지내요. 말도 많이 해요. 이젠 선생님께 안 가도 되니까 정 바쁘시면 제가 딥스에게 그렇게 전할게요.

물론 딥스를 못 볼 정도로 바쁘지는 않았다. 다음 주 목요일로 약속을 정했다.

딥스는 발걸음도 가볍게 대기실로 들어섰다. 눈은 행복으로 반짝였고 입가엔 미소가 흘렀다. 사무실에서 타자기를 치며 일하고 있는 비서들에게 인사하며 무엇을 하고 있느냐고 물었다. 일이 재미있느냐고 하며 "행복하세요? 행복해야지요." 하기도 했다.

딥스는 마지막으로 만났던 날과 비교해서 눈에 띄게 달라져 있었다. 의젓하면서도 활달하고 행복해 보였다. 행동도 우아하고 자연스러웠다. 내가 들어가자, 딥스가 뛰어와 악수를 청했다.

— 선생님을 꼭 다시 한번 보고 싶어서 왔어요. 선생님 사무실로 먼저 가요.

우리는 함께 사무실로 갔다. 딥스는 방 한가운데 서서 사방을 둘러보았다. 싱글벙글 웃으면서 책상이랑 서랍장, 의자, 책장 등을 차례차례 만지고 다녔다. 그러더니 한숨을 쉬었다.

— 참 좋은 곳이에요.

— 여기 있는 게 좋았니?

— 네, 아주 좋았어요. 여긴 신기하고 좋은 물건이 참 많아요.

— 좋은 물건이라니?

— 책이요. 책들 말이에요.

딥스는 손가락으로 책들을 가볍게 만졌다.

— 나는 책이 좋아요. 종이 위의 작고 까만 표시들이 그렇게 좋을 수 있다는 것은 참 신기한 일이지요. 종잇조각과 까만 작은 표시들만 있으면 이야기가 생기지 않아요?

— 그래, 참 신기한 일이지.

— 정말 그래요. 참 좋은 날씨예요. 그리고 이 창은 밖을 내다보기에 아주 좋은 창이에요.

딥스가 창밖을 내다보며 말했다. 책상 앞에 앉아서 손을 뻗어 서류 상자를 열더니 그 속을 점검해보고 활짝 웃었다.

— 오로지 선생님과 나와 둘만 적혀 있네요. 다른 사람 것은 하나도 없네요. 오직 선생님과 나, 두 사람뿐이네요.

— 네가 원했잖니?

— 네, 그랬지요. 다른 사람 카드는 버리셨나요?

— 아니, 다른 상자에 넣었지. 저기 저 상자.

— 이 상자는 꼭 우리 둘만을 위해서 보관해두셨군요?

— 네가 하자는 대로 했지. 늘 그렇게 있었단다. 네가 원한 대로.

딥스는 의자 뒤에 기대앉아서 나를 한참 동안 쳐다보았다. 얼굴에 진지한 표정이 감돌았다.

— 늘 그렇게 있었단다. 네가 원한 대로.

내 말을 천천히 따라 하고는 다시 힘주어 말했다.

── 내가 원한 대로.

딥스는 새 카드 한 장을 집어서 연필로 무언가를 썼다. 엎드려서 열심히 조심스럽게 쓰더니 내게 주었다.

── 읽어보세요. 제게 읽어주세요.

── 잘 있어, 방아! 좋은 책이 많이 있는 방아! 잘 있어, 정다운 책상아! 잘 있어, 하늘이 보이는 창문아! 잘 있어, 카드들아! 안녕히 계세요. 훌륭한 놀이방의 정다운 선생님!

나는 이 글귀를 딥스에게 읽어주었다. 아이가 다시 카드를 집어 들었다.

── 조금 더 쓸 말이 있어요.

딥스는 카드 뒷장에다 무엇인가 더 써서 내게 주었다.

선생님이 원한 대로
내가 원한 대로
우리가 원한 대로.

내가 읽었더니 딥스는 그 카드를 우리 두 사람의 카드가 들어 있는 상자 속에 넣었다.

── 이젠 놀이방에 가요.

딥스는 놀이방으로 뛰어 들어가 두 팔을 활짝 벌리고 빙빙 돌았다.

—— 아이, 재미있어, 재미있어. 참 좋은 놀이방이야.

딥스는 개수대로 뛰어가 물을 세게 틀어 놓고 행복한 듯이 웃으며 물러서서 보고 있었다.

—— 물아, 물아, 물아, 나와서 쏟아져라. 온통 물장구쳐라.

물을 잠그더니, 딥스는 나를 향해 미소 짓고 화판 쪽으로 갔다.

—— 잘 있었니, 물감아? 모두 섞여 있구나. 내가 보니 모두 섞여 있는데.

딥스가 노랑 물감을 집어 들고 물었다.

—— 선생님 아세요?

—— 뭘?

—— 이것을 일부러 바닥에 부어보고 싶은데요.

—— 그래? 일부러 부어보고 싶어?

—— 네, 정말 부을래요.

딥스는 뚜껑을 열어 병을 기울였다. 물감이 바닥으로 흘렸다.

—— 물감이 바닥에 고였어요.

—— 재미있니?

—— 네, 부었더니 재미있어요. 없애고 싶었어요.

딥스는 빈 병을 개수대 위에 놓았다.

—— 물감이 꼭 그림 그리는 데만 쓰여야 할 이유가 있나요, 뭐? 특히 이 놀이방에서 말이에요! 나는 항상 노란 물감이 싫었어요. 쏟아 버리고 나니 속이 시원해요. 이젠 걸레를 가지고 와서 닦아야지.

딥스는 걸레로 열심히 물감을 닦았다. 그러더니 내게 물었다.

── 도무지 뭐가 뭔지 모르겠어요.

── 뭘 모른단 말이지?

── 모든 것을요. 그리고 선생님요. 선생님은 엄마도 아니고 유치원 선생님도 아니고 엄마의 모임 회원도 아니고…… 도대체 누구예요?

── 내가 어떤 사람인지 모르겠단 말이니? 음…….

── 영 모르겠어요. 하지만 상관없어요.

딥스가 어깨를 으쓱하더니 내 눈을 똑바로 들여다보며 말했다.

── 선생님은 훌륭한 놀이방의 부인이에요.

딥스는 갑자기 무릎을 꿇고 손가락으로 내가 신고 있던 그물 모양 나일론 양말을 자세히 들여다보았다.

── 선생님은 수백 개의 작은 구멍이 있는 양말을 신은 부인이에요.

딥스가 크게 웃었다. 벌떡 일어나서 탁자로 가더니 젖병을 집었다.

── 아기 젖병아! 울음을 달래주는 정다운 젖병아! 내가 너를 필요로 할 때 너는 내게 위로를 주었어.

딥스가 몇 분간 젖병을 빨았다.

── 나는 여기서 다시 아기가 되었고, 젖병을 좋아했어. 그러나 여섯 살 된 딥스는 이제 네가 필요 없어. 잘 있어 젖병아, 잘 있어!

딥스는 방 안을 둘러보더니 철제 라디에이터를 표적으로 발견했다.

── 잘 가라, 젖병아, 잘 가라!

딥스는 라디에이터를 향해 젖병을 힘껏 던졌다. 젖병은 산산조각이 났고, 물이 쏟아져 나와 바닥에 흘렀다. 딥스가 가까이 가서 들여다보았다.

── 이제 너와는 끝장이야.

── 이제 젖병이 필요 없어졌니?

── 네, 그래요.

그러고는 모래 상자로 가서 힘차게 모래를 팠다.

── 묻어라! 묻어라! 묻어라! 그리고 원하면 다시 파내라.

딥스는 웃으며 말했다.

── 이것 참 좋은 놀잇감이에요. 여러 가지에 쓰이기도 하고요. 모래로 유리도 만든대요. 그런 책을 읽었어요.

딥스가 인형집으로 걸어갔다. 인형 가족들을 거실로 모았다.

── 인형들아! 너희와도 작별이야. 너희를 이 거실에 앉혀놓을 테니 또 다른 아이가 와서 너희를 데리고 놀 때까지 여기서 기다려.

딥스는 돌아서서 나를 보았다.

── 내가 가고 나면 다른 아이가 여기 와서 나 대신 놀겠죠?

── 그래, 다른 아이가 오겠지.

── 선생님은 나 말고 다른 아이들도 여기서 만나지요?

── 그래, 다른 아이들도 만난단다.

── 그 애들도 선생님을 만나 즐거울 거예요.

딥스가 창문을 열었다. 창가에 엎드려 바깥 공기를 마셨다.

— 이 창을 통해서 나는 세상을 보았어요. 트럭도 보고 나무도 보고 비행기와 사람도 보았어요. 그리고 교회도요. 내가 집에 갈 시간이 되면 교회의 종소리가 하나, 둘, 셋, 넷, 네 번 울렸어요.

딥스는 내게로 걸어와서 귓속말로 속삭였다.

— 나는 집에 가고 싶지 않았지만, 그곳은 어쨌든 우리 집이에요.

딥스는 내 손을 잡고 나를 한참 동안 쳐다보았다.

— 저 교회에 가보고 싶어요. 함께 가서 주변도 걸어보고 안에도 들어가 볼 수 없을까요?

— 그럴 수 있지.

아주 특별하고 전에 없던 부탁이었지만, 마지막 방문이라 들어주는 게 좋을 것 같았다. 우리는 함께 밖으로 나가 교회 주변을 산책했다. 딥스는 교회의 거대한 건물을 보며 감탄했다.

— 이젠 들어가요. 안을 좀 봐요.

우리는 교회 중앙에 있는 계단을 걸어 올라갔다. 내가 교회의 큰문을 열었고 우리는 함께 들어갔다. 딥스는 문의 높이에 눌려 위축되는 것 같았지만, 천천히 중앙 통로로 걸어 들어갔다. 잠깐 뛰더니 멈추어 서서 사방을 둘러보았다. 얼굴에 놀랍다는 표정이 가득했다.

— 내가 아주 작아지는 것 같아요. 내가 줄어들었나 봐요.

교회의 장엄함에 깊은 감명을 받은 것이다. 주위를 천천히 둘러보았다.

— 할머니가 그러시는데 교회는 하나님의 집이래요. 난 아직 하나님을 본 적이 없지만, 집이 이렇게 커야 한다면 하나님은 굉장히 크신가 봐요. 제이크 아저씨도 말했어요. 교회는 신성한 곳이라고요.

딥스가 갑자기 제단으로 뛰어 올라갔다. 그러고는 머리를 뒤로 젖히고 두 팔을 넓게 벌리며 제단 위의 큰 색유리를 보았다. 딥스가 돌아서서 나를 쳐다보았다. 잠시 말이 없었다.

바로 그 순간 파이프 오르간의 장엄한 소리가 들렸다. 딥스가 내게 뛰어와 손을 잡았다.

— 선생님, 빨리 가요. 무서워요.

— 음악 소리에 놀랐니?

입구를 향해 걸어가며 물었다. 딥스는 뒤를 돌아보며 말했다.

— 좀 들어봐요. 조금만 더 있어요.

우리는 다시 멈췄다.

— 너무 커서 무서워요. 소리도 무서워요. 그렇지만 아름답기도 해서 내 마음을 밝고 아름답게 해줘요.

— 무섭지만 좋니? 참 아름다운 교회구나.

— 저 이상한 소리가 뭐지요?

— 파이프 오르간 소리란다.

— 아! 이런 음악 소리는 처음 들어요. 이 소리를 들으니까 추워져요. 소름이 돋아요.

딥스가 내 손을 꼭 잡으며 속삭였다.

── 이렇게 아름다운 곳은 처음 보았어요.

색유리를 통해서 들어온 햇빛이 빛줄기로 내려와 우리에게 비
쳤다.

── 그만 나가요.

딥스가 조용히 말했다. 우리는 입구로 갔다. 딥스는 어깨 너머로
뒤돌아보다가 입구에서 한 번 더 멈췄다.

── 잠깐만 기다리세요.

딥스는 수줍은 듯이 제단을 향해 손을 흔들었다.

── 안녕히 계세요. 하나님, 안녕히 계세요.

우리는 교회를 나왔다. 돌아오는 길에 딥스는 한마디도 하지 않았
다. 놀이방에 돌아오자, 딥스는 책상 옆 의자에 앉아서 나를 보고 웃
었다.

── 참 좋았어요. 오늘 하나님 집에 갔어요. 처음으로 하나님 집에
가봤어요.

딥스는 마주 잡은 손을 조용히 들여다보다가 갑자기 물었다.

── 왜 어떤 사람은 하나님을 믿고, 어떤 사람은 안 믿어요?

── 글쎄. 그 대답을 어떻게 해야 할지 모르겠구나.

── 하지만 믿는 사람과 안 믿는 사람이 있는 것은 사실이지요?

── 그래, 그건 사실이지.

── 할머니는 믿는데, 엄마와 아빠는 안 믿거든요. 제이크 아저씨
도 믿어요. 아저씨가 나에게 말한 적이 있어요.

── 사람마다 자기 마음대로 결정하는 거지.

── 하나님은 어떻게 생겼을까요? 할머니가 그러는데 하나님은 하늘에 계신 우리 아버지래요. 아버지는 아빠나 마찬가지죠. 하나님이 아빠 같으면 싫어요. 왜냐하면 때때로 아빠가 날 사랑하지 않는다고 느끼거든요. 만일 내가 할머니처럼 하나님을 믿는다면 하나님이 나를 사랑하기를 바라요. 할머니는 아빠가 나를 사랑한다고 하는데, 그렇다면 왜 내가 그걸 모르지요? 할머니가 날 사랑하고 내가 할머니를 사랑하는 건 마음속 깊이 느끼거든요.

딥스는 손을 마주 잡아 가슴에 댄 채 나를 뚫어지게 쳐다보았다. 걱정스러운 듯 이마를 찌푸렸다. 한동안 조용히 있다가 말했다.

── 이런 문제는 이해하기 힘들어요.

딥스는 창가로 가서 교회를 내다보았다.

── 저게 하나님의 집이에요. 할머니가 하나님은 사랑이래요. 제이크 아저씨도 하나님을 믿어요. 아저씨는 기도가 하나님과 이야기하는 거래요. 나는 기도해본 적이 없지만, 나도 하나님과 이야기하고 싶어요. 하나님이 뭐라고 하시는지 들어보고 싶어요. 우리 반에 하나님을 믿는 아이가 있어요. 가톨릭 신자예요. 또 한 아이는 유대인인데 유대인 회당에 다녀요. 그곳은 유대인이 하나님을 위해 지은 집이래요.

딥스는 돌아서서 두 팔을 내게로 내밀며 말했다.

── 엄마와 아빠가 하나님을 안 믿으니까 나도 안 믿지만, 하나님

을 모르니까 좀 외로운 것 같아요.

딥스는 방 안을 왔다 갔다 했다.

— 할머니는 좋은 분이에요. 할머니는 교회에 가서 하나님을 위해 노래해요. 할머니는 하나님을 믿거든요.

딥스는 내 손을 꼭 잡고 내 얼굴을 열심히 들여다보며 말했다.

— 말해주세요. 왜 어떤 사람은 하나님을 믿고 어떤 사람은 안 믿죠?

어려운 질문이었다.

— 누구든지 나이가 들면 스스로 자기 마음을 결정하지. 사람마다 스스로 믿고 싶은 것을 정하는 거야. 하지만 지금 네게는 좀 혼동되지?

— 네, 무척 혼동돼요.

우리는 오랫동안 침묵했다.

— 요즘 내가 뭘 하는지 아세요?

— 아니, 뭘 하는데?

— 야구를 배우고 있어요. 아빠가 가르쳐주세요. 함께 공원에 가서요. 하지만 아빠도 잘은 못해요. 공을 방망이로 치기가 참 힘들어요. 공을 원하는 대로 보내기도 힘들고요. 그렇지만 배워야 해요. 유치원에서 다른 아이들이 모두 하는데 나도 함께 하고 싶어요. 그래서 열심히 배우고 있어요. 사실은 썩 좋아하지는 않아요. 그보다는 도둑잡기 놀이가 더 좋아요. 야구를 하느라고 헨리 부인댁 마당을

뛰어다니면 부인이 소리 지르고 야단치니까요.

딥스 어머니가 오셨다는 신호가 왔다.

── 잘 가거라, 딥스야. 너를 알게 되어 참 좋았어.

── 네, 안녕히 계세요.

우리는 함께 대기실로 갔다. 딥스는 깡충깡충 뛰면서 엄마한테 가서 손을 잡았다.

── 엄마! 엄마! 이젠 그만 올 거예요. 오늘은 작별하려고 온 거예요.

그들이 떠났다. 자기를 발견해 행복하고 유능해진 소년과 그 재능 있는 소년을 이해하고 존중하게 된 그의 어머니와 함께.

재회

덥스와의 마지막 만남이 있고 2년 반이 지난 어느 날, 나는 거실에서 책을 읽고 있었다. 길모퉁이에 있는 1층 아파트였는데, 열린 창문으로 귀에 익은 목소리—아주 친숙하고 쾌활한 목소리—가 들렸다.

— 피터야. 이리 내려와서 우리 마당 좀 봐. 우리 마당에 스물일곱 종류의 나무와 식물들이 있단 말이야. 빨리.

— 스물일곱 가지나?

— 응. 각각 다른 나무와 식물이라니까. 우리 마당에 말이야.

— 으응.

— 와서 봐.

── 내가 가진 것도 좀 봐.

── 뭔데? 와, 유리구슬이구나!

── 나랑 바꿀래?

── 뭐하고?

── 뭐가 있는데? 네가 가진 건 뭐야, 딥스야?

아, 딥스! 딥스와 친구였다.

딥스는 흥분해서 외쳤다.

── 알았어, 알았어. 응…… 있잖아, 있잖아, 네가 뱀눈 무늬 있는 파란 구슬 주면, 내가 올봄에 제일 처음 나온 벌레를 줄게.

── 어딨는데?

── 바로 여 - 기!

딥스가 주머니 속에서 유리병 하나를 꺼내어 뚜껑을 열더니 벌레 한 마리를 꺼내서 피터의 꼬질꼬질한 손바닥에 올려놓았다. 딥스는 싱글벙글 웃었고, 피터는 감탄했다.

── 알아둬. 진 - 짜 올 봄에 제일 처음 나온 벌레란 말이야.

딥스는 아마 내가 살고 있는 아파트와 같은 동네에, 마당이 있는 아파트로 이사를 온 모양이었다.

며칠 뒤, 우린 길에서 마주쳤다. 서로 쳐다보았다. 딥스가 활짝 웃으며 내 손을 잡았다.

── 안녕하세요?

── 안녕! 딥스야.

— 누구신지 알아요.

— 알겠니?

— 네, 훌륭한 놀이방의 A 선생님이시죠?

우리는 얘기를 나누기 위해 아파트 건물의 정면 층계에 걸터앉
았다.

— 그래, 너는 딥스고.

— 네, 나는 많이 컸어요. 하지만 아주 어릴 때 선생님 놀이방에
처음으로 갔던 생각이 나요. 놀잇감도 생각나고 인형집도 생각나고,
모래 상자도, 내가 지은 마을도. 모두 생각나요. 교회 종소리가 나면
집에 갈 시간이었던 것과 트럭이랑 수돗물, 물감, 그릇들도요. 사무
실도, 책도, 녹음기도. 거기 모든 사람을 기억해요. 선생님이랑 놀던
것도 기억나요.

— 우리가 무슨 놀이를 했니, 딥스야?

딥스가 내게 기대며 눈을 반짝였다.

— 내가 하는 것마다 선생님도 하셨고 내가 말하는 것마다 선생
님도 말하셨죠.

— 응, 그랬구나.

— 네. "이것이 네 방이다, 딥스야." 하고 말하셨어요. "여기 있는
것은 모두 너를 위한 것이니 재미있게 놀아라. 아무도 너를 방해하
지 않을 것이니 재미있게 놀아라"라고요. 정말 재밌었어요. 정말로
요. 나는 내 마을을 지었어요. 생각나세요?

— 그럼, 생각나고말고. 딥스야.

— 마지막 날 그 방에서 선생님하고 논 것이 이번 목요일이면 꼭 2년 반하고 나흘이 돼요. 생생하게 생각나요. 달력에서 그날을 떼어 빨간 크레용으로 칠해놨고요, 그것을 또 액자에 넣어 내 방에 걸어 놨죠. 바로 며칠 전에 그것을 보고 얼마나 되었나 한 번 세어보았어요. 목요일이면 2년 반하고 나흘이 돼요.

— 그러니까 그날이 딥스에게 아주 중요하구나? 그것을 떼어서 액자에까지 넣었다니. 그날이 왜 그렇게 중요하니, 딥스야?

— 몰라요. 한 번도 잊은 적이 없어요. 그날을 여러 번 생각했어요.

침묵이 흘렀다. 딥스는 나를 물끄러미 쳐다보더니 한숨을 크게 쉬었다.

— 처음에는 놀이방이 꽤 커 보였어요. 놀잇감도 정답지 못하고요. 그래서 너무 무서웠어요.

— 무서웠다고?

— 네.

— 왜 무서웠을까?

— 모르겠어요. 처음에 선생님이 어떻게 하실지, 내가 어떻게 해야 할지 몰라서 무서웠어요. 하지만 선생님이 "이것은 모두 너를 위한 거야. 재미있게 놀아라. 너를 방해할 사람은 없다"고 하셨죠.

— 내가 그렇게 말했니?

— 네.

딥스가 자신 있게 말했다.

—— 그렇게 말씀하셨어요. 나는 차츰 선생님을 믿게 됐어요. 선생님은 나한테 적하고 끝까지 싸워서 내게 상처 줘서 미안하다고 말할 때까지 싸우라고 말씀하셨어요.

—— 그래서 그렇게 했니?

—— 네, 나는 적들을 찾아서 싸웠어요. 그러자 더 이상 무섭지 않았어요. 나는 사랑을 느낄 때는 불행하지 않다는 걸 알았어요. 그리고 마지막 날 갔던 교회가 생각나요. 하나님이 얼마나 크신가를 발견했죠. 문은 엄청나게 높고 천장은 저 멀리 있었어요. 하늘에 닿을 듯이요. 갑자기 음악이 나왔을 땐 무서워서 덜덜 떨었어요. 도망쳐 나오고 싶기도 하고 계속 있고 싶기도 했어요. 지난번에 그 앞을 지날 일이 있어서 계단을 올라가보았는데, 문이 닫혀 있었어요. 노크도 하고 열쇠 구멍에 대고 소리도 쳤지만 아무도 없었어요. 그래서 그냥 왔어요.

딥스가 교회 계단을 올라가 수줍은 듯 머뭇거리며 그 큰 문을 두드리는 모습을 잠깐 상상해보았다.

갑자기 딥스가 벌떡 일어났다.

—— 우리 마당 좀 보러 오세요! 아주 커요. 그리고 여러 가지 나무와 식물들이 있어요. 몇 가지나 있을지 맞혀보세요.

—— 으응, 스물일곱 가지는 되겠지.

—— 어? 어떻게 아셨어요? 정말 어떻게 아셨어요? 나는 두 주일

동안이나 세어보고 알았는데요. 언제 와보셨나요?

— 아니, 가보긴.

— 그럼 어떻게 아세요, 네? 어떻게 아셨어요? 알려주세요, 어떻게 알았는지.

— 직접 세어보지 않고도 알 수 있지.

— 하지만······.

딥스가 화가 나서 말했다.

— 세어보는 것만으로는 안 돼요. 하나하나 자세히 보고 어디가 어떻게 다른지 세밀히 알아봐야 해요. 그래야만 무엇인지 알 수 있는 거예요. 그리고 그다음에는 나무 이름과 위치를 일일이 적어요. 빨리 쉽게 되는 일이 아니에요. 우리 마당에 안 와보셨다면 어림없는 일이에요. 어떻게 스물일곱 가지가 있는지 아셨느냐 말이에요?

— 알았어 딥스야, 말해줄게. 며칠 전에 창문을 열어놓고 책을 읽고 있는데 네가 피터에게 이야기해주더구나. 그 애에게 올봄 제일 처음 나온 벌레를 주던 날.

— 와아! 저랑 가까이 사시는군요. 이야, A 선생님, 우리는 이웃이네요!

— 그래, 이웃이란다.

— 아이, 좋아라! 그럼 지금 나하고 가서 마당을 보세요.

우리는 함께 딥스네 마당으로 갔다. 딥스는 스물일곱 가지 식물을 하나하나 보여주었다.

며칠 후 딥스의 부모를 길에서 만났다. 우리는 인사를 나누었고, 그들은 다시 한번 내게 고맙다고 했다. 딥스가 놀랍게 발전했고 지금은 잘 적응해서 다른 아이들과도 잘 어울린다고 했다. 딥스는 지금 영재학교에 다니고 있으며, 성적도 좋다고 했다.

그때 딥스가 자전거를 타고 인디언 소리를 내며 길모퉁이를 돌아오고 있었다.

— 딥스야! 이리 좀 와. 여기 누가 계시는가 좀 봐라. 이분 기억나니?

딥스는 내 앞에 자전거를 세우며 활짝 웃었다.

— 안녕하세요!

— 안녕! 딥스야.

— 엄마가 네게 물으시잖니?

딥스 아버지가 말했다.

— 네, 아빠. 들었어요. 이 선생님을 아느냐고요. 물론이죠. 나랑 제일 친한 친구잖아요.

딥스의 아버지는 좀 겸연쩍어했다.

— 들었으면 왜 대답을 안 했지?

— 아빠, 미안해요.

딥스의 눈동자가 반짝였다. 딥스 아버지가 말했다.

— 다시 만나서 반갑습니다. 죄송하지만 지금 가봐야 해서요.

그는 자기 차를 향해서 걸어갔다. 딥스가 뒤에서 소리쳤다.

── 아빠 엄마는 좀 약 오르시죠? 나는 A 선생님이랑 닷새 전에
만났거든요.

딥스 아버지는 얼굴을 붉히며 차를 타고 떠나버렸다. 어머니는 약
간 당황한 것 같았다.

── 딥스야, 그럼 못써! 그런데 왜 아직도 선생님 이름을 제대로
부르지 않고, A 선생님이니?

딥스는 다시 자전거를 타며 소리쳤다.

── A 선생님, A 선생님. 특별한 친구를 위한 특별한 이름이죠!

딥스는 소방차처럼 큰 소리를 내며 사라졌다.

그렇다. 딥스는 정말 변했다. 이제 자신 있게 사는 법과 자유롭게
사는 법을 배운 듯했다. 지금은 밝은 표정으로 아주 행복해 보였다.

딥스는 큰 아이가 되어 있었다.

행동으로 옮길 참된 의지를 가지고

딥스는 어두운 어린 시절을 보냈고, 한동안 삶의 그늘에서 살았
다. 그러나 이제는 어두움에서 벗어나 인생의 그늘과 양지를 자신
있게 잘 대처해갈 수 있음을 발견했다.

찬란한 햇빛이 그늘로 인해 부드러워지듯, 삶도 어느 정도의 폭풍
우를 견뎌내야 더 깊이 있고 아름다워진다. 실망이나 슬픔이나 격한
감정이 동반되지 않은 경험은 도전도, 다양성도 없는 무미건조한 경
험이다. 한편, 확신과 신념 그리고 희망이 우리의 눈앞에서 실현되
는 것을 경험할 때 우리는 내면의 힘, 용기, 안정감을 더 갖게 된다.

우리는 경험과 관계, 사고와 감정이 자라고 발전하는 과정에서 형
성된 '인격의 주체'이다. 우리의 삶을 형성해가는 모든 것의 총체가

바로 '나 자신'이 된다.

나는 딥스의 경험을 함께 나누고 싶어서 대학 강의나 전문가 회의에서 자주 발표했다. 어느 날, 나는 편지 한 장을 받았다.

시간을 내어서 선생님께 이 편지를 드리지 않을 수 없었습니다. 저는 선생님의 강의를 들은 수백 명 학생 중의 한 명에 불과합니다. 선생님 눈에 띄진 않았겠지만 제가 열심히 들었다는 것을 믿어주십시오. 전 군인이 되었고, 현재 해외에 있습니다.

어제 병영에서 사람들의 대화 한 마디를 무심코 듣고는 고국과 집에 대한 모든 기억이 물밀듯 떠올랐습니다. 모든 것을 잊고 난 후에도 기억하는 바로 그것이 가장 중요한 것이라고 말씀하셨죠? 경험에 따라 우리의 생각의 초점이 바뀔 수 있다고도 하셨고요.

어젯밤 우리는 용기가 꺾이고 풀이 죽어서 '도대체 이게 다 무슨 짓이람' 하고 회의에 잠겨 있었는데 갑자기 딥스가 나타났습니다. 탁자 저쪽에 앉은 친구가 딥스 이야기를 한 겁니다. 그때 제 기분이 어땠는지 상상이 되십니까? 저는 그에게 도대체 어디서 딥스 얘기를 들었냐고 물었지요. 그는 저와 같은 반도 아니었고, 나이도 다르고, 같은 대학도 아니었습니다. 그런데 딥스라는 아이만은 같았습니다. 딥스의 이야기가 얼마나 저를 기쁘게 했는지 모릅니다. 저만이 아니고 저희 모두가 기뻐했지요. 그 친구와 제가 모두에게 얘기를 해주었으니까요. 딥스는 우리에게 상징입니다. 우리가 온 힘을 다해서 지키려고 노력하는 인간적 가치의 상징 말입니다. 어떤 친구는 이렇게 말했지요.

"딥스가 있는 한, 우리는 패배하지 않는다."

그러나 제가 정말 감명받은 것은 딥스가 얼마나 현실적인가, 내게 그가 얼마나 현실적으로 살아 움직이는 힘인가, 그가 얼마나 내 일부분이 되었는가 하는 점이었습니다. 저는 행정학을 전공했기 때문에 심리학적인 어려운 전문 용어는 잘 모르고, 사례의 심리학적 관련성도 다 잊어버렸습니다. 그런데 희한하게도 딥스만은 기억합니다. 딥스는 완전한 사람이 된다는 것이 무엇인지, 아니 그 이상을 가르쳐준 단 한 사람입니다. 그 세 마디를 영원히 잊지 못할 겁니다.

'내가 원한 대로. 당신이 원한 대로. 우리가 원한 대로.'

딥스의 바람이 우리 모두의 바람이리라 생각합니다. 자신의 가치를 느끼는 것이요. 남에게 필요한 사람, 존경받는 사람, 인간적 존엄성을 존중받는 사람이 되는 것입니다.

딥스네가 교외로 이사를 간 후 연락이 끊겼다. 몇 년 후, 영재학교에서 일하는 친구가 그 학교 신문에 실린 편지 하나를 보여주었다. 학생이 교장 선생님과 여러 선생님에게 보내는 것이었다. 내 친구는 딥스를 알진 못했지만, '어린이들은 자기 의사를 표현할 기회만 주면 자신의 생활을 더 잘 이해하고 용기 있게 대처한다'고 믿는 나의 신념을 알고 있었다.

　　이 편지는 같은 반 학생이자 친구인 한 한 학생을 며칠 전 퇴학시킨 일에 반대하기 위한 것입니다. 저는 선생님들의 무감각과 몰이해와 동정심 부족에 매우 분개합니다. 제 친구의 불명예스러운 퇴학에 대해 시험 중의 부정행위 때문이라고들 수군대고 있습니다. 그러나 그는 부정행위를 하지 않았다고 말했고, 저는 그를 믿습니다. 그는 역사상 중요한 날짜를 확인하고 있었다고 했습니다. 정확한 날짜를 알아야만 그 사건의 시기를 설정할 수 있으므로 그것을 반드시 확인해야만 했던 것입니다.

　　저는 선생님들이 저희가 왜 그런 행동을 하는지 이해하지 못한다고 생각합니다. 정확히 확인하려는 것이 잘못입니까? 솔직한 의문을 무지로 덮어버리는 게 더 낫다고 생각하십니까? 시험의 목적이 대체 무엇입니까? 교육 성취도를 높이려는 것입니까, 아니면 잘하려고 열심히 노력하는 사람에게 고통과 모욕감과 심한 상처를 주기 위한 것입니까?

진도가 너무 빨라서 부정행위를 해야만 따라갈 수 있다면 전학을 가는 것이 나을 것이라고, 어제 선생님 한 분이 많은 사람 앞에서 제 친구에게 말씀하셨습니다. 저는 개인적으로 그 말에 심한 모욕을 느꼈습니다. 학교에 들어와 우리와 같이 있기를 원하는 모든 사람에게 문을 열어놓지 않는다면, 나는 이 학교를 수치로 여길 것입니다. 세상에는 권위나 힘의 과시보다, 복수와 처벌보다, 중요한 것이 있습니다. 교육자로서 선생님들께서는 무지와 편견과 편협의 문을 열고 나오셔야만 합니다. 제 친구가 받은 자존심의 상처에 대해 사과하고 복학시키지 않는다면, 저도 가을 학기부턴 학교에 다니지 않겠습니다.

행동으로 옮길 참된 의지를 가지고

딥스

— 얘가 지금 몇 살이야?

— 열다섯 살.

— 재미있는 편지네. 어떤 아이야?

— 아주 총명해. 상상력이 풍부하고 모든 사람과 사물에 흥미를 갖고 있지. 아주 예리하고 훌륭한 지도자감이야. 네가 이 엄청난 분노의 편지를 좋아하리라 생각했어. 딥스는 자신이 믿는 것은 꼭 실천해. 학교에서도 그를 놓치고 싶지 않을걸. 아마 그의 의견에 따르게 될 거야.

친구가 웃었다.

— 이걸 네 어록에 끼워 넣고 싶지 않니? '만인의 정의와 평등을 위한 용감한 말'들을…….

— 고마워. '행동으로 옮길 참된 의지를 가지고.' 나도 그렇게 믿어.

딥스

1판 1쇄 발행 2002년 9월 10일
2판 1쇄 발행 2003년 8월 22일
3판 1쇄 발행 2022년 10월 20일
3판 3쇄 발행 2024년 1월 19일

지은이 버지니아 M. 액슬린
옮긴이 주정일·이원영
펴낸이 김성구

책임편집 조은아
콘텐츠본부 고혁 김초록 이은주
디자인 이영민
마케팅부 송영우 김나연 김지희 김하은
제작 어찬
관리 김지원 안웅기

펴낸곳 (주)샘터사
등록 2001년 10월 15일 제1-2923호
주소 서울시 종로구 창경궁로35길 26 2층 (03076)
전화 1877-8941 | 팩스 02-3672-1873
이메일 book@isamtoh.com | 홈페이지 www.isamtoh.com

ISBN 978-89-464-7413-0 13370

• 값은 뒤표지에 있습니다.
• 잘못 만들어진 책은 구입처에서 교환해 드립니다.

샘터 1% 나눔실천
샘터는 모든 책 인세의 1%를 '샘물통장' 기금으로 조성하여 매년 소외된 이웃에게 기부하고 있습니다.
2022년까지 약 1억 원을 기부하였으며, 앞으로도 샘터는 책을 통해 1% 나눔실천을 계속할 것입니다.